W0342053

Aude BB
RSE

Récupération et recyclage à tout faire

Du même auteur, chez le même éditeur

- *LE BONHEUR EST DANS LE POT*
  guide pratique pour bien vivre avec les plantes d'intérieur
  2003

- *LE DICTIONNAIRE À TOUT FAIRE,*
  2500 trucs et astuces efficaces et utiles
  pour simplifier votre vie quotidienne - 2006

- *VINAIGRES À TOUT FAIRE,*
  1000 trucs et astuces au quotidien
  guide pratique écologique - adresses utiles - 2008

- *LE DICTIONNAIRE À TOUT FAIRE DU JARDIN,*
  3000 trucs et astuces au quotidien
  guide pratique écologique - adresses utiles - 2009

© Éditions du Dauphin – 2009
ISBN : 978-2-7163-1408-4

Tous droits réservés. Aucune partie de ce livre ne peut être reproduite ou transmise sous aucune forme ou par quelque moyen électronique ou mécanique que ce soit, par photocopie, enregistrement ou par quelque forme d'entreposage d'information ou de système de recouvrement, sans la permission écrite de l'éditeur.

Inès Peyret

Récupération et recyclage à tout faire

Trucs et astuces au quotidien
Guide pratique écologique
Adresses utiles

2e édition

ÉDITIONS DU DAUPHIN
43-45 rue de la Tombe-Issoire
75014 Paris
www.editionsdudauphin.com

Pour Giovanna et ses sœurs, les reines de la récup et du l'upcyclage qui ont accepté de livrer leurs secrets.

Table des matières

Introduction 11

LES EMBALLAGES

Le carton 21
Le papier 35
Le plastique 53
Le verre 99
Le bois 109

LES VÊTEMENTS ET LE LINGE DE MAISON

Les vêtements 119
Produits d'hygiène et de beauté 151
Les médicaments 161
La vaisselle et les ustensiles divers et variés 165
Les meubles 173
Les jouets, les instruments de musique, les équipements de sport et de loisir 183

LES DÉCHETS INDUSTRIELS

Les outils 195
Les équipements électroniques et électriques 203
Les matériaux de construction........ 219
Les voitures 225

LES ALIMENTS

Les aliments que l'on peut récupérer 235
Les aliments qui servent de déchets 283
L'eau 295

ANNEXES 307

Introduction

« Nous devons recycler, certes, mais le recyclage ne doit intervenir qu'en dernier recours. Avant tout, il faut revoir la conception de nos produits, puis réduire et réutiliser, et enfin recycler lorsque nous n'avons pas d'autre alternative ».

Bill McDonough, co-auteur de Cradle to Cradle[1].

Ce que vous avez entre les mains n'est pas un livre sur le recyclage. Évidemment, comme son titre l'indique, il aborde le sujet, mais avant toute chose, ce livre est un outil pour développer votre cerveau gauche. Pourquoi stimuler uniquement la partie senestre ? Parce que c'est dans ce lobe que travaille votre imagination, élément indispensable pour faire de vous les reines et les rois de l'*upcyclage* – approche artistique qui consiste, non pas à faire du recyclage façon patronage, un peu terne et terriblement dépassé, mais à détourner les objets pour leur donner une dimension artistique. Et pour cela, il faut surtout de l'imagination.

1. McDonough W and M. Braungart : *Cradle to Cradle : Remaking the Way We Make Things*, North Point Press, 2002.

Einstein, qui n'avait pas le QI d'une moule, disait que « l'imagination est plus importante que la connaissance parce que le savoir est limité. La connaissance a ses limites, tandis que l'imagination embrasse le monde et donne naissance à l'évolution. » Waouh, on n'aurait pas dit mieux ! Donc en optimisant notre créativité pour qu'à partir de maintenant tous les mois soient des mois en R, non pas pour dévorer des huîtres à longueur d'année – nous nous empressons de rassurer les coquillages et les crustacés concernés – mais pour Réfléchir, Réduire, Refuser, Remplir, Réutiliser, Réactiver, Réinstaller, Rapporter, Réinventer, etc., avant de Recycler en dernière extrémité. On pratique tous, avec une louable discipline et depuis des années, le tri sélectif, surtout pour éviter que la concierge ne nous dénonce au Comité du recyclage. Loin de nous l'idée de contester l'utilité du recyclage. Nous clamons haut et fort *« il faut recycler »* mais seulement après avoir tout essayé pour appliquer tous les R qui le précèdent et limiter au maximum notre contribution aux déchets de la planète. Et il est plus que temps de s'y mettre. Non seulement parce qu'en ce moment, il n'y a rien de plus sexy – Brad et Angelina s'y sont mis – mais parce que ça devient vraiment urgent. D'accord, il faut laisser quelques trucs pour les archéologues du futur. Une petite bouteille qui ne paie pas de mine, enterrée pendant quelques milliers d'année devient miraculeusement une antiquité inestimable. On va d'ailleurs de ce pas, en enfouir quelques-unes dans le jardin au cas où.

Mais pour ce qui est du reste, la vitesse à laquelle on jette est tout simplement effarante. Quel pourcentage de ce que l'on achète se retrouve à la décharge ? La réponse impensable, inimaginable même pour l'écolo le plus convaincu et le mieux renseigné nanti de sa carte de membre de Greenpeace depuis la naissance, risque de vous faire frémir d'effroi. Hélas, comme il n'existe pas de bonne façon d'annoncer une mauvaise nouvelle, on va tout simplement livrer les chiffres sans ménagement : 90 %. Oui vous avez bien lu, QUATRE-VINGT DIX POUR CENT. Viles menteries, direz-vous, d'une pauvre névrosée souffrant de catastrophisme chronique ! Que nenni. L'information est tout ce qu'il y a de plus fiable, le fruit de dix ans de recherches intensives dans le monde par Annie Leonard[2]. Elle ne porte pas les sandales des éco-guerriers, ni l'anorak matelassé quasi obligatoire, mais les infos qu'elle donne sont tout ce qu'il y a de sérieux.

Par exemple, combien de matériel faut-il pour remplacer ce que l'on jette dans un seul sac-poubelle de 100 litres envoyé à la décharge? Déjà rien que pour fabriquer notre poubelle en acier brossé, il faut des tonnes de minerai de fer, et pour celle en plastique, il faut du pétrole, etc., etc., etc. Donc, pour remplacer un sac de nos ordures, il faut SOIXANTE-DIX sacs poubelle de matériel. Quand on expédie ad patres les restes de pizza et le carton d'emballage non recyclable parce qu'il est sale, et qu'on remplit notre sac, on met en route la machine infernale de la production – cultiver, arroser, abattre des arbres, extraire des minerais, stocker, transporter, transformer, vendre, acheter, revendre, livrer – qui, quantifiée en sacs, représente la valeur de 70 spécimens. Et comme la plus grande partie de ce que l'on achète est jetée sans être consommée, ces 70 sacs se multiplient rapidement pour faire 4900 sacs. Tout ça pour un seul et unique sac jeté. Inversement, toujours selon l'impeccable démonstration d'Annie, si on prend le vieux seau à lait qui est dans la famille depuis l'arrière-grand-père et qu'on le peint pour en faire un porte-parapluie chez Giovanna, c'est comme si on économisait 70 seaux de déchets pour la planète. Idem pour une bouteille qu'on ne jette pas dans la borne de tri et qu'on réutilise le plus longtemps possible.

Il y a des choses bien plus efficaces que le recyclage! Réutiliser, recréer et *upcycler* c'est super cool, outrageusement créatif, le top de la branchitude. Du coup on se sent terriblement vertueux. Alors, on se lance et on fait voir de quel bois se chauffe notre cerveau gauche.

2. Pour la version sous-titrée en français http://www.storyofstuff.com/international/

Note pour les lecteurs

Même si sur le plan économique mondial, les statistiques indiquent les aliments comme la 1re famille de déchets, et qu'aujourd'hui les règles de conservation sont soumises à une stricte juridiction, les aliments ne peuvent pas être « recyclés ».

En revanche, si certains, au lieu d'être jetés peuvent, à titre personnel, être réutilisés pour le jardin (voir « *Dictionnaire à tout faire du jardin* »), d'autres peuvent être conservés ou réutilisés sous d'autres formes.

C'est la raison pour laquelle nous vous invitons à découvrir cette famille de déchets un peu à part à la fin de ce livre.

LES EMBALLAGES

2de famille de déchets répertoriée sur le plan économique mondial

- Le carton
- Le papier et les livres
- Le plastique
- Le métal
- Le verre
- Le bois

Les premiers emballages datent de la Préhistoire. Les plus courants étaient des peaux d'animaux pour la gibecière du chasseur et la gourde, certains coquillages ou des feuilles, des calebasses. Plus tard, vers 6000 av. J.-C, sont venus les céramiques – les amphores pour le vin et l'huile – et les paniers comme celui de Moïse – pour transporter les légumes, les volailles.

En France, les emballages représentent 30 % en poids et 50 % en volume des 28 millions de tonnes d'ordures ménagères annuelles. Selon un récent rapport du Commissariat général du plan, ceci témoigne de « l'échec patent de la réduction à la source » des déchets ménagers. On ne s'en serait pas douté. Quant au Grenelle de l'environnement, son objectif est de réduire de 15 % le volume de déchets incinérés et stockés d'ici 2012, et de diminuer la production d'ordures ménagères de 25 kg par habitant sur cinq ans. On est loin de l'objectif, de « Zéro Déchet » en 2015 de la Nouvelle Zélande, ou de celui de Toronto qui projette de fermer toutes ses décharges d'ici 2010.

Bien évidemment, les emballages qui protègent la nourriture et prolongent sa durée de vie, ne sont pas remis en cause. Inutile de supprimer les emballages si c'est pour jeter plus de nourriture. En dehors des emballages indispensables, certains emballages sont plus utiles que d'autres. Par exemple, les pertes sont réduites de 20 % si le raisin est emballé sur des petits plateaux. Le concombre vendu sous film de plastique dure cinq fois plus longtemps. On peut supprimer l'emballage, mais le nombre de concombres jeté augmente considérablement. Les pommes de terre vendues dans des sacs en papier se conservent mieux aussi. Par contre, il n'y a aucun avantage à emballer les poivrons.

Quant aux suremballages, ils ne présentent que des désavantages ! L'un des exemples les plus effarants est celui des œufs de Pâques d'un certain chocolatier suisse offerts à Timothé et Barnabé : le volume de chocolat ne représentait que 9 % du volume de l'emballage ! Le seul avantage de l'affaire, c'est que ça leur a évité d'avoir des boutons après une orgie de chocolat. Les excès d'emballage n'ont aucune incidence sur l'eczéma, c'est bien connu. Tous les fabricants d'œufs de Pâques ne sont pas aussi pingres sur le chocolat. En moyenne, le volume de chocolat est de 40 %, ce qui veut dire que vous avez 60 % d'emballage.

Le carton

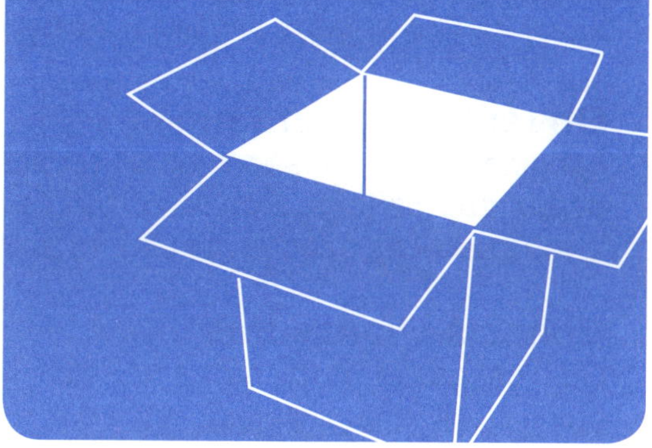

Le carton, descendant direct du papier chinois, est né lui aussi en Chine, tout comme les premières boîtes en carton qui ont vu le jour au XVIIe siècle. Mais ce sont ces petits rusés d'Anglais qui ont eu l'idée de fabriquer les premières boîtes en carton commerciales en 1817. Puis, c'est dans le Bronx, qu'un immigrant écossais, Robert Gair, a enfin inventé la boîte en carton ondulé, indispensable à nos déménagements. Ladite boîte, comme beaucoup de grandes inventions, a été découverte par accident. Notre Bob, imprimeur et fabricant de sacs en papier de son état, imprimait une commande de sacs de graines en utilisant une règle en métal, dont il se servait pour plier les sacs. La règle a glissé et a coupé les sacs au lieu de les plier. Et c'est ainsi que, frappé par la Grâce, Bob a réalisé qu'il pouvait faire des boîtes en papier préfabriquées en coupant et en pliant les sacs en une seule opération. Et lorsque le carton ondulé est arrivé sur le marché, en versant quelques larmes d'émotion, Bob a, bien entendu, appliqué cette méthode révolutionnaire à ce noble matériau, si léger et si solide.

On réduit notre consommation

En boycottant les suremballages et en choisissant les conditionnements avec discernement. À savoir, un grand paquet vaut mieux que deux petits. Démonstration : un paquet de riz d'un kilo génère 25 % de déchets d'emballage en moins que deux paquets de 500 grammes, Idem pour les pâtes.

On réutilise pour ranger

Imaginez la vie sans cartons de rangement. Des cartons à chapeaux aux cartons à chaussures, ils nous rendent de fiers et loyaux services et nous les en remercions.

Boîtes à chaussures

Ce n'est pas le *scoop* du siècle, sans doute parce que les boîtes qu'on réutilise le plus volontiers sont les boîtes à chaussures. Elles sont parfaites pour ranger et classer tout ce que vous voulez.

• Les chaussures

C'est sûr, on ne fait pas mieux pour ranger les chaussures. Mais, pensez à prendre vos chaussures en photo et à coller la photo sur la boîte, c'est hyper pratique.

• Les photos

Ce n'est pas nouveau mais c'est toujours aussi pratique. Le problème, c'est qu'une fois qu'elles sont dans la boîte, on oublie de les coller dans l'album. Ce qui n'est pas un drame, il paraît qu'elles se conservent mieux dans le carton.

• Le courrier

Elles sont parfaites pour ranger les enveloppes rectangulaires. Vous pouvez installer des petits cartons intercalaires pour séparer les factures et le courrier personnel. Rien ne vous empêche de décorer votre nouveau système de classement.

• Compartimenter les tiroirs

Pour mettre fin aux psychodrames matinaux des chaussettes de Raymond, égarées dans un grand tiroir, installez quelques boîtes pour les séparer soigneusement : chaussettes d'hiver, chaussettes d'été, chaussettes de jogging, chaussettes de ski, etc.

Mais ne rêvez pas, ce système de gestion ne l'encouragera pas à les ranger, soigneusement pliées en rang d'oignon pour favoriser la rotation. Et il ne changera pas ses habitudes de laisser traîner ses chaussettes sales dans l'espoir qu'elles iront d'elles-mêmes se jeter dans le panier à linge.

Boîtes d'emballage de céréales, de lessive, etc.

• Les magazines

Tenez la boîte fermement et avec un cutter, coupez une ligne diagonale en partant du coin supérieur droit jusqu'au milieu du côté opposé. Mettez-y les magazines et souriez. Vous avez maintenant un système de rangement vertical vous permettant de ranger les magazines sur les étagères de la bibliothèque. Et si en plus vous le customisez, vous en épaterez plus d'un.

Carton à œufs

On n'y pense pas assez, mais les cartons à œufs sont hyper pratiques pour ranger toutes les babioles. De vrais petits organisateurs.

• Balles de ping-pong ou de golf

Eh oui, elles sont parfaites pour ranger ces petites balles que vous pouvez trier par catégorie et selon leur état d'usure. Et en plus, vous pouvez les empiler pour les ranger. Maintenant qu'on vous le dit, vous regrettez de ne pas y avoir pensé ! Ah, la, la, heureusement qu'on est là !

• Boucles d'oreilles et petits bijoux fantaisie

Fini les boucles d'oreilles emberlificotées. Une paire par alvéole et le tour est joué. C'est pratique aussi pour les petits bijoux et colifichets fantaisie. Si vous voulez une boîte à bijoux plus classique, prenez une boîte à chaussures dans laquelle vous installez un carton à œufs. Décorez la boîte et admirez votre création.

• Boutons, épingles de sûreté, étiquettes, perles, etc.

Triez les boutons et classez-les dans les cartons à œufs. *Idem* pour les épingles de sûreté, étiquettes et autres accessoires de couture.

- **Cailloux et rocs**

Supers pour ranger les jolis cailloux et les morceaux de rocs collectés par les petits monstres pendant les vacances.

- **Décorations de Noël et autres objets fragiles**

Pour ranger les boules et autres décorations pour le sapin de Noël, rien ne vaut les cartons à œufs. Les petites alvéoles sont parfaites pour y nicher ces petites choses fragiles.

Emballages carton des œufs de Pâques

- **Formes pour les bottes**

Si on vous a offert quelques œufs dans ces suremballages scandaleux, récupérez-les pour les mettre dans vos bottes. Elles resteront bien droites, ce qui évitera au cuir de plisser et de se fendiller.

Tubes en carton

Récupérez les tubes en carton – comme ceux sur lesquels sont enroulés le papier absorbant ou le papier hygiénique pour emballer les :

- **Petits cadeaux**

Ces tubes sont très pratiques pour emballer les bougies, les petits jouets, les billes ou les bijoux.

- **Couteaux et les couverts**

Aplatissez-les, fermez une extrémité avec du ruban adhésif et vous avez des étuis pour les couverts et les couteaux du pique-nique.

- **Documents importants**

Roulez soigneusement et très serré vos diplômes et autres documents importants pour les ranger dans les tubes en carton. Ils ne se froisseront pas.

- **Restes de tissus**

Ranger les restes de tissus dans les tubes. Scotchez un petit bout de tissu à l'extérieur pour identifier vos restes facilement.

- **Pinceaux**

Collez un morceau de plastique ou de carton dans le bas, et vous avez un récipient pour vos pinceaux.

On récupère pour emballer

C'est en Angleterre, en 1746, qu'est apparu le premier produit emballé sous une marque : une boîte de poudre contre la fièvre. Elle a été suivie, toujours dans la perfide Albion, par l'emballage de savons, d'huile et de moutarde de marque.

Boîtes de céréales et autres boîtes en carton

- **Colis ou enveloppes cartonnées**

Les boîtes de céréales sont d'excellents emballages pour envoyer des livres ou le courrier. Collez un papier blanc pour écrire l'adresse et vous avez un colis original et coloré.

Cartons et plateaux à œufs

Ils sont géniaux pour les déménagements. Utilisez-les pour protéger les objets fragiles dans les boîtes. Vous pouvez aussi vous en servir pour protéger les objets fragiles dans les colis. Ils sont très légers et n'alourdiront pas votre paquet.

On récupère pour bricoler

Le carton est un matériau fort sympathique pour bricoler avec les enfants ou plus sérieusement pour fabriquer des meubles ou même des maisons.

Boîtes de céréales, de lessive, etc.

- **Cartes postales**

Occupez les enfants pendant les longues soirées d'hiver en leur faisant découper des boîtes de céréales pour en faire des cartes postales originales. Si vous voulez les envoyer sans enveloppes, faites-les à la taille standard. Utilisez une carte postale achetée comme modèle.

• Garde-page

S'ils ont de furieuses envies de découpage, faites-leur fabriquer de jolis garde-pages qu'ils pourront offrir à leur mère-grand.

Boîtes à chaussures

• Diorama

Elles sont parfaites pour fabriquer un diorama à dinosaures ou autres favoris du moment.

Distribuez une boîte à chaussures par enfant. Faites-leur découper différents dinosaures – ou les dessiner, les colorier et découper – et collez-les sur des supports en carton. Faites-leur peindre l'intérieur de la boîte qui sera le décor pour mettre ces dinosaures : la terre, le ciel, un volcan, des arbres, des animaux, etc. Une fois que le décor est sec, ils peuvent coller les dinosaures dans la boîte.

• Fabriquer une guitare

Les instruments de musique créés avec des matériaux de récup ont un succès fou et pas qu'avec les enfants. Si vous voulez en apprendre plus sur cet art, plongez-vous dans les ouvrages d'Olivier Noclin[1], de Gérard Nicollet[2] ou de Max Vandervorst[3], inventeur de la lutherie sauvage et de la pataphonie. Assistez à ses concerts, comme celui, de *Pataphonie centrale*, « concert pour instruments de lutherie sauvage avec harmonie au synthétiseur qui engendre une musique souple et festive » où il joue de la grosse poubelle gonflable, de la sarbacane à coulisse, du bouteillophone du bordelais, du conservatoire, du violon à clous et du scoutophone. Pascal Cardome sévit à la guitare charbonnière et au synthétiseur ; et Pit Agami manie la grosse poubelle basse, et fait une démonstration de SPOCA (Subtile Percussion sur Objets Choisis avec Amour). Après tout ça vous êtes tous prêts pour suivre un stage de fabrication.

1. Olivier Noclin : L'atelier instrumental : 30 instruments faciles à confectionner, Editions musicales Lugdivine, 2004.
2. Gérard Nicollet : Chercheurs de sons : Instruments inventés, machines musicales, sculptures et installations sonores, Editions Alternatives, 2004.
3. Max Vandervorst. Lutherie sauvage : *instrument de musique à inventer*, Editions Alternatives, 1997. Max Vandervorst : *Nouvelles lutheries sauvages*, Editions Alternatives, 2006. Et son site http://www.maxvandervorst.be/

Commencez par atteler les enfants à la fabrication d'une guitare en carton. Donnez-leur une boîte à chaussures sans le couvercle et les instructions suivantes :

Recouvrez la boîte avec du papier cadeau récupéré. Passez 5 ou 7 élastiques de taille et de largeur différentes autour de la boîte en les espaçant de 5 cm ou de 7,5 cm. Grattez ces cordes avec les doigts ou avec un onglet en carton.

Avec quelques autres instruments dont vous trouverez les instructions de fabrications dans ce livre ou ceux que vous aurez inventés tous seuls comme des grands, vous pourrez former un orchestre vert avec vos petits camarades du voisinage.

Briques alimentaires

• Climatisation pour cochon d'Inde ou autre animal à fourrure

Par les grandes chaleurs, Puccini le cochon d'Inde qui n'a malheureusement pas la clim dans sa cage, est en nage. Rafraîchissez ce pauvre petit poilu rapidement avec une clim à la MacGyver. Remplissez quelques briques alimentaires d'eau, bouchez bien, mettez au congélateur. Lorsque l'eau est entièrement congelée, sortez les briques, disposez-les autour de la cage. Enveloppez une brique dans un petit torchon et mettez-la dans la cage.

• Moules pour les pains de graines pour les oiseaux

Si comme Giovanna en hiver, vous ouvrez un resto du cœur pour les oiseaux, vous pouvez utiliser des briques alimentaires coupées pour mouler leurs pains de graines pour oiseaux du ciel, figées dans de la margarine périmée, du beurre, de la Végétaline® ou du saindoux. Mettez ces pains dans des petits filets à légumes verts uniquement – ceux des courgettes, par exemple, sont parfaits – et suspendez-les aux arbres et aux buissons.

• Rafraîchisseur de boisson

Mieux qu'un bac à glace ! Coupez le haut d'une brique alimentaire, mettez la petite bouteille que vous voulez refroidir – limonade, jus de fruits, etc. – dans la brique, remplissez-la d'eau et mettez-la au congélateur. Lorsque l'eau est gelée, retirez le carton du congélateur et servez votre boisson glacée. Pour une présentation plus raffinée, retirez la brique et enveloppez la bouteille dans sa couche de glace dans un joli torchon.

- **Récipient à peinture**

Coupez la brique en deux et utilisez la partie inférieure pour y mettre votre peinture.

Boîtes en carton ondulé

Si, comme Nanie dans son premier studio, vos meubles de style se limitent à du Louis carton et du Louis caisse, vous êtes top chébran ! Les meubles en carton sont furieusement tendance. Sans parler du reste.

- **Four sauvage en carton**

En camping, dans le jardin ou dans votre paillotte sur la plage, faites cuire les pommes de terre, les patates douces, les yams ou autres tubercules de votre choix dans un four en carton. C'est absolument divin.

Il vous faut quelques briques ou des pierres ou un barbecue ou, et c'est ce qu'il y a de mieux, une vieille jante de voiture. Si vous utilisez des briques ou des pierres, faites un carré de 15 cm de haut et de 30 cm2 à l'intérieur pour le feu. Lavez les pommes de terre et emballez-les sans trop les serrer dans deux épaisseurs de papier-alu. Faites des boules avec du papier journal, pas trop serrées. Allumez le papier journal. Lorsqu'il brûle bien, mettez les pommes de terre dans un petit carton et posez-le sur le journal. Une fois que ce carton brûle, mettez un deuxième carton un peu plus grand par-dessus, comme un couvercle. Lorsque le deuxième carton brûle bien lui aussi, recouvrez-le d'un troisième carton un peu plus grand. Restez à côté pour surveiller les opérations et, avec un bâton, dirigez les braises vers les pommes de terre. Si tout se passe bien, tous les cartons devraient s'écrouler sur les pommes de terre. Recouvrez d'un bout de grillage pour que les braises et la cendre restent en place. La cuisson prend entre 25 et 40 minutes selon la taille des tubercules.

Meubles en carton

• Boîtes en carton ondulé

Avant de vous lancer, vous pouvez vous faire la main en construisant des meubles de poupée, un tipi, une maison ou un château fort pour les enfants. Puis, lorsque vous serez prêts à faire des meubles en carton pour adultes, commencez par faire les poubelles des magasins ou des entreprises pour récupérer de grands cartons ondulés de toute beauté. Le carton ondulé est le plus solide. S'il est travaillé correctement, il peut supporter jusqu'à deux tonnes.

Pour vous lancer, allez sur les sites <http://www.artetcarton.com/tutoriaux-video.html> et <http://camillecarton.free.fr/>.

L'étape suivante est la maison en carton. Ce n'est pas une plaisanterie. Une entreprise canadienne a mis au point des maisons instantanées en carton recyclé en kit qui peuvent être assemblées par des non-professionnels doués en une journée. Elles sont légères, pas chères et assez solides pour résister aux chutes de neige canadiennes et aux ouragans.

Tubes de carton

• Pour allumer un feu

Bourrez quelques tubes avec du papier journal, des serviettes en papier ou des pubs. Ils vous faciliteront l'allumage d'un feu de cheminée, de camp ou d'un barbecue.

• Pour faire des jouets

Quelques tubes en carton, souples et rigides, des rouleaux de papier collants, de bâtonnets d'esquimaux et en deux temps trois mouvements Timothé vous fabrique des épées, des longues vues, des télescopes, des jumelles, des carquois, des sarbacanes, des fusils à pompe ou des mitrailleuses.

• Pour faire des meubles

Un créateur danois les utilise pour faire des stores et un créateur japonais, des meubles.

- **Pour fabriquer des instruments de musique**

Les enfants adorent. C'est le moment de les encourager et de monter un orchestre avec ces instruments de récup.

Bâton de pluie

À l'origine, cet instrument d'Amérique du Sud, souvent fabriqué avec des bouts de cactus séché, était utilisé dans les cérémonies pour faire venir la pluie.

Prenez un tube de carton long ou 3 plus courts que vous collez ensemble pour en faire un long. Ces tubes sont fabriqués avec du carton enroulé en spirale ; la ligne de la spirale est visible. Enfoncez des pointes de tapissier ou des petits clous le long de cette spirale tous les 2,5 cm. Recouvrez tout le tube avec du ruban adhésif d'emballage pour maintenir les clous en place. Coupez deux cercles de papier, un peu plus larges que les extrémités des tubes. Mettez-en un sur l'une des extrémités et collez-le en place avec le ruban adhésif. Mettez 3 poignées de riz, de haricots secs ou de graines de tournesol dans le tube. Puis recouvrez l'ouverture avec l'autre cercle de papier. Collez-le avec le ruban adhésif. Décorez des feuilles de papier assez larges pour envelopper le tube. Collez-les sur le tube, enfilez des perles, des clochettes et des plumes sur du fil nylon ou du fil de fer très fin et enroulez cette création sur votre bâton de pluie.

Didgeridoo

Prenez un tube de carton assez long – vous pouvez aussi utiliser des tuyaux en plastique ou des tubes en bois – décorez-le avec eux. Puis faites-leur une démonstration : tenez le didgeridoo avec les deux mains, mettez les lèvres sur le bout pour boucher l'ouverture. Entrouvrez les lèvres, inspirez par le nez et souffler par la bouche, en rythme dans le tube.

Kazoo

Donnez aux enfants les instructions suivantes : Coupez en deux un tube de carton sur lequel était enroulé du papier absorbant. Coupez un bout de papier pour l'enrouler autour du tube. Décorez le papier. Recouvrez l'une des extrémités du tube avec un carré de papier ciré ou le sachet d'emballage des céréales.

Fixez ce papier avec un élastique sur le bout du tube. Avec un stylo ou un crayon, percez une rangée de trous bien alignés sur l'un des côtés du tube. Fredonnez dans le bout ouvert tout en déplaçant vos doigts sur les trous.

Tambours de pan

Il vous faut un tube de carton très long ou plusieurs tubes de même diamètre mais de longueurs différentes. Décorez les tubes, coupez des bouts de papier transparent épais, comme du papier calque, pour recouvrir le haut des tubes et collez-les sur chaque tube. Attachez les tubes les uns aux autres avec des élastiques, des agrafes ou ce que vous avez sous la main. Et testez !

On récupère pour jardiner

Pour conservation les bulbes

• Les boîtes en carton

Faites hiberner vos bulbes de canas, glaïeuls, dahlias et autres fleurs à bulbe, déracinés dans un grand carton rempli de chips d'emballage utilisés dans les colis. Vaporisez-les très légèrement avec un peu d'eau. Et les voilà parés pour l'hiver.

• Les cartons à œufs

Ils sont pratiques pour entreposer les bulbes en hiver. Vous pouvez les empiler dans la cabane de jardin et les étiqueter pour éviter de vous retrouver avec des bulbes non identifiés.

Pour transporter les cactées et les plantes grasses

• Cartons à œufs

Les boutures de cactées et les plantes grasses voyagent bien dans les boîtes à alvéoles comme celle qui emballent les œufs. Il est important de laisser les plaies de ces végétaux sécher avant de les planter. Une lente cicatrisation à l'air est parfaite.

Pour les semis et les plantations

• Cartons de jus de fruits

Si vous n'avez pas de godets « spécial semis », improvisez avec des cartons coupés en deux. Faites quelques trous dans le fond de la partie inférieure coupée, remplissez aux ¾ avec du terreau, plantez les graines et mettez dans un endroit ensoleillé.

Ou

Découpez l'un des côtés du carton, comme pour faire une fenêtre à deux battants. Coupez une ligne droite sur l'une des faces du carton sur toute sa longueur, puis coupez le long de l'arrête en partant du centre vers les quatre coins du carton. Enfoncez les deux battants à l'intérieur du carton et agrafez-les pour les maintenir en place. Faites des trous dans le fond, mettez le terreau et les graines. Lorsque les semis sont prêts vous pouvez les offrir à tante Hortense et ses amies sans qu'elles aient à se soucier de vous rendre vos pots de fleurs.

• Gobelet en carton et pots de yaourt en carton

La durée moyenne de vie d'un gobelet en carton est de 15 minutes brèves et intenses. Après, c'est la poubelle. L'Amérique du Nord utilise 60 % des gobelets en papier produits dans le monde – soit 130 milliards. En termes de coût écologique, cela représente 50 millions d'arbres abattus qui auraient pu capturer 9,3 millions de tonnes de CO2 et 132 milliards de litres d'eau. De quoi fournir en eau les 550,000 habitants de l'État de Géorgie pendant la sécheresse sans leur demander de réduire leur incroyable consommation d'eau quotidienne de 665 litres. Et tout ça pour un petit quart d'heure d'utilisation. Les produits réutilisables, qu'il s'agisse de vaisselle, de couverts, de briquets, de stylos ou de rasoirs sont moins polluants.

Conservez les gobelets en carton usagés de la fête d'anniversaire du petit dernier pour vos semis. Faites quelques petits trous dans le fond et les voilà bons pour le service. Inscrivez le nom de la plante au marqueur sur le récipient.

Protection des semis et des plantations

• Collerettes de carton englué

De coquettes collerettes de carton englué installées sur le tronc des arbres à protéger sont un barrage efficace pour arrêter une armée de fourmis à l'assaut de nos amis feuillus, ainsi que les larves et les chenilles de certains nuisibles, comme la mouche de la pomme qui rend les fruits véreux ou encore les fourmis qui transportent des pucerons, resteront tous collés sur les collerettes.

• Lombricompost

Vos petits invertébrés préférés sont friands de carton ondulé déchiqueté et humidifié. Tous les goûts sont dans la nature !

Le carton se décompose sans problème. Il sert d'appoint de carbone et absorbe l'humidité.

On envoie au recyclage

Le carton

Le carton est un parfait candidat au recyclage. Il ne contient aucun composant toxique. Et pourtant, la plupart des boîtes en carton finissent à la déchetterie.

Les cartons d'emballages sont transformés en papier sanitaire (essuie tout ou papier hygiénique), en papier kraft ou en carton ondulé. Une tonne de boîtes en carton représente 17 arbres. En recyclant une tonne de carton, on économise 9 m^3 de sol à la déchetterie. En recyclant le carton plutôt qu'en le produisant, on fait 75 % d'économie d'énergie : on économise 28 000 litres d'eau, 4 100 kWh d'électricité et 1 560 litres d'essence. La pollution de l'eau est réduite de 25 % et la pollution de l'air de 70 %.

Les briques alimentaires

Coupez les briques pour les ouvrir, rincez-les et aplatissez-les pour les mettre dans le bac adéquat.

Une brique alimentaire est constituée de 75 % de papier-carton, de 20 % de plastique et de 5 % d'aluminium. Selon une enquête de Tetra Pak et WWF[4], « la brique alimentaire a de loin l'empreinte écologique la plus faible, tant en termes d'émissions de gaz à effet de serre, que de consommation des ressources naturelles et d'énergies non renouvelables. » Une tonne de briques alimentaires recyclées permet d'économiser 2 tonnes de bois. Et, en utilisant la brique pour remplacer le plastique ou le verre, le consommateur français pourraient permettre l'économie de 194 600 tonnes de CO2 par an, soit l'équivalent de 1,3 milliard de kilomètres en voiture.

Les briques sont recyclées pour faire du papier hygiénique – six briques de 1 litre font un rouleau de papier WC – des serviettes en papier, du papier cadeau, des enveloppes kraft, etc.

4. Tetra Pak et WWF ont demandé au cabinet d'expertise Bio Intelligence de réaliser une analyse de cycle de vie (ACV) comparant une brique alimentaire, une bouteille plastique et une bouteille en verre.

Le papier

Sous le règne de l'empereur Hoti, dans la Chine du IIe siècle, le ministre de l'agriculture Tsaï-Lun passait pas mal de temps à observer les guêpes construire des structures en carton en recyclant des fibres végétales. Très admiratif de l'ingéniosité de ces petits insectes en body rayé, le ministre les a imités. C'est ainsi qu'en l'an de grâce 105, à partir d'une pâte aqueuse de fibres de chanvre et d'écorce de mûrier étalée en couches minces, il a réussi à fabriquer du papier. Submergé par l'émotion, le brave homme a quand même trouvé la force de crier « 尤里卡 » – autrement dit *eureka*. Bien entendu, le procédé a été perfectionné avec d'autres fibres végétales, dont celles du bambou, et de vieux tissus recyclés. Quelques siècles plus tard, les Japonais ont découvert le papier chinois, puis les Arabes. Non contents d'avoir mis la pâtée aux Chinois à la bataille de Samarkand en 751, ils en ont profité pour leur extirper le secret de la pâte à papier. Par la suite, les Arabes ont eu la bonne idée d'introduire la fabrication du papier en Espagne. Le bambou était introuvable à l'époque, donc le papier était fabriqué, en petites quantités, uniquement avec de veilles étoffes transformées. Ce n'est que quatre siècles plus tard que le papier a commencé à être utilisé en plus grandes quantités.

Aujourd'hui, la moyenne annuelle de papier jeté par personne est de 250 kg. Les Finlandais caracolent en tête avec 333 kg. Les Somaliens, par contre, n'en utilisent que 20 g.

On réduit notre consommation de papier

En commençant avec des petits trucs tous simples, comme dire :

- **Non aux pubs**

Chaque foyer français reçoit 35 kg de publicités par an que 99,7 % des personnes jettent sans les lire. Pourtant, les publicitaires pensent que ces envois sont rentables pour eux-mêmes si seulement 0,3 % des destinataires les lisent.

Un simple autocollant « Stop pub » sur la boîte aux lettres, même s'il n'est pas toujours respecté, permet de réduire des déchets franchement inutiles.

- **Oui au recto verso**

On n'imprime que si nécessaire.
Et, si on doit le faire, on imprime recto verso.
Si votre boss est farouchement pro-recto, faites comme Bénédicte et demandez-lui la permission de récupérer le papier pour l'amener chez vous et imprimer vos documents privés au verso de ces feuilles.

- **Oui aux e-mails**

On préfère les e-mails aux fax.

- **Oui au papier recyclé**

Si possible, du papier à lettres au papier hygiénique, on choisit du papier recyclé. Selon *Seventh Generation Co.*, si tous les foyers américains remplaçaient seulement un rouleau de papier hygiénique par un rouleau de papier 100 % recyclé, 373 000 arbres seraient épargnés, près de 42 000 m3 et 620 millions de litres d'eau seraient économisés[5].

5. *Seventh Generation Co.*

On réutilise le papier

• Les documents confidentiels

On passe les relevés de banques, factures et tous les documents confidentiels qu'on veut détruire à la déchiqueteuse à papier. Comme ça, on peut utiliser ces rubans pour protéger les objets dans les colis et dans les cartons de déménagement. Ou pour envoyer les livres comme le fait mon éditeur.

Si vraiment ces papiers sont top secret « pour nos yeux seulement », une fois qu'ils sont déchiquetés, on peut les avaler pour être vraiment sûrs qu'ils ne tomberont pas entre de mauvaises mains. Pour les moins courageux, restent les options « composter » ou « brûler ».

• Les enveloppes

N'hésitez pas à réutiliser les enveloppes et à fabriquer vos propres cartes. Ou à faire comme nos grands-mères pendant la guerre qui retournaient les enveloppes pour les réutiliser.

• Le joli papier d'emballage

Une fois que vous avez ouvert vos cadeaux, conservez les jolis papiers d'emballage. Vaporisez un peu d'amidon à l'envers, puis un petit coup de fer à repasser chaud pour bien le lisser, et hop, vous avez de quoi emballer le cadeau de tante Honorine, garnir les fonds de tiroirs ou recouvrir les livres.

On réutilise les sacs en papier

La première mention écrite de sac à provisions en papier date de 1630. Mais la maternité des vrais sacs à provisions en papier revient à Margaret Knight – Mattie pour les intimes – qui a inventé la machine à fabriquer des sacs à fond carré en 1870. Ce pour quoi nous la félicitons chaudement.

On récupère et on conserve soigneusement les sachets et les sacs en papier. Les sacs en papier glacé serviront pour les cadeaux et le bricolage. Les sacs et sachets en papier kraft – toujours disposés à nous rendre de loyaux services – sont hyper pratiques pour :

- **Absorber la graisse de friture**

Mettez les frites ou les beignets à égoutter sur un sachet en papier kraft récupéré et recouvert d'une feuille de papier absorbant. Les frites ne seront pas en contact avec le sachet, vous utiliserez deux fois moins de papier absorbant et les frites seront plus croustillantes.

- **Conserver les aliments**

Ils sont parfaits pour prolonger la vie des champignons qui n'apprécient pas du tout le plastique, de la laitue et des autres fruits et légumes amateurs de sacs en papier.
Pour ralentir le mûrissement des fruits, mettez-les dans des sacs en papier.
Conservez toujours le gingembre frais dans un sac en papier et jamais dans un sac en plastique et jamais au réfrigérateur.

- **Pour se soigner**

Calmer une soudaine crise d'angoisse

Pour soulager rapidement une crise d'angoisse, prenez un sac en papier, tenez-le autour de la bouche, expirez et inspirez lentement et régulièrement dans le sac. C'est bizarre mais ça marche !

Stopper le hoquet

Utilisez le même remède pour mettre fin à une attaque de hoquet.

Tuer une migraine dans l'œuf

Si vous sentez arriver une migraine, prenez un sac en papier, asseyez-vous et respirez lentement et régulièrement dans le sac en papier que vous tenez autour de la bouche et du nez sans trop serrer pour laisser occasionnellement entrer un peu d'air frais. Cette méthode ne marche pas pour tout le monde. Testez pour voir si elle vous soulage. Si c'est le cas, utilisez les sacs en papier sans modération.

- **Pour nettoyer**

La cire

Cire de bougie ou cire à épiler, même combat. Si vous en avez renversé sur la nappe ou sur votre pantalon, coupez deux côtés d'un sac en papier kraft et recouvrez le désastre. Passez un fer à repasser bien chaud sur le papier jusqu'à ce que disparition de la cire s'en suive.

Un vase

Votre vase en verre préféré est plus terne qu'un match sans Zidane – Raymond dixit. Pour lui redonner sa splendeur perdue, déchirez un sac en papier, mettez les bouts déchiquetés dans le vase et remplissez-le d'eau pour la nuit. Le lendemain, retirez le papier et laissez-vous éblouir par l'éclat du vase. Dommage qu'on ne puisse pas en faire autant pour les matchs de foot.

- **Pour jardiner**

On protège le raisin

Pour protéger le raisin de Raymond, faites comme les Nippons ! Mettez chaque grappe de raisin dans un sachet en papier que vous agrafez dans le haut pour le maintenir en place, jusqu'à ce que le raisin soit mûr.

Inconditionnels de cette méthode depuis longtemps, les jardiniers japonais l'utilisent avec enthousiasme pour protéger les fruits.

- **Pour le compost**

Sachets et sacs en papier sont biodégradables, donc parfaits pour le lombricompostage et le compostage.

On recycle le papier

Une tonne de papier recyclé sauve 17 arbres, économise deux barils de pétrole – soit la quantité d'essence pour parcourir presque 2000 kilomètres – 4,100 kilowatts d'énergie – soit la quantité d'énergie nécessaire pour alimenter une maison pendant 6 mois – 33 d'espace de déchetterie et 27 kg de pollution atmosphérique[6].

Tous les types de papiers sont recyclables à l'exception des papiers souillés et du papier carbone. On peut recycler jusqu'à 10

6. *Trash to Can.*

fois du papier. La fabrication de papier recyclé consomme moins d'énergie et moins d'eau – entre 70 à 90 % d'énergie en moins – que celle du papier « normal » et permet bien sûr d'économiser les forêts.

On met les feuilles de papier dans le bac des journaux, des magazines et des prospectus.

Les journaux

L'infortuné Charles Fenerty de Halifax, qui, le premier a réussi à fabriquer du papier journal à partir de pulpe de bois, n'a pas fait breveter son invention. D'autres petits malins, hélas pour lui, se sont empressés de le faire à sa place.

On les récupère pour le ménage

• Conserver les aliments

Tous vos légumes se conserveront plus longtemps au réfrigérateur si vous mettez du papier journal dans le fond de votre bac à légumes.

Les avocats et les autres fruits

Pour les faire mûrir, enveloppez-les dans du papier journal et mettez-les dans le bac à légumes du réfrigérateur.

Les concombres

Pour conserver les concombres, enveloppez chaque concombre dans un morceau de journal avant de les mettre dans le bac à légumes du réfrigérateur.

Les tomates

Si, pour une raison quelconque, vous devez cueillir vos tomates alors qu'elles sont encore vertes, enveloppez chacune d'elles dans du papier journal et mettez-les dans un tiroir. Elles mûriront rapidement.

• Désodoriser

Le four à micro-ondes

Si vous avez laissé brûler le pop-corn dans le micro-ondes, mettez quelques feuilles de journal froissées dans le micro-ondes pour la nuit. Le lendemain les odeurs de brûlé auront disparu.

Un récipient en plastique

La boîte en plastique qui a servi à transporter le curry... sent toujours le curry, ce qui pose un sérieux problème si vous envisagez de l'utiliser pour transporter du gâteau au chocolat. Pour supprimer les odeurs tenaces, prenez une feuille de papier journal, faites une jolie boule et mettez-la dans le récipient. Fermez hermétiquement le récipient pour la nuit et croisez les doigts. Le lendemain matin, retirez la boule de papier, lavez le récipient et sentez : l'odeur du curry s'est volatilisée.

Un thermos

Le vieux thermos que vous n'avez pas utilisé depuis des années sent carrément mauvais. Si vous décidez de le conserver, déchirez des pages de journal en petits bouts, mettez-les dans le thermos et recouvrez-les d'eau chaude. Vissez le bouchon, laissez agir pendant la nuit. Videz le thermos et lavez-le à l'eau chaude et au liquide vaisselle. Rincez et constatez que non seulement les odeurs ont disparu mais, qu'en plus, l'intérieur est étincelant.

Une valise

La valise de Grignette dans laquelle la tome de Savoie a voyagé n'arrive pas à oublier cette odoriférante passagère. Pour l'aider à supprimer les effluves du souvenir, froissez quelques feuilles de journal, mettez-les dans la valise, fermez-la et laissez le journal agir pendant une petite quinzaine.

• Nettoyer

Les inserts

À froid surtout, surtout pour ne pas se brûler, frottez les portes en verre de votre insert avec du vinaigre sur du papier journal.

- **Faire briller**

Les carreaux

Faites briller les vitres comme des miroirs avec une solution moitié eau moitié vinaigre. Puis frottez-les avec du papier journal.

Les miroirs et le carrelage

Faites disparaître les traces de laque à cheveux – ou autres marques malvenues sur le miroir ou le carrelage de la salle de bain avec du vinaigre. Attention, pour nettoyer un miroir, les pros ne frottent pas en faisant des cercles, ni de bas en haut. Ils frottent de haut en bas et légèrement en biais de droite à gauche. Faites briller avec un papier journal roulé en boule.

- **Entretenir vos accessoires**

Les chapeaux

N'oubliez pas de mettre une grosse boule de papier journal dans les chapeaux pour qu'ils gardent leur forme.

- **Les chaussures**

Les mauvaises nouvelles de la veille peuvent encore servir pour :

Sécher et désodoriser les chaussures

Vous avez dansé sous la pluie et vos chaussures sont trempées. Bourrez-les avec du papier absorbant ou un vieux journal. Une fois qu'elles sont bien sèches, et uniquement si elles sont en cuir, enduisez-les de vaseline. Et le lendemain, cirez-les sur… du papier journal.

Préserver leur forme

Bourrez vos chaussures de boules de papier journal pour les ranger. Elles garderont plus facilement la forme.

- **Les sacs en cuir**

Avant de ranger vos sacs en cuir, videz-les et bourrez-les de papier journal roulé en boule. Ils ne se déformeront pas.

- **La voiture**

Conservez quelques vieux journaux dans le coffre de la voiture. On ne sait jamais, en cas de panne vous aurez de la lecture en attendant les secours.

Et si Raymond revient de sa ballade tout mouillé et tout crotté, il sera bien content d'avoir des journaux pour protéger les sièges. Et si en plus la voiture patine dans la boue, le sable ou la neige, il glissera avec reconnaissance, quelques vieux journaux sous les roues.

Pour éviter d'avoir à gratter le pare-brise les matins d'hiver, pensez la veille, en garant votre voiture, à le couvrir avec des pages de journaux.

- **L'hygiène des animaux**

Simplifiez la corvée de nettoyage de :

La cage des oiseaux

Pour un nettoyage de cage sans douleur, mettez quelques pages de journal bien pliées au fond du petit logis de Titi le canari et voili !

La litière du chat

Lorsque vous changez la litière de Léo, couvrez le fond du bac avec de vieux journaux. Ils absorberont les odeurs, et la litière durera un peu plus longtemps.

On les récupère pour bricoler

- **Affûter les crayons**

La pointe de votre crayon n'est pas assez pointue. Qu'à cela ne tienne ! Frottez-la sur le journal et évitez de l'enfoncer dans l'œil du patron.

- **Allumer un feu de cheminée**

Les choses se présentent très mal : vous êtes en panne de petits-bois et vous n'êtes pas très douée pour allumer un feu. Roulez quelques pages de journal pour remplacer le petit-bois, respirez un grand coup et allumez.

- **Boucher les trous**

Si le trou est important, comme le gros cratère laissé par le thermostat de l'aquarium de l'ancien locataire, plutôt que de mettre une tonne de plâtre de rebouchage, trempez du papier journal dans un mélange de plâtre et d'eau, de la consistance d'une pâte à beignets. Puis mettez-le dans le trou, enfoncez-le et tassez-le bien avant de recouvrir avec le plâtre. Vous utiliserez moins de plâtre et vous éviterez du même coup les fentes qui apparaissent souvent plus tard. Recouvrez vos travaux de rebouchage d'une couche de plâtre ou d'une mixture sel et fécule. Laissez sécher et poncez.

- **Caler les bougies**

Tout est parfait pour le dîner aux chandelles sauf… les bougies qui sont légèrement trop petites pour les bougeoirs. Pas de panique. Enveloppez discrètement la base des bougies dans du journal et enfoncez-les dans les bougeoirs. Elles ne bougeront pas d'un poil.

Emballer

- **Les cadeaux**

Les bandes dessinées et les pages en couleur du journal font de jolis papiers cadeau.

- **Les décorations de Noël**

Enveloppez les boules anciennes et les autres décorations fragiles héritées de la tante Catherine dans du papier journal. Avec un peu de chance, elles dureront encore une centaine d'années.

- **Les objets fragiles pour les déménagements**

Les journaux sont de tous les déménagements. En feuilles pour envelopper la vaisselle et tout ce qui est cassable, et en lambeaux pour bien les caler.

Peindre les montants de fenêtre

Lorsque vous peignez les montants des fenêtres, mouillez des journaux et posez-les sur les vitres. Heureuse et épanouie, vous pourrez peindre sans stresser pour les éclaboussures sur les vitres.

Faire du papier mâché

Comme le papier, le papier mâché – que vous n'aurez pas besoin de mâcher pour vos créations, rassurez-vous – est né en Chine. Et devinez ce que les Chinois antiques faisaient avec ce papier mâché ? Des casques ! Et pas n'importe quels casques. De vrais casques pour leurs valeureux et fiers guerriers. Pour renforcer ces couvre-chefs, ils passaient plusieurs couches de laque. Lorsque les Japonais ont piqué la recette du papier mâché, ils en ont fait des masques. Lâchez-vous et faites ce que vous voulez. Et si vous n'osez pas vous lancer sans filet, vous pouvez tricher avec une statue ou un bibelot à quatre sous que vous recouvrez et modelez avec votre papier mâché.

Pour mâcher votre papier, vous pouvez utiliser de la colle à papier peint ou de la farine. C'est mieux pour les enfants, sauf s'ils sont allergiques au gluten – et c'est plus écologique.

Si vous utilisez de la colle à papier peint, vérifiez sur l'emballage les proportions et le temps de repos, des variantes apparaissent selon les fabricants. En principe, c'est 1 volume de colle pour 10 volumes d'eau.

Mettez l'eau dans un récipient, ajoutez la colle et remuez avec une cuiller en bois. Lorsque le mélange est homogène, laisser reposer la colle. Elle se conserve environ trois jours.

Pour la colle à base de farine, comptez 1 volume d'eau froide, ¼ de volume de farine, 5 volumes d'eau bouillante. Mettez l'eau froide dans un récipient. Ajoutez la farine et mélangez pour obtenir un liquide homogène. Faites bouillir l'eau et versez le mélange eau froide/farine dans l'eau bouillante en remuant bien. Continuez la cuisson à feu doux pendant environ 3 minutes. Laisser tiédir avant de l'utiliser.

Maintenant que vous avez la colle, déchirez les journaux, trempez-les dans la colle et appliquez-les sur la forme de votre choix.

Vous pouvez aussi mettre tous les morceaux de journal dans un récipient. Ajoutez suffisamment d'eau très chaude pour les couvrir. Attendez quelques heures avant de mixer le tout avec un vieux batteur. Lorsque votre mélange est bien homogène, ajoutez la colle et quelques cuillers à soupe de sel. Il ne vous reste plus qu'à travailler ce matériau écolo comme de la pâte à modeler. Le plus long, c'est le temps de séchage avant de pouvoir peindre vos créations avec de la peinture acrylique.

Fabriquer du papier

Le papier artisanal, c'est génial, un peu long mais pas trop compliqué à fabriquer avec les enfants.
Vous pouvez utiliser tous les papiers de récupération – y compris les bottins et les cartons et les plateaux à œufs – mais pas les papiers glacés et cirés.

Il vous faut une cuvette d'eau, un morceau de grillage très fin, comme une moustiquaire, de la taille de feuille de papier voulue, fixé sur un cadre, un autre cadre de la même taille mais sans grillage, des torchons bien absorbants, un vieux robot ou un vieux mixeur pour la soupe et un rouleau à pâtisserie.

Déchirez joyeusement le papier de récup en petits morceaux. Mettez-les dans une cuvette assez grande pour contenir les cadres et ajoutez l'eau. Comptez neuf volumes d'eau pour un volume de papier. Laissez tremper pendant la nuit. Le lendemain réduisez le tout en purée avec un vieux mixeur. Ajouter encore de l'eau et vous obtiendrez de la pâte à papier. Mettez les 2 cadres l'un sur l'autre, le cadre avec le grillage – côté grillage vers le haut – sous le cadre sans grillage qui sert uniquement à délimiter la pâte à papier pour que celle-ci forme un beau rectangle, comme une feuille de papier classique. Trempez les cadres dans la pâte pour la recueillir sur le dessus du filtre.

Une fois que l'eau s'est écoulée, enlevez le cadre sans grillage et posez le torchon directement sur la pâte à papier.

Retournez ensuite le tout sur une surface plate, le torchon en dessous. Avant de retirer le cadre, enlevez le maximum d'eau avec une éponge. Puis attendre que votre papier recyclé sèche complètement.

Répétez l'opération jusqu'à ce que vous ayez le nombre de feuilles voulues.

Déposez un nouveau torchon humide, une feuille de papier et ainsi de suite. Posez une planche et un poids sur le dernier torchon. Laisser sécher un peu puis changer les torchons mouillés pour des torchons secs jusqu'au séchage complet des feuilles de papier

Utilisez des serviettes en papier pour donner des couleurs originales.

Dans le mélange, vous pouvez ajouter des éléments décoratifs comme des petits confettis créés récupérés dans la perforatrice ou des paillettes.

Vous pouvez aussi utiliser des épluchures de légumes pour donner du corps et de la couleur au papier.

Lorsque vous posez la feuille sur le torchon vous pouvez la décorer avant le séchage, en y posant des pétales, des fleurs séchées ou des feuilles séchées. Vous obtiendrez du magnifique papier à lettre naturel.

Plusieurs essais vous seront sans doute nécessaires pour trouver l'épaisseur et la couleur que vous voulez.

On les récupère pour jardiner

Les journaux sont géniaux pour les jardiniers : pour faire sécher les graines, protéger les plants, tuer les mauvaises herbes, faire la joie des lombrics ou démarrer le compost, ils sont diablement efficaces et sacrément polyvalents.

NB. : Si vous avez un jardin, consultez *le Dictionnaire à tout faire du jardin*, pour l'usage des journaux avec les graines, les haricots, en tant qu'herbicide, etc.

On recycle les journaux

S'il vous reste des journaux, faites de jolies piles que vous mettez dans le bac adéquat avec les journaux avec les magazines, les prospectus et les feuilles de papier.

Selon le California Department of Conservation, le recyclage de tous les journaux du dimanche imprimés aux États-Unis sauverait 550 000 arbres – soit 26 millions d'arbres par an.

Les magazines

Le premier magazine féminin connu – œuvre du peintre suisse Josse Amman – date de la fin du XVIe siècle, est écrit en latin. Le *Gynasceum, sive Theatrum Mulierum – Le Gynasceum ou Théâtre des femmes* – publié Frankfort présentait des gravures des costumes féminins de tous les pays européens de l'époque. En Angleterre, c'est Daniel Defoe, l'auteur de *Robinson Crusoé* qui a publié *Review*, le premier magazine en anglais, à Londres en 1704. Vous voilà parée pour *Questions pour un champion!*
Aujourd'hui, environ 75 % du papier pour les magazines n'est jamais lu.

On les utilise

Plutôt que d'acheter des magazines, on les pique à son voisin. Si par malchance, il n'en a pas et qu'on est obligée de les acheter, on fait comme Arnaud qui les offre à ses clientes, qui à leur tour les font circuler dans leur entourage. Et lorsque la famille et les amis les ont lus, on les récupère pour:

Découper les pages qui nous intéressent avec les modèles des défilés. Ces photos nous serviront pour relooker notre garde-robe.

Couvrir les livres qu'on trimballe dans le sac pour éviter de les abîmer.

Donner aux médecins pour leur salle d'attente – là on est sûr qu'ils ne mourront jamais – aux maisons de retraite et aux écoles pour faire des découpages, des collages, du papier mâché et autres créations artistiques. Mais attention de ne pas donner *Playboy* ou *Cosmopolitan* pour les travaux de maternelle.

Emballer les bibelots et les protéger avec des magazines déchiquetés.

Faire du papier mâché comme avec le papier journal.

Faire des collages et pas seulement pour créer des tableaux classiques mais pour faire des cartes, décorer les murs ou les meubles. Créez de jolis sets de tables et sous-verre avec du carton très dur que vous recouvrez de magnifiques collages. Une ou deux couches de vernis, et ils sont prêts. Lâchez-vous pour recouvrir un vieux paravent un peu défraîchi ou donner une seconde jeunesse hyper branchée à des vieilles chaises de cuisine avec un joli collage. Il vous faut de la colle à papier peint, des magazines, du temps et du vernis. Appliquez la colle au pinceau au dos des pages de magazines, posez sur les meubles, lissez avec un chiffon propre pour chasser les bulles et retirer l'excédent de colle. Une fois que vos créations sont sèches, protégez-les avec une ou deux couches de vernis.

Protéger la table quand on fait de la peinture ou qu'on cire ses chaussures.

On recycle les magazines

S'il vous reste des magazines, faites de jolies piles que vous mettez dans le bac adéquat avec les journaux, les prospectus et les feuilles de papier. Dissous dans l'eau, les journaux, les magazines, les papiers d'écriture sont transformés en papier journal.

Les livres

Il y a les livres que l'on aime et ceux qu'on aurait pu aimer. Il y a les livres qu'on relit et tous ceux qu'on lira un jour, ceux qu'on emmènerait sur une île, ceux qu'on garde parce qu'ils sont beaux et il y a ceux qu'on regrette d'avoir achetés. Bref, une fois que vous avez fait le tri dans la bibliothèque, que faire avec les livres que vous avez expulsés de vos étagères ?

Vous pouvez les vendre sur internet. Les échanger ou les donner à vos amis, à des œuvres de charité, des associations dont vous trouverez les adresses à la fin du livre, dans l'annexe. Ou les abandonner sur un banc près de chez vous, dans le train, sur une table de café.

Les transformer en étagère

Si vous manquez d'étagères, pourquoi ne pas coller les livres indésirables les uns aux autres, puis sur une planche que vous pourrez fixer au mur.

Les transformer en œuvres d'art

Imitez Marcel Broodthaers qui, plutôt que de se décourager parce que le public avait boudé sa plaquette de poème *Pense-Bête*, a *upcyclé* ce flop poétique en créant le *buzz* dans les arts plastiques. Eh oui, il avait le mental notre Marcel. Il a donc abandonné l'insensible public des lettres en plâtrant « à moitié » le solde invendu de ses écrits. Puis il a présenté ce nouvel objet en tant qu'œuvre plastique au public des arts qui a adoré.

« J'ai plâtré à moitié un paquet de cinquante exemplaires d'un recueil, le Pense-Bête. Le papier d'emballage déchiré laisse voir, dans la partie supérieure de la « sculpture », les tranches des livres (la partie inférieure étant donc cachée par le plâtre). *On ne peut, ici, lire le livre sans détruire l'aspect plastique*. Ce geste concret renvoyait l'interdiction au spectateur, enfin je le croyais. Mais à ma surprise, la réaction de celui-ci fut tout autre que celle que j'imaginai. Quel qu'il fût, jusqu'à présent, *il perçut l'objet ou comme une expression artistique ou comme une curiosité*. « Tiens, des livres dans du plâtre ! » Aucun n'eut la curiosité du texte, ignorant s'il s'agissait de l'enterrement d'une prose, d'une poésie, de tristesse ou de plaisir. *Aucun ne s'est ému de l'interdit*. Jusqu'à ce moment, je vivais pratiquement isolé du point de vue de la communication, mon public étant fictif. Soudain, il devint réel, à ce niveau où il est question d'espace et de conquête... [7] »

Récupérez les pages des livres pour les collages, pour faire du papier mâché ou du papier recyclé.

Et récupérez les jolies couvertures cartonnées pour en faire d'incroyables sacs à main comme les créateurs de *Rebound Designs*[8].

7. Marcel Broodthaers, « Dix mille francs de récompense », d'après un entretien avec Irmeline Lebeer, dans *Catalogue-Catalogus*, Bruxelles, Palais des Beaux-Arts, 1974. Reproduit dans Irmeline Lebeer, *L'art ? C'est une meilleure idée ! Entretiens 1972-1984*, Jacqueline Chambon, Nîmes, 1997, p. 154.
8. http://www.recyclingsupermarket.com/recycled-products/novel-use-of-old-books/#more-207

Le plastique

« Et l'Homme créa le sac plastique et la boîte en fer-blanc et en aluminium et les emballages en cellophane et l'assiette en papier, et c'était bon parce que l'Homme a pu prendre son automobile pour aller acheter toute sa nourriture dans un seul endroit et conserver tout ce qui était bon à manger dans le réfrigérateur et jeter tout ce qui ne lui servait plus. Et bientôt la terre a été recouverte de sacs plastiques et de canettes en aluminium et d'assiettes en papier et de bouteilles jetables et il n'y avait plus nulle part où s'asseoir ou marcher, et l'Homme a secoué la tête en pleurant : « Regarde-moi ce boxon ! » Art Buchwald.

Le plastique est une famille nombreuse qui comprend toutes ces matières synthétiques, constituées de macromolécules obtenues par polymérisation ou polycondensation et qui peuvent être moulées ou modelées. Ce matériau est né au XIXe siècle. Léonard de Vinci, ce petit génie, avait quelques siècles auparavant, inventé la première forme de plastique naturel à partir de colles animales et végétales associées à des fibres organiques. Mais l'ancêtre des premiers plastiques, le celluloïd a été mis au point aux États-Unis en 1869 par les frères Hyatt, lauréats d'un concours primant la découverte d'une matière pouvant remplacer l'ivoire utilisé pour fabriquer les boules de billard. Ce jeu était tellement populaire que des milliers d'éléphants ont été tués pour leur précieux ivoire. L'invention du celluloïd a permis la survie de 10 000 éléphants.

Dans les plastiques, nous, on aime surtout la petite carte en plastique que Raymond fait chauffer pour nous offrir nos escarpins préférés. Mais ces cartes, pour des raisons de sécurité ne sont pas recyclables. Une fois périmées il faut les découper en millions de morceaux et les jeter, si possible, dans plusieurs volcans en activité.

Les bouteilles en plastique

On réduit sa consommation

Les bouteilles en plastique ont envahi la planète à partir des années 1960. Des eaux minérales, parmi les plus respectables, ont abandonné le verre en leur faveur. Elles sont tellement plus pratiques pour le sac à main. Et comme on ne se déplace plus sans notre bouteille d'eau – observez les cabas Prada de Cameron, Eva, Mischa et Madona – le plastique est incontournable. Un argument de vente de poids depuis que l'eau minérale est le must des accessoires de mode. Mais depuis qu'on a lu des horreurs sur les dégâts[9] que le polyéthylène téréphtalate (PET) contenu dans les bouteilles en plastique peut infliger au système reproducteur de Raymond, on va essayer de réduire notre consommation.

9. Selon l'étude de Martin Wagner et Jörg Oehlman, de l'université Goethe de Francfort, le PET qu'on retrouve également dans les bouteilles en plastique de boissons gazeuses, d'huile de cuisine et il tapisse aussi l'aluminium qui recouvre l'intérieur des briques de boissons de plusieurs marques. Le PET, qui donne au plastique sa transparence, sa résistance aux chocs, son faible poids et son imperméabilité à l'eau, aux gaz et aux arômes, libère dans l'eau ce que l'on appelle des perturbateurs endocriniens. Leurs effets à très faible dose sont encore très mal connus, mais ils sont soupçonnés de modifier chez l'homme le développement et les fonctions sexuelles et reproductrices. Wagner & Oehlman. 2009. Endocrine disruptors in bottled mineral water : total estrogenic burden and migration from plastic bottles. Environmental Science and Pollution Research, DOI : 10.1007/s11356-009-0107-7.

On les utilise pour dépanner

Avant de les recycler, utilisez-les. Elles vous rendront moult services.

• Bougeoirs de secours

Vous avez envie de préparer un petit dîner aux chandelles? Vous avez le repas et de jolies bougies un peu longues, mais pas de bougeoirs. Heureusement pour vous, il vous reste quelques bouteilles en plastique à sacrifier pour cause de soirée romantique. Coupez le haut des bouteilles, installez-le dans les bouteilles avec le goulot vers le bas comme un entonnoir, remplissez-les d'eau colorée ou de sable et placez vos bougies dans ces bougeoirs improvisés.

• Bouillotte

Un malheur n'arrive jamais seul. Raymond n'est pas là pour vous réchauffer les pieds et vous êtes en panne de bouillotte. Ne sombrez pas dans le désespoir. Vous êtes une battante, que diable! Pas une mauviette. Remplissez une grande bouteille en plastique avec de l'eau chaude, fermez le bouchon, enroulez-la dans une serviette avant d'y poser avec délice, vos petits petons.

• Clim pour petits poilus et les grands aussi

La cage de Puccini le cochon d'Inde n'a pas la clim. Pour palier à cette triste situation pendant les vagues de chaleur, mettez quelques bouteilles en plastique remplies aux deux-tiers d'eau au congélateur. Lorsque l'eau est gelée, sortez les bouteilles que vous installez autour de la cage et sur le dessus de la cage. Enveloppez une bouteille dans un petit torchon et mettez-la dans la cage. S'il a trop chaud, il pourra y poser ses petites pattounettes sans risquer d'attraper l'onglée.

Et si vous avez trop chaud, rien ne vous empêche de prendre l'une de ces bouteilles pour y poser les pieds. L'effet rafraîchissant est radical.

- **Étui à bouteille**

Pour le prochain pique-nique, évitez la casse des bouteilles en verre en leur fabriquant des gaines de protection. Coupez le fond de bouteilles en plastique et enfilez les bouteilles en verre dans ces petits manchons bien pratiques.

- **Distributeur de ficelle**

Il n'y a rien de plus énervant que la ficelle qui s'emberlificote lorsqu'on est pressé. Retirez le bouchon, coupez la bouteille en deux, fixez la partie supérieure, celle avec le goulot, au mur avec le goulot vers le bas. Mettez la ficelle dans la bouteille, faites passer le début de la ficelle par le goulot et dites adieu aux nœuds.

- **Entonnoir**

Il vous faut un entonnoir de secours ? Coupez le haut d'une bouteille en plastique, enlevez le bouchon, retournez votre création et testez aussitôt votre nouvel entonnoir avec satisfaction.

- **Packs de glace**

Transformez une bouteille d'eau en pack de glace pour les gros bobos. Remplissez la bouteille aux 2/3 et mettez-la au congélateur. Lorsque l'eau est gelée, enveloppez la bouteille dans un torchon et posez-la sur la partie endolorie.

- **Récipient pour nettoyer les pinceaux**

Après une séance de peinture, coupez la bouteille en deux et mettez les pinceaux à tremper dans ce réceptacle.

On les réutilise pour bricoler

- **Des créatures marines pour décorer un aquarium**

Coupez le fond des bouteilles en laissant un bord de 5 cm. Découpez les bords en lanières, attachez-les avec du fil nylon. Faites deux trous au milieu du fond et passez le fil nylon plusieurs fois pour fixer les lanières. Puis passez un autre fil en double pour suspendre votre méduse si vous préférez l'accrocher au plafond plutôt que de la lâcher dans l'aquarium.

• Jeu de quilles pour enfants

Improvisez un jeu de quilles avec de petites bouteilles en plastique. Pour les petits, utilisez-les vides avec un gros ballon. Pour les plus grands, remplissez-les de sable et utilisez une balle plus petite et plus lourde.

Et maintenant que vous vous êtes fait la main, pourquoi ne pas fabriquer un bateau ? Voyez le catamaran Plastiki de l'explorateur et défenseur de l'environnement anglais David de Rothschild[10]. Il a relié San Francisco à Sydney – 17,703 km pour traverser le Pacifique – dans son embarcation de 18 mètres, entièrement construite en plastique recyclable – un cadre de fibre de verre et 12 000 bouteilles de plastique. *Congratulations and felicitations*, David !

• Des instruments de musique

Vous n'avez que l'embarras du choix !

Un cor

Un tuyau d'arrosage et un entonnoir suffisent à constituer un cor déjà capable de rivaliser avec les meilleurs colverts.

Un guiro

Il vous faut une bouteille en plastique vide avec des rainures. Les bouteilles aux parois lisses ne sont pas aptes à faire des *guiros*. Prenez une baguette et frottez furieusement sur les rainures.

Des maracas

Les petites bouteilles de lait en plastique avec un bouchon à visser ou les petites bouteilles de jus de fruit ou de smoothie sont parfaites pour les maracas. Enlevez les étiquettes, décorez-les avec des couleurs vives ou des paillettes. Mettez une cuillerée de haricots secs, de riz, de graines ou de perles dans la bouteille. Vissez bien le couvercle et secouez. *Ole !*
Si vous prenez des bouteilles plus grandes, augmentez la quantité de haricots secs, de riz ou de ce que vous mettez dans la bouteille.

10. http://www.adventureecology.com/theplastiki/main.html

Un surdo

Si vous utilisez des bonbonnes d'eau en plastique ou si vous avez une fontaine à eau au bureau, récupérez une de ces bonbonnes vives pour faire un *surdo*. Il vous faut un bâton ou une baguette, quelques chaussettes orphelines et du ruban adhésif isolant. Enveloppez les chaussettes autour du bâton, fixez avec le ruban adhésif et tapez des rythmes de samba sur votre tambour de récup. Aïe, aïe, caramba !

On les utilise pour jardiner

Consulter *le Dictionnaire à tout faire du jardin*, du même auteur.

• Le bouturage

Lorsque vous supprimez les rejets – aussi appelés gourmands – des tomates, mettez-les quelques jours dans une petite bouteille remplie d'eau jusqu'à l'apparition de racines. Plantez-les dans des godets pour les faire bien démarrer. Une dizaine de jours plus tard, mettez-les en pleine terre ou dans un grand pot. Vous aurez des tomates tardives, grâce à ces plants récupérés.

• Les semis

Semer malin

Une autre méthode pratique pour semer les mini-graines, c'est de les semer en gelée. Mettez des feuilles de gélatine dans 1 cuiller d'eau chaude. Une fois qu'elles sont dissoutes, ajoutez un peu d'eau froide. La gelée doit être assez épaisse pour éviter que les graines ne tombent au fond mais assez liquide pour pouvoir l'utiliser avec une bouteille plastique vide avec un bouchon verseur à clapet, style ketchup. Mettez vos graines en gelée dans la bouteille et appuyez sur la bouteille pour les dispenser en faisant de belles lignes droites sur la terre de votre plateau de semis.

• Protection du raisin

Coupez le boulot d'une bouteille en plastique de 1 litre et faite une entaille sur toute la longueur. Percez des petits trous dans le fond pour éviter la condensation. Puis installez votre grappe dans ce petit manchon de protection. Pour qu'il tienne bien en place, coincez le haut de la bouteille sur une vigne voisine.

Les bidons

Ce sont les bidons d'eau, d'eau distillée, de lessive ou de produits ménagers.

Là aussi on peut réduire, en remplaçant l'adoucissant par du vinaigre et les produits ménagers par du vinaigre, du bicarbonate, du savon et du liquide vaisselle. Quant aux bidons qui restent, on les récupère.

On les utilise pour bricoler

• Une lampe bidon

Percez le bouchon pour y passer le fil électrique. Installez la douille dans le bouchon de bidon et montez-la. Vissez l'ampoule. Faites passer l'ampoule dans le bidon, vissez le bouchon, branchez le fil électrique et vous avez un éclairage blanc laiteux du plus bel effet. Vous pouvez aussi décorer le bidon avec de la peinture, des collages ou des treillages.

• Des haltères

Pour ne pas interrompre votre programme de musculation, remplissez 2 bidons avec du sable et travaillez ces jolis biceps.

• Une pelle à crottes

Coupez le bidon en deux et utilisez la partie avec l'anse pour ramasser rapidement, avec élégance et discrétion, les déjections canines de Rocky.

• Un petit bidon pour cueillir les mûres

Coupez le haut du bidon soigneusement lavé, juste au-dessus de l'anse. Passez une ficelle dans l'anse et nouez-la à la taille. Avec ce magnifique kit mains libres, vous êtes équipé pour attaquer la cueillette.

• Un récipient à peinture ou à pinceaux

Pour les travaux de peinture de l'extérieur de la maison, coupez le haut d'un grand bidon de lessive pour en faire un récipient pour la peinture ou pour les pinceaux. Pour avoir tous les pinceaux sous la main, faites deux fentes sur l'un des côtés du bidon pour y passer une vieille ceinture dont vous pourrez ceindre votre taille de guêpe.

En bateau

Ces bidons peuvent dépanner pour fabriquer :

- **Une écope**

Si vous n'avez pas d'écope à bord, fabriquez-en une rapidement pour être paré à écoper. Vissez le bouchon à fond puis coupez le bidon en diagonale en partant de la base vers le haut. Et écoper comme un vrai moussaillon.

- **Une ancre**

Si vous n'avez pas d'ancre, remplissez un bidon avec du gravier. Attachez-le solidement à une corde, attachez l'autre extrémité de la corde au bateau et jetez l'ancre.

- **Une bouée**

Vissez le bouchon sur un bidon vide et propre. Attachez une corde dans l'anse et attachez un poids à l'autre bout de la corde. Placez cette bouée de fortune pour indiquer l'emplacement où vous avez plongé pour pouvoir le retrouver sans peine le lendemain. Vous pouvez aussi attacher plusieurs de ces bouées à une corde pour marquer les endroits où Timothé et Barnabé pensent avoir localisé le trésor de Barbe Noire.

- **Un porte-voix pour les moussaillons**

Enlevez le bouchon. Lavez soigneusement le bidon, coupez la base du bidon et hurlez vos ordres à pleins poumons.

On les utilise au jardin

Quelques bidons vides, soigneusement lavés sont bien pratiques pour :

- **Fabriquer une mini-serre**

Coupez le fond du bidon et recouvrez vos semis avec cette cloche improvisée pour la nuit. Retirez-la le jour.

• **Ranger les petits outils**
Coupez le haut du bidon pour y ranger vos petits outils.

Les bouchons en plastique

Avant de recycler les bouchons en plastique, gardez-en quelques-uns.

On les utilise pour bricoler

• **Décorer les boucliers et les épées des chevaliers**
Les boucliers confectionnés avec des enjoliveurs récupérés sur la voie publique et les épées de gala fabriqués par Timothé et Barnabé sont très réussis mais manquent cruellement de pierreries. Quelques bouchons de plastique placés aux endroits stratégiques vont palier à ce déplorable déficit pour être *upcycler* en œuvres d'art.

• **Pions**
Vous êtes en panne de pions pour jouer aux dames ? Peignez des bouchons en rouge et noir et attaquez la partie.

• **Rideau anti-mouches**
Avec une tonne de bouchon et autant de patience, vous pouvez vous amuser à confectionner un rideau anti-mouches. Percez deux trous sur le bord de chaque bouchon pour les enfiler sur du fil de pêche.

• **Couche drainante**
Récupérez les bouchons en plastique, mettez-les dans un filet à maille pour les laver au lave-vaisselle avant de les installer au fond de vos pots de fleurs.

On recycle

Il faut sept litres d'eau pour fabriquer une bouteille en plastique, sans oublier leur commercialisation qui nécessite des kilomètres de déplacement.
Donc on recycle consciencieusement les bouteilles d'eau, de soda, de lait.

On ne recycle pas les bouteilles d'huile ou les bouteilles qui ont contenu des corps gras.
On recycle les flacons de shampooing, de gel douche, de liquide vaisselle et de produits d'entretien – sauf ceux qui sont dangereux et qui doivent de fait être jetés dans une déchetterie – les bidons de lessives et les « cubi » de vin. Inutile de retirer les bouchons, mais compactez-les bouteilles, elles prendront moins de place.

Une bouteille sur deux est triée, ce qui est un grand progrès pour les Français, mauvais élèves du recyclage. Même si, comme Raymond depuis que la gardienne de l'immeuble a menacé de le dénoncer au comité du recyclage, vous triez soigneusement vos déchets, seulement 21 % des emballages plastiques sont recyclés. Et oui, c'est la triste réalité. Lorsqu'ils sont effectivement triés et recyclés, ils servent à fabriquer des textiles techniques, des fibres polyester récupérées pour rembourrer les couettes, les oreillers, les anoraks ou pour fabriquer des tissus comme les polaires : 25 bouteilles = 1 polaire pour adulte. Des vêtements destinés aux métiers du bâtiment ou des tapis et moquettes de voiture. Sans oublier les cintres et depuis peu, les stylos. « Quel est le rêve d'une bouteille d'eau ? Devenir stylo. » C'est ce que dit la publicité pour le lancement du stylo Pilote B2P. Avec une bouteille on fabrique trois stylos. Au Japon, Pilot vend des produits recyclés depuis 1992, sous l'écolabel Ecomark. Selon l'entreprise, « Si tous les stylos produits dans les principaux pays d'Europe en une année étaient en plastique recyclé, cela permettrait d'économiser au moins 78 000 tonnes de plastique. »

Avec une tonne d'emballages on fabrique : 7 bancs publics, 68 bacs de collecte, 7,50 km de tuyau. Sauf que la majorité de ce plastique recyclé est importée. Seules quelques usines sont capables de mélanger le plastique. Le designer anglais Richard Liddle, qui utilise ce matériau pour ses créations, résume parfaitement la situation lorsqu'il dit « nos déchets sont toujours gaspillés. » Sa célèbre chaise[11] fabriquée uniquement avec du plastique 100 % recyclé et 100 % recyclable, demande 475 bouteilles en plastique et 2 heures de travail.

11. http://www.cohda.com et http://www.cohda.com/?&mod=products&pageid=5&id=8

Les anneaux en plastique

Ne jetez pas les anneaux en plastique qui retiennent les canettes de bière, de cola et autres sodas. Faites pousser les pivoines dans ces anneaux qui soutiendront leurs lourdes fleurs en toute discrétion, pudiquement cachés parmi les feuilles.

Les barquettes en plastique

Récupérez les barquettes en plastique dans lesquelles sont parfois vendus les abricots, les brugnons, les fraises ou les kiwis.

Pour jardiner

Elles sont pratiques pour :

- **Les semis**

Recouvrez-les avec ces mini-serres pour les protéger.

- **Les bulbes**

Utilisez-les pour planter vos bulbes. La plupart sont trouées, mais si elles ne le sont pas, percez des trous dans le fond et sur les côtés. Remplissez-les de terre et plantez-y vos bulbes. Creusez des trous dans le sol pour y mettre vos barquettes et recouvrez-les de terre.

Les boîtes de rangement en plastique

L'heure de la retraite a sonné pour vos boîtes de rangement en plastique. Mais pas encore celle de la déchetterie. Récupérez-les pour jardiner.

Bacs à plants

Les boîtes ou les bacs de rangement en plastique font d'excellents bacs à plantes. Percez des trous dans le fond, remplissez-les de compost et vous avez des conteneurs de compétition pour les laitues ou les radis. Et si vous n'aimez pas le look du plastique, customisez-les style japonais avec un store cassé en bambou ou en paille.

Les gobelets en plastique et les pots de yaourt

Avant de les condamner à la décharge, récupérez-les pour :

Dépanner

• Gobelet à dents

Il n'y a pas de verres à dents dans la location. Rincez les pots de yaourt du repas ou les gobelets en plastique et vous avez de quoi loger brosses à dents et dentifrice.

• Tromper votre enfant

Le petit dernier refuse systématiquement les yaourts faits maison et ne mange que ses yaourts préférés dont il reconnaît l'emballage. Alors faites comme Vanessa, rusez en transvasant le yaourt que vous avez fabriqué avec amour dans le conteneur de votre rival acheté.

Bricoler

• La peinture

Très pratiques pour les ateliers artistiques, ils font office de récipients pour l'eau, pour la peinture et pour faire les mélanges.

• Fabriquer un instrument de musique

Pour confectionner une *cuica* – instrument de percussion brésilien utilisé, entre autre, pendant le carnaval – il vous faut un gobelet, 1 m de ficelle fine, un trombone, du ruban adhésif et un petit bout de chiffon humide. Faites un trou dans le fond du gobelet. Passez la ficelle dans le trou. Attachez la ficelle au trombone, à l'extérieur du gobelet. Collez le trombone avec le ruban adhésif contre le fond du gobelet. Mettez le petit bout de chiffon sur la ficelle et glissez-le le long de la ficelle pour aller au fond du pot. Puis frottez, avec un mouvement saccadé, le chiffon sur la ficelle en descendant progressivement. Une fois que vous êtes au bout, recommencez. Mouillez le chiffon de temps en temps, mais essorez-le bien. Vous pouvez aussi essayer avec les doigts. Si ça marche, supprimez le chiffon. Le gobelet joue le rôle de la caisse de résonance et la friction produit le son. Pour varier le son, remplacez la ficelle par du fil dentaire et utilisez des gobelets ou des boîtes de tailles différentes.

Le jardin

Comme les gobelets en papier et les pots de yaourt, ils resserviront pour jardiner :

Si vous avez un jardin, consulter *le Dictionnaire à tout faire du jardin.*

Les pots à semis et les pots de fleurs en plastique

Si vous n'envisagez pas de réutiliser les pots à semis ou les pots de fleurs en plastique vides, une fois que vous avez fait vos plantations, rapportez-les au maraîcher ou au jardinier qui vous les a vendus.

Les emballages en polystyrène

Ce sont les petites barquettes à dattes et les boîtes à œufs, etc.

Les boîtes à œufs

Elles protègent mieux les œufs que les boîtes en carton mais elles ne sont pas recyclables. Donc, on essaie d'acheter les œufs dans des boîtes en carton. Sinon, avant d'envoyer les boîtes en polystyrène à la déchetterie, on leur donne une seconde vie. Elles feront tout ce que font les boîtes à œufs en carton et un peu plus.

- **Bac à glaçons**

Elles sont épatantes pour faire de gros glaçons et pour congeler ce que vous voulez et plus particulièrement les boulettes de viandes, les fraises ou d'autres fruits. Une fois congelés, transférez-les dans des sachets de congélation.

- **Palette de peintre**

Si vous utilisez de la gouache ou de l'acrylique, mettez une couleur par alvéole. Détachez le couvercle qui vous servira pour mélanger les couleurs et attaquez votre nouveau chef-d'œuvre.

On ne recycle pas

Les gobelets en plastique, le polystyrène, les sachets de saucisses sous vide, les paquets de chips, les tubes de dentifrice, de cirage et de crème, le film alimentaire, les pots de yaourts et de crème fraîche et les boîtes d'œufs en plastique ne sont pas recyclés.

Les sacs plastiques

Comme les diamants, les sacs plastiques sont éternels. On estime que dans le monde, la production annuelle de sacs plastiques varie de 500 milliards et 1 trillion, soit 1 million de sacs par minute. La plupart d'entre eux ont une durée de vie très brève – le temps pour le client de ramener ses courses à la maison et hop, à la poubelle. Le recyclage ne concerne qu'une quantité pitoyable – entre 1 et 3 minables pour cent – de ces sacs. Les 97 pour cent restants finissent dans les décharges, dans les arbres, les rivières et les océans, comme dans le Grand potager du pacifique. Contrairement à ce qu'on pourrait croire, les sacs ne poussent pas ce potager de deux fois la taille du Texas. Mais ils flottent au large de la Californie, avec les conséquences catastrophiques pour les animaux et l'environnement que sur Terre[12]. Certains pays les ont déjà interdits. En France, l'Assemblée nationale a décidé à l'unanimité, d'interdire la commercialisation ou la distribution de sacs ou emballages en plastique non biodégradables sur le territoire français à compter du 1er janvier 2010. Les sacs biodégradables se décomposent en 15 jours, les autres en 400 ans.

Ne laissez pas les sacs plastiques à la portée des enfants, Ils sont dangereux. Clara Blandick, la célèbre tata Em dans le Magicien d'Oz, qui en a mis un sur la tête pour sa dernière « grande aventure » en a fait la démonstration dès le début des années 1960.

12. Les sacs en plastique sont produits à partir de polyéthylène : un thermoplastique fabriqué à partir du pétrole. Ils sont photodégradables, ce qui signifie qu'avec le temps, ils se désintègrent en particules de pétro-polymères, beaucoup plus toxiques qui contaminent les sols et les rivières. Et par la suite, toute la chaîne alimentaire.

On réduit sa consommation

Bien entendu les *fashionistas* ont déjà pris les choses en main. Il y a belle lurette que le comble de la branchitude, c'est de faire se courses avec un sac qui clame haut et fort qu'il n'est pas un sac plastique *« I am not a plastic bag »*, avec un joli panier de l'Ile de Ré, un sac toile siglé, un cabas de couturier, un joli filet au crochet de Giovanna ou un fabuleux *furoshiki* japonais – traditionnel un carré de tissu plié pour transporter ses affaires – revu et corrigé pour en faire un objet résolument contemporain.

Et tous ces efforts sont payants. Non seulement tous ces sacs sont plus élégants – franchement les filles, il n'y a pas photo – mais en plus ils nous permettent d'économiser, au bas mot, 6 sacs plastiques par semaine, ce qui fait 24 sacs par mois, 288 par an et – là on est obligée de poser l'opération – une moyenne de 22 176 dans une vie.

On les utilise pour nos soins

• Pour éviter de se mouiller les cheveux

Uniquement si vous prenez votre douche seule et que vous n'avez pas de bonnet de douche ou de coquette charlotte, un sac plastique fera l'affaire.

• Pour renforcer l'action des masques capillaires

Une fois le masque posé sur vos cheveux, recouvrez-les d'un sac plastique bien serré pour éviter que le masque ne coule dans le cou, recouvrez d'une serviette bien chaude pour le rendre plus performant. Pendant ce temps de pause fort efficace mais zéro glamour, n'ouvrez la porte sous aucun prétexte.

• Pour bichonner les mains abîmées

Massez vos mimines avec de la crème ou une bonne couche de vaseline. Mettez-les dans un sac plastique pendant un quart d'heure. Elles seront douces comme de la soie.

• Pour bichonner les pieds

Allez, comme on est seule ce soir, on en profite pour se faire une beauté spécialisée: on prend un bon bain de pieds, on les essuie soigneusement, on les enduit généreusement d'un mélange de vaseline et d'huile d'olive et on les enferme dans un sac plastique. On enfile une paire de chaussettes par-dessus pour maintenir le tout et on essaie de garder cette enveloppe toute la nuit si possible.

On les utilise à la cuisine

• Pour faire mûrir les avocats et les pêches

Vos avocats ou vos pêches sont durs comme de la pierre. Si vous voulez les manger dans les jours qui suivent, il faut absolument accélérer le processus de mûrissement. Mettez les fruits durs dans un sac plastique avec une banane bien mûre.

⚠ Ne laissez pas les pêches dans le sac plus d'un jour ou deux, sinon elles risquent de moisir.

On les utilise pour l'entretien

• Cirer les sandales

C'est bien connu, cirer des sandales n'est pas une sinécure. On se met du cirage plein les doigts, sauf si on prend la précaution de mettre la main dans un sac plastique avant de la mettre dans la sandale. Une fois que la sandale droite est bien cirée, laissez le sac dedans. Prenez un autre sac pour la sandale gauche et répétez le processus. Une fois que le cirage est sec, vous pouvez retirer les sacs plastiques.

• Détartrer les mousseurs hydroéconomes impossibles à enlever

Pour détartrer ces mousseurs qui réduisent notre consommation d'eau, il suffit de les démonter et de les mettre à tremper dans du vinaigre blanc. Mais il arrive que certains fassent de la résistance et refusent de se laisser démonter. Pourquoi ? Peut-être parce qu'ils ont horreur du vinaigre ou qu'ils n'aiment pas le changement, on n'en sait rien. Tout ce qu'on sait c'est qu'il faut les détartrer de gré ou de force. Prenez un petit sac plastique – de congélation ou de ce que vous voulez – remplissez-le avec suffisamment de vinaigre pour donner un bain au mousseur et attachez ce sac au robinet avec une petite attache métallique. Vous pouvez faire subir le même traitement au pommeau de la douche.

• Pour faire le plein d'essence

Pourquoi est-il impossible de faire le plein d'essence sans s'en mettre plein les mains ? Mystère et boule gomme. Pour éviter ce désagrément, ayez toujours quelques sacs dans le coffre. Prenez-en un pour enfiler sur la main qui manie la pompe. Et dites adieux aux mains nauséabondes.

• Pour emballer les chaussures

Qui veut voyager loin sans odeurs met ses chaussures dans un sac avant de les mettre dans la valise.

• Pour mettre dans les petites poubelles

Au lieu de jeter les sacs de fruits et légumes, utilisez-les comme sacs poubelle dans la poubelle de la salle de bain !

• Pour ramasser les crottes de chiens

Avant de collecter les déjections de Rocky, assurez-vous que le sac est bien étanche. Mettez la main dans le sac pour saisir les crottes. Retournez le sac sur la crotte de l'autre main. Une fois que l'affaire est dans le sac, faites un joli nœud et, du bout des doigts, mettez ce petit paquet à la poubelle.

• Pour simplifier la corvée de litière

Personne n'aime changer la litière du chat. Facilitez-vous un peu la vie en doublant la litière avec un sac plastique usagé – ou deux s'ils sont fins – ouvert avant de verser la litière. La prochaine fois qu'il faudra la changer, attrapez le sac plastique, nouez-le et jetez-le avec son contenu.

On les utilise pour ranger

Les sacs de rangement par aspiration – sous vide – sont LA solution pour ranger un maximum de vêtements et de linge de maison dans un minimum de place. Avec ce gadget, un oreiller réduit n'est pas plus grand qu'un livre. Le drame, c'est que vous n'en n'avez pas sous la main. Qu'à cela ne tienne ! Prenez des sacs plastiques. Mettez votre linge dedans, fixez le sac sur le tuyau de l'aspirateur avec un lien. Dès que vous avez fait le vide avec l'aspirateur, fermez aussitôt le sac avec le lien ou avec du ruban adhésif.

On les utilise pour protéger

• Le contenu des colis et des caisses de déménagement

Rembourrez les espaces vides dans le colis ou les cartons de déménagement avec des sacs plastiques en fin de carrière. Peu importe s'ils sont troués et en piteux état, cela ne les empêchera pas de protéger héroïquement la cargaison que vous leur confiez.

En randonnée

Conservez soigneusement vos sacs plastiques lorsque vous partez en randonnée. Ils servent à tout.

• À prendre l'eau dans la rivière

Sauf si vous avez un chapeau de cowboy, il vous faut un récipient pour prendre l'eau à la rivière. Un ou deux sacs plastiques non troués remplaceront le chapeau ou les seaux.

• À improviser une cuvette

Une boîte en carton et un sac plastique sans trou, évidemment, vous serviront de cuvette. Mettez le sac dans le carton, remplissez le sac d'eau et vous avez ce qu'il faut pour laver vos chaussettes, la vaisselle ou prendre un bain de pieds – pas nécessairement dans cet ordre et pas avec la même eau.

• À improviser une douche

Remplissez un grand sac poubelle d'eau. Attachez-le à une branche bien solide au soleil pour chauffer l'eau. Lorsqu'elle est chaude, savonnez-vous soigneusement de la tête aux pieds avant de percer quelques petits trous dans le sac pour vous rincer.

• À garder les pieds au sec

Votre unique paire de chaussures est trempée, *no souci!* Enfilez une paire de chaussettes sèches, enfilez un sac plastique fin sur chaque pied avant de mettre vos chaussures.

• À improvisez une essoreuse à linge

Les sacs percés rempliront cet office avec diligence. Mettez votre maillot de bain mouillé ou vos petits dessous lavés dans le sac percé, attrapez les anses, tenez-les fermement et faites de grands moulinets aussi rapides que possible – en évitant de vous démettre l'épaule – pour essorer votre linge.

• À improviser une essoreuse à salade

Lavez votre laitue et secouez-la pour éliminer le maximum d'eau. Mettez la salade dans un torchon et installez le tout dans un sac plastique. Saisissez les anses avec fermeté, assurez-vous qu'il n'y a aucun obstacle autour de vous et décrivez de grands moulinets rapides avec le bras. En un clin d'œil, la salade devrait être aussi sèche que les chaussettes de l'archiduchesse.

• À improvisez un seau à glace

Prenez deux sacs plastiques. Mettez les boissons dans le premier sac et placez le tout dans le deuxième sac. Versez des glaçons dans le deuxième sac. Puis suspendez les deux sacs à une branche à l'ombre.

• À fabriquer un *ersatz* de fil dentaire

Coupez un peu de plastique près des anses, là où le plastique est le plus fin pour vous faire du fil dentaire de fortune ou d'infortune.

• À protéger les chaussures

Pour passer dans la gadoue, la gadoue, la gadoue, Hou la gadoue, la gadoue sans bottes en caoutchouc, recouvrez vos chaussures avec des sacs de plastique. Attention à ne pas glisser.

• À imperméabiliser votre sac à dos

Installez un grand sac plastique de récup dans votre sac à dos et mettez tout ce que vous transportez dans le sac plastique. Fermez le sac plastique soigneusement et fermez votre sac à dos. Avec ce sac pratiquement étanche, même si vous passez sous une cascade, vos vêtements ne seront pas mouillés.

• À fabriquer un poncho de pluie

Les grands sacs plastiques font de parfaits ponchos de pluie. La preuve ? On en donne aux coureurs du marathon. Faites une fente dans le bas du sac pour passer la tête et deux fentes sur les côtés pour passer les bras. Et vous voilà équipé.

Ou

- **À fabriquer un coupe-vent**

Portez ce même poncho sous votre manteau ou votre sweat et vous avez un coupe-vent d'une grande efficacité.

- **À fabriquer une jupe tahitienne**

Pour charmer Raymond, faites-vous une petite jupe tahitienne. Coupez le bas du sac, puis coupez de fines lanières du bas vers le haut en vous arrêtant à 10 cm des liens coulissants. Enfilez la jupe, serrez les liens, mettez une fleur derrière l'oreille et dansez un *tamure* endiablé en roulant des hanches.

On les utilise pour dépanner

Rares sont les situations où un sac plastique ne fait l'affaire. Demandez à MacGyver.

- **Pour enfiler des bottes**

Impossible d'enfiler vos bottes préférées sans chausse-pied à long manche. Et bien évidemment vous n'en n'avez pas pris avec vous pour voyager. Il ne vous reste plus qu'à trouver, emprunter ou voler un grand sac plastique, même troué. Une fois que vous avez ce précieux accessoire, pliez-le en trois dans le sens de la longueur et mettez-le dans la botte, comme un vrai chausse-pied, bien contre la tige de la botte. Enfoncez votre pied dans la botte et tirez fermement sur le sac. C'est un coup à prendre, mais ça marche !

- **Pour enfiler une combinaison de plongée**

Enfiler une combinaison de plongée très ajustée est un vrai cauchemar – Stéphane vous le dira – sauf si vous avez un sac plastique. Mettez votre pied droit dans un sac plastique pour le passer dans la jambe droite de la combinaison qui glissera plus facilement sur le sac. Faites la même chose pour la jambe gauche. Les sacs soumis à ce traitement brutal durent environ deux semaines.

• Pour protéger la selle de votre vélo

Michèle met toujours un sac plastique sous la selle de son vélo, comme ça, si la selle a pris la pluie pendant qu'elle prenait le thé chez Marika, elle installe le sac sur la selle et rentre chez elle avec tout le confort d'un siège sec.

• Pour faire un bandage

En l'absence de bandages, pour stabiliser une cheville foulée en randonnée ou ailleurs, sacrifiez un ou deux sacs plastiques qui soutiendront votre membre meurtri avec une admirable efficacité.

• Comme drapeau blanc

Si vous retrouvez en pleine insurrection au Nicaragua ou pour éviter que le conflit avec Raymond ne dégénère, agitez un drapeau blanc ou attachez en un à l'antenne de votre véhicule. Un vrai drapeau en tissu est toujours plus chic, mais plutôt que d'avoir à sacrifier vos dessous en satin de soie, prenez plutôt un sac plastique blanc. Cet accessoire ne vous vaudra pas de figurer sur la liste des « femmes les plus élégantes de l'année », mais consolez-vous, ce n'est que partie remise pour l'année prochaine.

• Pour protéger le téléphone

Le téléphone sonne toujours lorsque Giovanna a les mains dans la farine. Heureusement qu'elle est toujours parée pour affronter cette situation avec un sac plastique à portée de main. Au premier *dring*, elle enfile la main droite dans le sac et saisit le téléphone sans laisser de traces.

• Pour utiliser un vase qui fuit

Le magnifique vase de tante Hortense est fendu. Pour continuer à utiliser ce fleuron de l'héritage familial, mettez sac plastique dans le vase. Remplissez le sac d'eau et mettez-y les fleurs.

• Pour rembourrer un pouf

Le pouf de Sweetie est raplapla. Rembourrez-le avec des sacs plastiques. Elle ne sentira pas la différence. Bien au contraire, elle sera ravie que son siège soit plus confortable.

- **Pour protéger le pare-brise du gel ou de la neige**

Ne jetez pas un grand sac poubelle percé, il peut toujours servir. En hiver par exemple, il est parfait pour protéger le pare-brise. Pour l'installer, coincez-le dans les portières avant de les fermer. Le lendemain matin, retirez-le, pliez le soigneusement, pour le remettre sur le pare-brise le soir.

On les utilise pour bricoler

- **Pour fabriquer un parachute pour les petits soldats**

Amusez les enfants en fabricant un parachute pour leurs jouets. Attachez les anses d'un sac plastique avec une ficelle puis attachez la ficelle au petit soldat. Donnez le tout roulé en boule à Barnabé et dites-lui de lancer ce petit paquet aussi haut que possible. Le soldat devrait atterrir sans encombre.

- **Pour maintenir un bouchon en plastique ou un couvercle**

Une bouteille ou un pot qui risque de fuir? En cas de doute, prenez vos précautions en sécurisant le bouchon ou le couvercle avec un bout de sac plastique. Coupez un joli rond dans un sac plastique – ou déchirez-le avec les dents si vous préférez – mettez-le sur le goulot de la bouteille ou sur l'ouverture du pot avant de revisser le bouchon ou couvercle. Testez l'efficacité de cette installation en tenant la bouteille à l'envers pendant une minute. Si aucun liquide ne s'échappe, déclarez la bouteille apte à voyager.

- **Pour crocheter ou tricoter**

Découpez des sacs en spirale, nouez les spirales et crochetez ce fil de plastique en double pour faire des cottes de mailles à vos chevaliers en herbe.

- **Pour créer une robe**

L'artiste Katherine Cobey fait des robes avec des sacs poubelle et du ruban adhésif.

- **Faire de la musique**

Pour marquer le rythme, prenez un sac en plastique. Ce n'est pas une plaisanterie. Tenez une anse dans chaque main et agitez-le frénétiquement, au son de la musique. Tout seul, évidemment l'effet n'a rien de bien musical, mais avec d'autres instruments de récup ou pas, ça marche.

- **La plomberie**

Samedi soir à onze heures, vous découvrez avec stupeur et consternation que le flotteur de la chasse d'eau est percé. Raymond fait un trekking au Népal et votre plombier préféré qui veut préserver sa vie de couple n'est pas joignable avant lundi. En attendant sa visite, parez au plus pressé en administrant les premiers secours comme suit : dévissez le flotteur avec délicatesse, sortez-le sans le brusquer, videz-le soigneusement, revissez-le fermement et enveloppez-le avec amour dans un sac plastique maintenu par un élastique.

- **La peinture**

Si vous projetez des travaux de peinture, c'est le moment de sortir votre collection de sacs plastiques.

Le bac

Mettez un sac plastique sur le bac à peinture avant d'y verser la peinture. Ça vous évitera d'avoir à le laver. Une fois que vous aurez terminé, jetez le sac et votre bac est propre.

Les rouleaux et les pinceaux

Si malgré un planning soigneusement établi, vous êtes obligée de vous interrompre avant d'avoir fini vos travaux, mettez rouleaux et pinceaux dans un sac plastique, nouez soigneusement les anses du sac ou fermez-les avec un élastique et mettez le sac au congélateur, dans un compartiment à part. Lorsque vous serez prête à reprendre le travail, faites simplement décongeler vos outils.

Pour la peinture à l'éponge

La peinture à l'éponge vous tente mais vous n'avez pas d'éponge naturelle. Un petit détail sans importance si vous avec un sac plastique. Froissez-le en boule, trempez-le dans le bac à rouleau, égouttez le surplus sur du papier absorbant et appliquez sur le mur. Reculez de quelques pas, inclinez la tête sur le côté pour admirer l'effet saisissant de la technique du sac plastique.

La palette

Les sacs plastiques sont pratiques pour les peintres en panne de palettes. Si vous utilisez l'acrylique, la gouache, la peinture à l'eau ou l'aquarelle, un sac plastique propre fera parfaitement l'affaire pour étaler votre peinture.

Les luminaires

Pour protéger les luminaires lorsque vous faites de la peinture, prenez un sac plastique, ouvrez-le pour le glisser autour du luminaire. Ficelez le sac pour le fermer et fixez-le le plus près possible du plafond pour recouvrir la plus grande partie de la suspension.

Un tablier pour les artistes peintre

Coupez un trou dans le haut pour faire passer la tête, deux trous sur les côtés pour les bras. Mettez-leur cette blouse improvisée et nouez une ceinture autour de la taille.

Au jardin

Tous les jardiniers vous le diront, les sacs plastiques qu'ils récupèrent précieusement leur rendent de fiers services au jardin.

Pour le savoir, consultez *le Dictionnaire à tout faire du jardin*.

- **En panne d'arrosoir**

Lorsque tante Hortense allait au cimetière pour entretenir la tombe de son époux, elle ne transportait pas d'arrosoir dans son sac à main, mais tout simplement un sac plastique qui faisait le même usage. Prenez-en de la graine !

On jette à la poubelle

Si vous n'avez pas de jardin ni d'idées pour réutiliser ces sacs plastiques, il ne vous reste plus qu'à vous avouer vaincue et à les jeter à la poubelle, jamais dans la nature.

Le plastique à bulles

Personne ne résiste au plaisir coupable de faire exploser les bulles de ce plastique. Mais plutôt que de saccager nerveusement cet emballage de protection réutilisable un grand nombre de fois à condition de lui laisser ses bulles, conservez-le précieusement pour :

• Pour protéger vos envois par la poste

Enveloppez les livres ou autres objets qui risquent de s'abîmer. Dans les colis ou les cartons de déménagement, le plastique à bulle remplace à pied levé les chips d'emballage.

• Pour protéger la rampe d'escalier pendant le déménagement

Enveloppez du plastique à bulle autour de la rampe et des points stratégiques qui risquent de prendre quelques coups pendant le déménagement. Ça vous évitera à faire des raccords de peinture en urgence.

Au jardin

• Pour protéger les genoux du jardinier

Pliez en quatre un grand morceau de plastique d'emballage à bulles que vous scotchez à droite et à gauche pour en faire un petit tapis douillet

• Pour protéger les plantes en pots

Votre camélia sera protégé des frimas si, avant de le mettre dans un pot ou une jardinière, vous tapissez l'intérieur avec du plastique à bulles. En hiver, enveloppez aussi l'extérieur du pot avec du plastique à bulles.

• Les paillis

En hiver, les feuilles de plastique à bulles font d'excellents couvre-sols. Étalez-les sur les légumes, bulles contre le sol. Maintenez-les en place avec des briques ou des pierres.

• Les collerettes des fraises

Pour éviter que les fraises ne touchent le sol, découpez-leur des collerettes très branchées dans du plastique à bulles que vous placez autour du plant. Si vous préférez un look plus renaissance, style Henri IV, faites des fraises aux fraises avec le plastic plissé en accordéon que certains fleuristes mettent autour de leurs pots de fleurs.

- **Autour des outils**

Pour éviter les ampoules sur les mains, enveloppez le haut du manche de votre râteau ou de votre bêche avec du papier à bulles.

On envoie à la décharge

Il faut 12 millions de barils de pétrole pour fabriquer les sacs plastiques utilisés aux États-Unis. Un sac plastique recyclé permet d'économiser l'énergie nécessaire à une ampoule de 60 W pendant 6 heures.

« Le caractère techniquement recyclable d'un plastique n'implique pas qu'il soit recyclé. En ce qui concerne les déchets ménagers, la mise en œuvre des filières de recyclage pour chaque type de matériau peut varier selon les localités, en fonction des conditions techniques et de la rentabilité – présence d'une usine à proximité, prix du marché pour la matière première, existence de subventions pour la récupération et le traitement de ce type de matériau. »

Traduction : pour savoir quels plastiques placer dans les bacs de collecte sélective et lesquels jeter avec les ordures mélangées destinées à l'enfouissement ou l'incinération, vous devez vous renseigner auprès des services locaux chargés des déchets.

Pour l'instant les recyclés sont rarissimes, même si en Australie, le Pr Veena Sahajwalla[13] de l'université de New South Wales est persuadée que bientôt ils pourront être recyclés pour fabriquer l'acier « vert » de votre future voiture. Eh oui, on n'arrête pas le progrès. En attendant ce jour, ne les jetez pas n'importe où. Tous les ans les sacs plastiques et autres déchets plastiques jetés à la mer tuent un million d'animaux marins. Et sur terre le bilan

13. Professor Veena Sahajwalla, School of Materials Science and Engineering, University of NSW, Australia.

n'est guère plus brillant. Donc, qu'on se le dise, en fin de parcours, ils vont à la décharge, point barre. Tout comme le polystyrène, les sachets de saucisses sous vide, les paquets de chips, les tubes de dentifrice, de cirage et de crème, le film alimentaire, les pots de yaourts et de crème fraîche et les boîtes d'œufs en plastique.

Le métal

La plupart des emballages domestiques sont en acier ou en aluminium.

Les boîtes en acier

« La conservation des aliments paraît toujours beaucoup plus moderne que celle des corps ! » écrivait Alexandre Dumas de sa plume facétieuse, à propos de la méthode de conservation des aliments dans des bouteilles de champagne inventée par Nicolas Appert. Cette méthode découverte longtemps avant la pasteurisation a fait de lui l'heureux gagnant d'un concours organisé à la demande de Napoléon. Le petit corse conquérant voulait un moyen de conserver les rations des soldats en campagne. Un autre français, Pierre Durand, installé en Angleterre, a adapté les découvertes de Nicolas Appert aux boîtes en fer blanc. Une vraie bénédiction pour la perfide Albion très à la traîne dans ce domaine. *Peter Durand*, pour les Britanniques, a vendu son brevet à Bryan Donkin et John Hall, alors que notre Nicolas avait délibérément choisi de ne pas faire breveter son invention dans le noble but de « soulager » les populations. Et c'est ainsi qu'une invention destinée à l'armée de Napoléon a permis de fabriquer des conserves pour… l'armée britannique !

Un peu plus tard, un autre emballage a changé l'histoire… de l'art. C'est l'invention, en 1850, du tube de peinture souple – découvert par le français Lefranc – qui a libéré les artistes peintres en leur permettant de peindre en plein air et de gambader joyeusement dans la campagne. On peut dire, sans fanfaronnade, que cet emballage hyper pratique a largement contribué à l'avènement de l'impressionnisme. Nous remercions de tout cœur M. Lefranc.

- **On réutilise les boîtes à la cuisine**

Pour ranger les biscuits

Le paquet est entamé et vos biscuits risquent de ramollir si vous ne les mettez pas à l'abri dans une boîte à biscuits. Si vous n'avez pas une boîte conçue à cet effet, récupérez une jolie boîte de café, de lait maternisé ou de céréales pour bébé avec un couvercle en plastique. Informez-la officiellement de ses nouvelles fonctions et rangez-là dans le placard approprié. Vous pouvez même, ô comble du raffinement, la customiser comme Giovanna, en la peignant et en collant dans la boîte le bouchon anti-humidité d'un tube de vitamines. Vous pouvez aussi récupérer les petits sachets de silice anti-humidité qu'on trouve un peu partout, dans les valises, les sacs à mains, les boîtes de chaussures et celles de matériel électronique,

- **On les récupère pour bricoler**

Raymond vous félicitera chaudement d'avoir gardé toutes ces boîtes lorsqu'il en aura besoin :

Pour nettoyer les pinceaux

Après les travaux, mettez les pinceaux à tremper dans une boîte de conserve préalable bien rincée.

Pour ranger les clous et les vis

Confiez vos précieux clous et vis aux jolies boîtes de café avec des couvercles en plastique.

Pour fabriquer un distributeur de ficelle

Pour en finir avec les ficelles emberlificotées, prenez une jolie boîte en métal, percez un trou dans le fond, faites passer un bout de ficelle par le trou, laissez la ficelle dans la boîte et mettez le couvercle. Vous pouvez aussi clouer la boîte contre le mur ou une étagère de votre atelier ou de votre garage.

Pour fabriquer des échasses

Prenez deux boîtes métalliques solides, comme les boîtes à café, percez deux trous dans le fond de la boîte, faites passer une ficelle dans les trous de chaque boîte. La ficelle doit être assez longue pour que Barnabé puisse la tenir confortablement une fois qu'il sera juché sur ses nouvelles échasses.

Pour fabriquer des réflecteurs

En cas d'accident ou de problème la nuit sur la route, les réflecteurs signalent votre présence. Prenez quelques boîtes métalliques avec un couvercle en plastique et recouvrez les boîtes avec du ruban autocollant réfléchissant. Gardez-les dans le coffre et, pour ne pas perdre de place, utilisez-les :

Pour ranger un rouleau de papier hygiénique

Ces mêmes boîtes avec couvercle peuvent resservir pour ranger un rouleau de papier hygiénique dans la voiture. Il ne se déroulera pas, ne se salira pas et sera à l'abri de l'humidité, une pensée très réconfortante pour lui comme pour nous.

Pour conserver de la litière pour chat

Remplissez l'une de ces boîtes avec de la litière pour chat, toujours très pratique lorsque la voiture patine dans la neige ou la boue. Si ça vous arrive, versez la litière devant les roues arrière, remontez dans la voiture et repartez en sillant gaiement.

- **On les récupère pour nos créations artistiques**

L'artiste conceptuel Piero Manzoni – comte Meroni Manzoni di Chiosca e Poggiolo – avait quelques problèmes avec son père. Ce monsieur, un industriel spécialisé dans la conserverie de viandes, a traité son fiston d'*artiste de merde* lors d'une dispute. Ulcéré par ce jugement peu flatteur de la part de son géniteur, Manzoni l'a pris au mot et a conditionné dans 90 boîtes de conserves paternelles ses déjections personnelles. Puis il a exposé son œuvre sous le titre de *Merda d'artista.* Et toc, prend ça dans les dents, papa !
Nous, on va faire plus classique et se contenter de récupérer des boîtes pour des créations moins conceptuellement avant-gardistes.

Pour fabriquer des photophores

Prenez des boîtes vides, lavez-les et percez des trous sur les côtés. Bombez, décorez et mettez une bougie chauffe-plats à

l'intérieur. Et hop, vous avez des photophores pour le jardin.
Si vous voulez les accrocher, percez deux trous dans le haut des boîtes pour y passer un fil de fer.

Ou

Si vous voulez des photophores encore plus beaux, vous pouvez les décorer en faisant des petits trous. Peignez ou bombez vos boîtes. Une fois qu'elles sont bien sèches, remplissez-les d'eau et mettez-les au congélateur. Lorsque l'eau est gelée, prenez un petit clou et un marteau et faites des trous pour dessiner des étoiles, des lunes, des feuilles, des fleurs, etc. La glace dans les boîtes permet de trouer sans faire de bosses. Votre travail de perforation terminé, installez une bougie chauffe-plats dans la boîte et contemplez votre œuvre avec fierté.

- **Pour faire des instruments de musique**

Une boîte en métal et une baguette chinoise ou pas, de récup ou pas, avec un bâton ou un crayon, une cuiller en bois et vous voilà luthier sauvage qui s'éclate en produisant des sons mutants. Tout est bon pour faire de la musique, utilisez votre imagination.

Agogo

Cette percussion originaire d'Afrique est aujourd'hui largement utilisée dans les *batucadas* brésiliennes. Elle se compose généralement de deux cloches de vache reliées entre elles, sans battant interne. On les frappe – pas trop sauvagement – avec une baguette, chinoise ou pas.
Il vous faut deux boîtes de métal, des élastiques et une baguette. Attachez les boîtes l'une à l'autre avec les élastiques et tapez avec la baguette.

Bongos

Le bongo – instrument emblématique de la musique cubaine mais qui a d'abord été utilisé sur l'île par la population d'origine africaine récemment libérée de l'esclavage – appartient à la famille des percussions. Il est composé de deux petits tambours, appelés *tamborcitos*, dont le plus gros est la *hembra* (femelle) et le plus petit *macho* (mâle). Cela n'a pas empêché ce couple très

mal assorti de devenir l'instrument de fête par excellence. Alors, à vos bongos *para la fiesta cubana!*
Dégainez les boîtes – à café – à lait ou à céréales, noix salées pour l'apéritif etc. – avec un couvercle plastique et de tailles différentes. Retirez le fond. Avec un clou percez 2 trous, l'un au-dessous de l'autre, dans chaque boîte. Les trous de la première boîte doivent être parfaitement en face des trous de la deuxième boîte. Placez les boîtes l'une en face de l'autre, les yeux dans les yeux et passez un écrou dans les trous du haut et un écrou dans les trous du bas. Vissez un boulon au bout de chacun des écrous en serrant bien. Maintenant que les *tamborcitos* sont unis pour la vie, décorez-les. Mettez les couvercles. Si vous les avez perdus, prenez un sac en papier kraft ou un sac plastique. Découpez deux cercles un peu plus grands que les boîtes et collez-les aux boîtes avec du ruban adhésif. Et tapez sur les tambours du bout des doigts. Et qui sait, ce sera peut-être numéro un.

Mini-banjo

Récupérez une jolie petite boite rectangulaire, comme une boîte de sardines ou autre boîte dont les bords ne sont pas coupants, évidemment. Tendez des élastiques de tailles et de largeurs différentes autour de cette boîte et lâchez-vous.

Tambour

Les grandes boîtes – vides - avec un couvercle en plastique font de super tambours. Mais rien ne vous empêche de choisir une boîte plus petite. Décorez votre tambour. Taper dessus avec le bout des doigts ou avec des baguettes ou des crayons garnis d'une gomme. Vous pouvez aussi coincer des bobines vides au bout des crayons ou enrouler un élastique au bout de chacun des crayons.

Tam-tam

Pour improviser ce tam-tam trop cool, il vous faut une boîte vide. Retirez le fond. Récupérez deux ballons gonflables, même percés de l'anniversaire de Barnabé. Coupez la partie la plus étroite des ballons Tendez le premier ballon sur le haut de la boîte, en évitant de mettre le trou sur la partie ouverte de la boîte, sinon la peau du tam-tam sera trouée, ce qui est un gros handicap pour un tam-tam. Maintenez cette peau qui doit être lisse et tendue, avec un élastique épais et solide. Faites la même chose, avec l'autre ballon sur le bas de la boîte. Votre instrument est prêt. Coincez-le entre vos genoux et taper.

Au jardin

Point de jardinage sérieux sans boîtes :

• Pour assurer la sécurité du jardinier

Si le sol est glissant ou si vous devez poser votre escabeau sur de la terre, mettez les pieds de l'escabeau dans des petites boîtes de conserve pour qu'ils ne s'enfoncent pas dans le sol.

• Pour la protection des plants et des bulbes

Pour protéger les jeunes plants de tomates, les bulbes etc., découpez le fond de boîtes de conserve pour leur faire des petites armures. Enfoncez ce cylindre métallique dans le sol en prenant soin que le plant ou le bulbe soit bien au milieu, hors d'atteinte des dents acérés des ravageurs dépités.

• Pour saupoudrer le gazon

Le café est un excellent engrais pour le gazon. Utilisez du marc de café ou du café périmé. Pour le répandre sur votre gazon, improvisez un saupoudreur. Prenez une boîte de conserve avec un couvercle en plastique, comme certaines boîtes de café ou de lait pour bébé. Percez des trous avec un clou et un marteau dans le fond de la boîte. Remplissez-la de marc de café, mettez le couvercle et secouez énergiquement le café sur la pelouse. Et si vous avez envie de danser, faites d'une pierre deux coups. Mettez un turban façon Carmen Miranda, puis, une boîte avec du marc de café dans chaque main, en chantant son *Chica Chica Boom Chic*, deux pas en avant et un en arrière, saupoudrez la pelouse en agitant ces maracas improvisées.

• Pour arroser

Récupérez des grandes boîtes de conserve ou d'autres boîtes en métal – laits maternisés, céréales pour bébé, café, etc. – et percez des trous dans le fond et tout autour. Mettez-les dans le sol à côté de vos plants et remplissez-les d'eau.

- **Pour de meilleurs melons**

Enfoncez de grandes boîtes de conserve ou de café à l'envers dans le sol – ouverture vers le bas – et installez un melon sur chaque boîte, Les boîtes accumulent la chaleur, les melons mûrissent plus vite et les insectes y réfléchissent à deux fois avant d'attaquer.

On recycle

Les boîtes de conserve, les boîtes de café, de lait, de céréales pour bébé, les bidons de sirop, les aérosols bien vides – mais sans les couvercles en plastique.

Selon Eco-Emballage, le recyclage d'une tonne de boîtes métalliques permet d'économiser 2 tonnes de matières premières non renouvelables – 1,5 tonne de minerai de fer, 500 kg de charbon – et des milliers de litres d'eau. Une tonne de boîtes de conserve recyclées revient à économiser une année de la consommation d'énergie et 4 mois de la consommation d'eau d'un habitant. L'énergie économisée chaque année en recyclant cet acier équivaut à la consommation d'électricité annuelle de 18 millions de familles ou de celle des habitants de Los Angeles pendant huit ans[14].

Cet acier recyclé issu de la collecte sélective peut se retrouver dans une automobile, une semelle de fer à repasser, un tambour de machine à laver ou des trombones[15].

Les canettes

Après l'effondrement choquant d'entreprises – et non des moindres – cotées en bourse, on pouvait lire dans le Times du 20 septembre 2008[16] : « Si vous aviez acheté pour £1,000 d'actions de Northern Rock il y a un an, votre investissement vaudrait à ce jour £4.95. Avec HBOS, un peu plus tôt cette semaine vos £1,000 auraient valu £16.50. La même somme investie dans XL Leisure vaudrait moins de £5, mais si vous aviez acheté pour

14. Steel Recycling Institute.
15. Éco-Emballages
16. http://business.timesonline.co.uk/tol/business/columnists/article4790932.ece : 'Drink beer and recycle, says the wise investor.

£1,000 de canettes de bière il y a un an, et si, après les avoir bues, vous les aviez apportées aujourd'hui à une usine de recyclage, vous auriez récolté £214. »

L'article confirme que la situation n'aurait pas été plus réjouissante aux États-Unis : « Si vous aviez acheté pour $1,000 d'actions Delta Air Lines il y a un an, aujourd'hui il vous resterait $49. Avec Enron, $16.50. Avec WorldCom, moins de $5.00. Au vu de ces statistiques, le meilleur conseil d'investissement en ce moment est de boire énormément et de recycler. »

Nous nous empressons de souligner qu'avec des canettes de soda, le résultat aurait été le même.

Tous les ans, 225 milliards de canettes sont consommées dans le monde. En 2005, les Européens en ont consommé 41 milliards dont 3,25 milliards en France – troisième marché européen après le Royaume-Uni et l'Espagne. Si toutes les boîtes consommées en France étaient mises bout à bout, on pourrait parcourir la distance de la Terre à la Lune.

- **On les récupère pour faire un vase**

Atypyk propose un plateau en plastique « le vase pack[17] » pour assembler des canettes de bière ou de soda vide et les transformer en un groupe de six vases.

- **On les récupère pour bricoler**

Si vous vous sentez l'âme d'un Calder, les canettes feront l'affaire pour fabriquer des sculptures d'enfer. Ou un petit frère du dragon en carton recouvert d'écailles en canettes d'aluminium qui avait été exposé à Paris à la gare de Lyon[18]. Vous pouvez aussi, comme Val Hunt[19], en faire des bijoux et des sacs.

Pour vous faire la main, vous pouvez commencer par :

17. http://www.atypyk.com/home.html
18. http://lara31.rmo.fr/r6236/le-recyclage-artistique-dans-le-monde/18/
19.http://www.arthunt.co.uk/creative%20recycling.htm et http://images.google.com/images?hl=en&rlz=1W1GGLL_en&q=Val+Hunt&um=1&ie=UTF-8&ei=n9NMSsuUBpmOjAfbqLSzBQ&sa=X&oi=image_result_group&ct=title&resnum=1

- **Fabriquer des étoiles**

Rincez les canettes que vous avez conservées pour ce projet artistique qui va bluffer tout le monde !

Avec une paire de ciseaux à métal ou de vieux ciseaux bien costauds, retirez le dessus de la canette, puis coupez le long de la canette puis découpez le fond. Une fois que vos canettes sont découpées, faites des trous avec un poinçon pour les décorer. Dessinez une étoile sur du carton et découpez-la. Mettez-la sur la canette et dessinez les contours avec un feutre. Dessinez aussi des lignes droites allant des pointes des branches au centre de l'étoile. Découpez l'étoile avec les ciseaux. Pliez l'étoile en utilisant une règle métallique plate. Mettez le tranchant de la règle sous les lignes qui vont des pointes des branches au centre et pliez le métal de part et d'autre de la règle. Le centre de l'étoile est au sommet et ces lignes en relief descendent du sommet vers la base. Vous pouvez accrocher individuellement au sapin de Noël, ou les attacher les unes aux autres pour faire un mobile ou des guirlandes fabuleuses si vous les attachez aux guirlandes lumineuses.

- **Pour fabriquer des haltères**

Remplissez les canettes de ciments et vous avez de petites haltères pour entretenir votre musculature avantageuse.

- **Pour faire un chauffage solaire**

Faire un chauffage solaire pour la cabane de jardin avec des canettes empilées dans une boîte en carton[20]. Le site est en anglais mais la démonstration en images facile à comprendre

Ou carrément vous faire construire une maison passive avec des matériaux recyclés parmi lesquelles les canettes pour les murs non porteurs[21].

20. http://www.squidoo.com/beercansolarheater Descendez sur la page jusqu'à FIRST STEPS – à environ 1/3 de la page.
21. http://www.earthship.net/index.php?option=com_content&view=article&id=310&Itemid=73

Au jardin

• Pour faire de petits pots de fleurs

Découpez le haut de la canette, faites des trous dans le fond, mettez quelques cailloux, ajoutez du terreau et plantez du persil ou de la ciboulette même dans votre cuisine.

• Pour protéger les plants et les bulbes

Découpez le dessus et le fond des canettes pour faire des tubes de protection autour des plans et des bulbes.

• Pour fabriquer des pièges mortels

Les affreuses carpocapses des pommes/poires sont de petits papillons nocturnes qui apparaissent mi-mai et dont les vols s'échelonnent jusqu'à mi-septembre. En climat favorable, on compte plusieurs générations. Les femelles pondent jusqu'à 80 œufs. L'œuf déposé sur le fruit, éclôt. La chenille pénètre dans le fruit et dévore la pulpe et les pépins.

Pour les piéger, préparez leur un petit punch avec 1 tasse de vinaigre, 1 tasse de sucre, 1 peau de banane et de 2 tasses d'eau. Laissez reposer 48 heures avant de transvaser dans des canettes de soda ou de bière vides que vous accrochez aux branches de votre pommier ou poirier au moment où il est en fleurs. Ces vilaines bestioles ne résisteront pas et fonceront tête baissée dans les canettes dans lesquelles elles connaîtront une fin tragique.

On récupère les bagues de canettes

Dans le film de Bigas Lunas *Jambon Jambon,* lorsque Jordi Mollà apprend que Pénélope Cruz est enceinte, il prend la bague d'une canette de soda qu'il lui offre comme bague de fiançailles pour lui faire sa demande en mariage. La créatrice de bijoux Dana Roth a développé l'idée et fait des bijoux avec emballages vides[22]. En voilà une idée écologique, mais là franchement, on passe, on préfère les réserver à nos créations artistiques comme :

22. http://www.elsewares.com/commerce/D-LICIOUS_MCA2_136.html

• Une cotte de maille pour les valeureux chevaliers en herbe
Le plus long, c'est de collectionner toutes ces bagues. N'hésitez pas à mettre le quartier entier à contribution. Une fois votre précieux matériau réuni, il vous faut un sweat sans manches sur lequel fixer les bagues. Mettez un dé vous en aurez besoin si vous ne voulez pas avoir le majeur en charpie. Posez la première bague sur le bord inférieur gauche du sweat. Cousez-la avec du fil solide et une grosse aiguille pour le cuir en passant par le trou supérieur – celui qui était attaché à la canette – pour le fixer au sweat. Mettez une deuxième bague à côté de la première, cousez-la à cette bague et au sweat. Continuez courageusement pour faire toute la rangée. Une fois qu'elle est terminée, attaquez une deuxième rangée qui recouvre la moitié supérieure des bagues de la première rangée. Autrement, seul le trou prévu pour passer le doigt pour ouvrir la canette est visible. Et continuez jusqu'à ce que le devant et l'arrière du sweat soient recouverts. Une fois votre tâche titanesque terminée, vous pourrez sacrer le petit chevalier.

• Donner de l'allure à votre sacoche d'ordinateur ou un sac en toile
Utilisez la même technique pour recouvrir votre sacoche. Posez la première bague sur le bord inférieur gauche de la sacoche. Une fois que le devant et l'arrière de la sacoche seront recouverts, attaquez les côtés. Le résultat final est étonnant.

Et admirez les sacs à main et les pochettes recouverts de bagues de canettes crochetées sur le sac avec des fibres synthétiques très résistantes ainsi que les robes « néo Rabanne », conçues par les créatrices brésiliennes Francisca et Chica Rosa et réalisées par les femmes des coopératives artisanales Cia do Lacre et As Panteras do Lacre sur les sites[23] qui vendent leurs créations.

23. http://www.ladiff.com/luci-long-shoulder-p-1041.html ; http://www.escamastudio.com/inspiration.html

On récupère les capsules de bière, de cola ou de sodas divers et variés

Dans certaines parties du Cameroun, les capsules de bière servent de monnaie d'échange[24], c'est un plan des brasseries pour pousser à la consommation. Nous, on récupère toutes les capsules pour :

• Écaler le poisson

Alignez soigneusement 4 capsules, face lisse contre un morceau de bois solide d'environ 15 cm de long, 3 cm de large et 1, 25 cm d'épaisseur. Clouez-les ou collez-les sur le bois et attaquez sauvagement les poissons.

• Essuyer les chaussures

À la campagne, pour racler la boue sous les chaussures, utilisez le même système. Prenez une planchette de 20 cm sur 10 cm et recouvrez-la de capsules solidement clouées face lisse contre le bois. Et frottez la semelle de vos chaussures crottées contre cet instrument.

• Fabriquer des chaussures antidérapantes

Évitez de glisser sur le verglas en vous confectionnant des chaussures à crampons. Sacrifiez une vieille paire usée pour clouer des capsules sous la semelle. Placez la face lisse des capsules contre la semelle. Retirez la semelle interne. Fixez les capsules avec des petites pointes en prenant bien soin de plier les pointes à l'intérieur de la chaussure pour éviter de jouer les fakirs. Remettez la semelle interne dans la chaussure et sortez sans craindre de déraper.

• Fabriquer des bougeoirs

Découpez, en quelques coups de ciseaux les fonds bombés, très solides, des canettes de soda. Adoucissez le tranchant avec du papier de verre pour que le bord ne soit pas tranchant. Il vous faut deux fonds pour un bougeoir, un fil de fer et des capsules. Faites un trou au centre des fonds de canettes. Tordez une extrémité du fil de fer, puis enfilez un fond de canette, côté bombé

24. http://news.bbc.co.uk/2/hi/africa/4156200.stm

vers le haut sur ce fil de fer. Percez et enfilez les capsules, côté bombé vers le haut aussi sur le fil de fer sur environ 10 ou 15 cm en fonction de la taille que vous voulez donner à vos bougeoirs. Puis mettez la dernière capsule, côté bombé vers le bas, puis le deuxième fond de canette, côté bombé vers le bas. Laissez dépasser un petit bout de fil de fer pour y enfoncer votre bougie ou repliez-le et mettez une bougie chauffe-plats dans le bougeoir. Mettez la nappe, dressez la table, installez les bougeoirs, passez votre petite robe noire pour un dîner aux chandelles avec Raymond.

- **Fabriquer des mini-cadres**

Découpez de petits cercles de la taille de l'intérieur des capsules dans les photos pour les coller au fond des capsules que vous collerez ensuite sur un joli support.

- **Fabriquer un *lagerphone***

Cet instrument de musique, né dans le bush australien et inventé par des buveurs de bière, c'est sûr, est constitué de centaines de capsules de bière clouées d'un bout de bois. Il vous faut un manche à balais sans emploi et la collection de capsules de Raymond. Clouez les capsules sans trop les serrer, il faut qu'elles fassent du bruit lorsqu'on secoue le manche à balais ou qu'on le tape sur le sol. À 20 cm du haut, laissez un espace de 15 cm pour le tenir et un autre espace de la même taille un peu plus bas si vous voulez taper ou frotter un grattoir sur le manche. Pour fabriquer le grattoir, prenez un bâton de 40 cm et faites des encoches à intervalles réguliers. Pour une petite démonstration de ce drôle d'instrument, allez voir sur YouTube[25] :

- **Customiser des mallettes, des caisses ou des cabas**

Prenez une vieille mallette en carton ripou – ou un vieux cabas défraîchi – et donnez-leur une nouvelle vie beaucoup plus glamour que l'ancienne en les recouvrant de capsules.

25.http://video.google.com/videosearch?hl=en&rlz=1W1GGLL_en&q=lagerphone&um=1&ie=UTF-8&sa=N&tab=iv#hl=en&rlz=1W1GGLL_en&q=lagerphone&um=1&ie=UTF-8&sa=N&tab=iv&start=0

On récupère les bouchons en aluminium des bouteilles de verre

• Pour empêcher le savon de fondre dans le porte-savon

Enfoncez un bouchon de bouteille de boisson gazeuse dans le savon de sorte qu'il ne touche pas le porte-savon.

On recycle

La fabrication de l'aluminium – le métal le plus utilisé après le fer – a un prix environnemental élevé : déforestations massives, destructions d'écosystèmes, rejets de polluants dans l'air et l'eau. Elle consomme aussi beaucoup d'énergie. La bonne nouvelle, c'est que l'aluminium est recyclable à 100 % sans altération de ses caractéristiques et que ce recyclage permet d'économiser jusqu'à 95 % de la quantité d'énergie nécessaire à sa production. Autrement dit, une tonne d'aluminium recyclé égal quatre tonnes de bauxite économisé. En fabriquant une canette à partir de métal recyclé, on économise 75 % des dépenses d'énergie. Le recyclage d'une seule canette en aluminium économise la quantité d'énergie nécessaire pour 3 heures de télévision[26]. Le recyclage d'une tonne de canettes représente l'équivalent d'une année de consommation d'énergie pour une famille de 3 personnes. Pourtant, la quantité d'aluminium jetée aux États-Unis tous les trimestres permettrait de reconstruire tous les avions de la flotte commerciale[27]. Et celle jetée par 10 personnes durant une année suffit à fabriquer un vélo. Dans la nature, une canette met entre 100 et 500 ans à disparaître, alors que si elle est recyclée, elle peut être de retour dans les rayons des magasins 60 jours après avoir été collectée. Eh bien, croyez-le ou non, en dépit de toutes ces données, seuls 50 % des canettes sont recyclées dans le monde. Le champion, et de loin, est le Brésil avec 95 % de recyclage des canettes en aluminium commercialisées dans le pays. Cette activité fait vivre 170 000 personnes ! En France, on est loin de telles performances. Jetez donc vos canettes et autres objets en aluminium dans le bac prévu à cet effet. Inutile de les laver, vous gaspilleriez de l'eau. Les métaux sont fondus à très haute température et les restes alimentaires sont détruits. Malheureusement, pour le moment, les conditions de recyclage

26. Eco-Cycle.
27. Environmental Defense Fund.

de ces emballages ne garantissent pas un cycle de traitement performant. Et dire qu'il fut un temps où l'aluminium valait plus cher que l'or !

Les barquettes en aluminium

Les barquettes et plats en aluminium utilisés pour les plats cuisinés, les pâtisseries, les aliments pour animaux de compagnie et les plats à emporter peuvent être réutilisés, il suffit de les laver. Mais attention, ils ne supportent pas le lave-vaisselle.

• On les réutilise à la cuisine

Pour congeler les restes de nourriture ou les conserver au réfrigérateur.

• On les réutilise pour peindre

Ils font d'excellentes palettes pour les peintres petits et grands.

• On les réutilise pour fabriquer un tambourin

Deux barquettes à la retraite, des clochettes, et vous avez un tambourin. Mettez les barquettes face à face. Agrafez-les ensemble le long des bords, le plus près possible de la paroi. Lorsque vous aurez agrafé la moitié, mettez une poignée de haricots secs, de lentilles ou de riz dans les barquettes. Agrafez le reste et, avec une perforatrice, faites des trous sur les bords tous les 5 cm. Attachez une clochette dans chacun des trous avec du cordonnet. Enlevez vos chaussures, détachez vos cheveux, agitez votre tambourin et dansez !

• On les réutilise pour jardiner

Plateaux à semis

Au moment des plantations, récupérez quelques barquettes pour faire germer vos graines, ou faire pousser du cresson alénois, de l'herbe à chat ou des champignons

On recycle

Les barquettes et plats en aluminium sont des emballages pratiques d'emploi et indéfiniment recyclables. Le taux de recyclage des barquettes et contenants semi-rigides en aluminium a atteint 40 % en moyenne en Europe[28].

Le papier-alu

Dans le film Signes de M. Night Shyamalan, les enfants de Mel Gibson, ainsi que leur oncle Joaquin Phoenix, sont assis sur le canapé crânement coiffés de couvre-chefs en papier alu. Ces bonnets sont censés stopper toutes tentatives de la part d'extra-terrestres peu amicaux, de lire dans leurs pensées et de les contrôler. Le papier alu, le même que celui qu'on utilise pour envelopper les sandwiches, protégerait aussi des effets nocifs des champs électromagnétiques. C'est pour ça que les joueurs du jeu vidéo *World of Warcraft* et les membres de la secte japonaise Pana Wave se baladent aussi avec ces casques.

Si vous pensez être victime de ce genre de problème ou si vous voulez éviter que votre belle-mère ne lise dans vos coupables pensées, rien ne vous empêche de vous fabriquer un joli galurin en papier alu. Donnez-lui la forme que vous voulez. Apparemment ce facteur n'a aucune incidence sur la capacité de protection. Lorsque votre belle-mère sera partie vous pourrez toujours réutiliser le précieux papier pour :

• Nettoyer l'argenterie

Nettoyez tous vos couverts en argent d'un coup en les mettant dans un récipient en aluminium, si vous n'en avez pas, utilisez un récipient en métal dans lequel vous mettez 1 feuille de papier d'aluminium et vos couverts. Ajoutez suffisamment d'eau chaude pour recouvrir les couverts, 2 cuillers à café de bicarbonate par litre d'eau ou 1 cuiller à café de bicarbonate et 1 cuiller à café de sel par litre d'eau. Faites chauffer l'eau mais ne la faites pas bouillir. Éteignez le feu et laissez tremper pendant 1 heure. Rincez et essuyez avec un chiffon doux.

28. European Aluminium Foil Association (EAFA).

Il n'est pas recommandé d'utiliser cette méthode pour les ustensiles dont le manche est collé ou pour l'argenterie ornée de motifs sculptés ou de garnitures en relief de teinte plus foncée.

• Nettoyer les chromes

Faites rutiler les chromes du jukebox année 1960 – et les autres – en les frottant avec du papier journal froissé ou du papier d'aluminium, avec le côté brillant.

• Enlever les taches de rouille

Sur le chrome

Versez du cola sur la tache, froissez un peu de papier d'aluminium et frottez le côté brillant sur le chrome.

Sur les vêtements

Avant d'employer les grands moyens pour éradiquer cette tache de rouille sur votre chemisier blanc, frottez la tache avec un bout de papier alu froissé.

• Éliminer l'électricité statique dans le sèche-linge

Mettez une feuille de papier alu avec votre linge et dites adieu aux vêtements statiques désagréables à enfiler.

• Éviter la formation d'une croûte à la surface de la peinture

Découpez une feuille de papier aluminium de la taille de la base du pot de peinture et la poser sur la surface de la peinture avant de refermer le pot.

• Recoller des dalles en vinyle

Une dalle se décolle, c'est un vrai désastre. Pour la recoller dare-dare, prenez du papier alu, lissez-le et posez-le sur la dalle et, avec un fer très chaud repassez le papier alu. La chaleur du fer va faire fondre la colle sous la dalle. Une fois qu'elle sera fondue, posez une pile de livres bien lourds sur la dalle pour la recoller.

- **Donnez une seconde vie aux balles de tennis usées**

Enveloppez-les individuellement dans du papier d'aluminium, puis en les mettant au four à 200 °F (93 °C) pendant une demi-heure. Elles se remettront à bien rebondir. De plus, vous pourrez répéter ce traitement plusieurs fois.

- **Optimiser la chaleur des radiateurs**

Réduisez la note de chauffage avec des produits de récupération. Il vous faut de belles feuilles de carton ondulé que vous pourrez récupérer devant les magasins le soir, avant le passage des poubelles et du papier alu. Recouvrez un côté des feuilles de carton – recto ou verso, celui que vous préférez – avec du papier alu soigneusement lissé, face mate contre le carton. Puis glissez le tout derrière les radiateurs, avec le côté recouvert du papier alu contre le radiateur. Le papier va faire office de miroir qui renvoie la chaleur.

Au jardin

Le papier alu se recycle très bien pour :

- **Entretenir les outils de jardin**

Pour retirer rapidement la rouille qui recouvre les outils de jardin, frottez-les avec un tampon de paille de fer trempé dans de la paraffine. Et terminez en les frottant vigoureusement avec un morceau de papier alu froissé.

- **Protéger les aubergines, poivrons et tomates**

Lorsque vous repiquez des petites pousses de poivron, d'aubergine et de tomate, faites un petit tube de papier alu pour protéger la tige et les racines des ardeurs des chenilles. Enfoncez la moitié du tube dans le sol.

- **Protéger les arbres**

Mettez le tronc des jeunes arbres à l'abri des dents des rongeurs en leur confectionnant une petite gaine de papier alu du plus bel effet.

- **Le paillage**

Installez du papier alu en paillis au pied des plants pour réfléchir la lumière. Les pucerons et les thrips, qui sauf ceux qui sont équipés de lunettes haute réverbération, fuiront cette lumière aveuglante. N'oubliez pas de surveiller vos plants pour vous assurer que la réverbération ne les brûle pas.

- **Économiser l'eau des pots et jardinières**

Si vous devez vous absenter quelques jours, les plantes dans les pots et les jardinières en terre cuite ne souffriront pas du manque d'eau si vous enveloppez les pots avec du papier alu. Ils conserveront l'humidité plus longtemps

- **Faire une couche drainante**

Faites de petites boulettes en papier alu pour les mettre au fond du pot de fleur. Isolez cette couche drainante avec des bouts de collants, un morceau de vieille moquette ou de serpillière.

On recycle

Et si vous êtes sûre qu'il n'y a pas d'*Aliens* dans le coin, vous pouvez recycler le papier alu tout comme les capsules sur les bouteilles de lait, lavez-les avant de les recycler.
Non, on ne recycle pas les paquets de chips ni les autres emballages enduits de plastique.

Conclusion

Alors vous savez ce qu'il vous reste à faire :
Refusez les emballages inutiles et les suremballages source de gaspillage et de pollution.
Non seulement vous payez l'emballage, mais aussi l'enlèvement et le traitement des ordures ménagères.
N'oubliez pas que le point vert sur les emballages n'est pas une garantie de recyclage. Il signifie seulement que les producteurs contribuent partiellement au financement du tri des emballages.
La loi sur la mise en décharge des seuls déchets ultimes est décevante, car pour atteindre l'objectif plus rapidement et à moindre coût, l'incinération est largement préférée au recyclage.

Le verre

Les hommes – et les femmes – préhistoriques utilisaient verre il y a plus de 100 000 ans, mais sous sa forme naturelle d'origine éruptive – l'obsidienne. Un matériau qu'ils appréciaient particulièrement pour confectionner des outils, des armes et des bijoux. Beaucoup plus tard, vers 7000 av. J.-C. la révélation a eu lieu. Des petits dégourdis ont découvert comment fabriquer le verre et, bien entendu, ils se sont empressés de faire des perles pour leurs bien-aimées. Inutile de préciser qu'à cette époque, c'était une matière précieuse. On était à des années lumières des insultes comme « verroterie ». En Égypte, les coupes et les bols en verre étaient fabriqués à la pièce, dans un moule et on le recyclait ! Le soufflage du verre à travers une canne creuse a probablement été inventé par les Phéniciens, vers 300 avant notre ère. Personne n'aurait eu l'idée saugrenue de jeter sa bouteille de bière dans la rue le samedi soir pour manifester sa joie ou sa colère en ces temps bénis pour le verre. Ni même au temps de Colbert où il était toujours un objet de luxe. La preuve ? Il a anobli des Maîtres Verriers italiens qui, au XVe siècle, étaient venus s'exiler en Haute Normandie, dans la pluie et le froid, pour y créer des ateliers de fabrication de bouteilles, de flacons et de gobelets. *Grazie mile!* Sans vous les garçons, on n'aurait pas nos jolis flacons de parfums.

C'est donc avec une pensée pour ces généreux Latins qu'on réfléchit à deux fois avant d'envoyer nos bouteilles, pots et flacons au recyclage. On essaie de les réutiliser au maximum.

Bien entendu, on en garde toujours quelques bouteilles en réserve pour envoyer un message à la mer ou ailleurs, des fois qu'on aurait envie d'imiter Michelle Pfeiffer avec Kevin Costner dans *Message in a Bottle*, on ne sait jamais. Et comme arme défensive légale à la maison de campagne.

On conserve les plus jolis récipients pour en faire des cadeaux.

On réutilise les bouteilles

Un grand buveur russe qui avait eu la sagesse de conserver toutes ses bouteilles vides a pu construire une petite maison avec les reliques de ses agapes. Sans aller à ces extrémités, vous pouvez utiliser quelques bouteilles :

À la cuisine

Pour fabriquer des vinaigres et des huiles parfumées. Un joli nœud de raphia, une belle étiquette indiquant la date de fabrication, la spécialité embouteillée et le nom de la fée du logis en caractères gothiques flamboyants.

Pour le bricolage

• Pour décorer les murs et les mosaïques

Le verre coloré est très décoratif, dans un basin à poissons ou dans un mur pour faire des mosaïques du plus bel effet. Il suffit de sceller les morceaux dans le ciment lorsqu'il est mouillé.

• Pour fabriquer un xylophone

Les petits et les grands adorent faire chanter les bouteilles. Prenez huit bouteilles de ½ litre. Remplissez-les avec différentes quantités d'eau. Chaque bouteille produira un son différent.

Les bouteilles avec le moins d'eau produiront les notes les plus aiguës et les bouteilles avec plus d'eau, les sons les plus graves. Tapez sur les bouteilles avec des baguettes.

En camping

Récupérez une bouteille dont on peut remettre la capsule en métal. Percez un trou dans la capsule, retirez-la, versez de l'huile dans la bouteille pour la remplir jusqu'à la base du goulot. Prenez un bout de chiffon ou sacrifiez un caleçon de Raymond. Roulez-le pour faire une mèche. Trempez un bout de la mèche dans l'huile pour pouvoir l'allumer facilement, puis retournez-la pour enfoncer l'autre bout dans la bouteille. Faites passer le haut de la mèche dans la capsule (ne laissez dépasser qu'un petit bout de 5 ou 6 cm), Vissez la capsule et allumez la mèche.

Au jardin

• Arbre à bouteilles

Vous avez de jolies bouteilles en verre coloré mais vous ne savez pas quoi en faire. Si vous avez un petit arbre mort, enfoncez une bouteille sur chaque branche. Les arbres à bouteilles datent du IXe siècle au Congo. Selon la tradition, lorsque le vent souffle, vous entendez le gémissement des esprits enfermés dans les bouteilles.

• Poires en bouteilles

Les poires en bouteilles de votre jardin font de jolis cadeaux. Lorsqu'elles sont toutes petites, enfoncez quelques poires avec une partie de leur branche dans des bouteilles. Attachez les bouteilles aux branches voisines pour soulager celles qui supportent le poids des bouteilles. Bouchez l'ouverture soigneusement avec du papier collant pour empêcher les fourmis de venir faire une razzia.

Lorsque les poires sont mûres, coupez les branches et remplissez les bouteilles avec un alcool fort, comme de l'eau-de-vie ou du calvados. L'alcool prendra un goût de poire. Ces délicatesses peuvent durer des années à condition que la poire soit toujours entièrement recouverte d'alcool.

- **Pour faire fuir les taupes**

Couchez des bouteilles en verre sur le sol en direction du vent dominant. Le léger ronflement du vent dans les bouteilles les empêche de dormir.

On recycle

Autrefois, il y a bien longtemps, plus de quarante ans, les bouteilles étaient consignées. Un système qu'une dizaine d'États a remis en place avec succès aux States. En France, une partie des bouteilles, bocaux et autres, passe par la borne de recyclage. Inutile de les laver et de décoller les étiquettes avant de confier votre cargaison de verre au recyclage. La haute température nécessaire pour traiter le verre s'en chargera. Seulement 4 bouteilles sur 10 sont fabriquées avec des bouteilles en verre récupérées. Une bouteille de vin aurait huit vies avant d'être recyclée en autre chose. Les bouteilles qui atterrissent à la déchetterie occupent le terrain, c'est-à-dire beaucoup de place pendant longtemps. On estime le temps de dégradation d'une bouteille en verre à 1 million d'années. Mais, contrairement à d'autres squatters de ce terrain, le verre ne pollue pas. Il attend simplement que quelques archéologues du futur, nettement moins sexy qu'Indiana Jones, c'est sûr, viennent déterrer ces incroyables objets pour élaborer de savantes théories sur l'utilisation probable qu'on en faisait au XXIe siècle.

Les bouchons de liège

L'invention du bouchon serait due à deux moines catalans, des petits dégourdis qui fermaient leurs gourdes avec du liège. Et Dom Pérignon aurait piqué leur idée pour boucher les bouteilles de champagne. Une belle réussite quand on sait que tous les ans, Environ 3 milliards de bouchons de liège sautent de France.

On peut faire des tas de choses avec les bouchons de liège :

Nettoyer

Des taches d'eau sur le bois ? Pour réparer les dégâts frottez les endroits tachés, dans le sens du grain, avec un bouchon de liège taillé en biseau.

Fabriquer

• Un tableau d'affichage

Si votre collection de bouchon avoisine les cinquante spécimens, vous avez de quoi fabriquer un tableau d'affichage pour épingler ce que vous voulez. Prenez un petit rectangle de contre-plaqué, passez une bonne couche de colle au pinceau et collez vos bouchons deux par deux. Mettez-en deux dans les sens de la longueur, puis deux dans le sens de la largeur pour faire un damier. Mettez le nom du vignoble vers le haut, bien en évidence. Laissez sécher pendant au moins trois jours avant de l'utiliser pour y planter vos épingles.

• Un chef-d'œuvre

Une pince à linge pour le corps, un bouchon de liège pour la tête, du fil de fer pour les oreilles, le cou, la queue et les pattes et Calder vous fait un petit chien en un tour de main.

• De quoi allumer le barbecue ou le feu

Faites-les tremper dans l'alcool à brûler dans un récipient bien fermé. Pour mettre le barbecue en route, installez le charbon de bois, puis 1 à 2 bouchons que vous placez dans le charbon de bois. Et allumez !

• Des protections pour :

Les aiguilles à tricoter

Pour éviter d'enfoncer accidentellement le bout pointu de votre aiguille à tricoter dans l'œil de votre voisin, protégez cette extrémité en enfonçant un bouchon qui limitera les dégâts. N'importe qui confirmera qu'un bouchon dans l'œil fait nettement moins mal qu'une aiguille à tricoter.

Le sol et les meubles

Débitez les bouchons en fines rondelles que vous collez sous les pieds des chaises, sous les vases ou les objets qui risquent de marquer le sol ou les meubles.

Les outils tranchants

Coincez les lames des cutters non rétractables dans un bouchon de liège.

Les tuteurs

Recouvrez la pointe des tuteurs pour éviter les accidents.

Les yeux

Si vous avez oublié de prendre vos lunettes de soleil mais que vous avez pensé à la bouteille de vin, bloquez la réverbération comme autrefois les marines au combat. Tenez le bouchon au-dessus d'une allumette pour le noircir. Passez la partie noircie sous les yeux, le long des pommettes.
Attention : Les gens que vous croiserez risquent de vous regarder avec suspicion et les enfants de se mettre à pleurer en vous voyant.

- **Des baguettes de tambour**

Enfoncez des bouchons sur des aiguilles à tricoter, des baguettes chinoises ou des crayons pour taper sur des tambours fabrication maison.

- **Un chapeau anti-mouches**

Les chapeaux australiens autour desquels pendouillent de bouchons de liège ne remporteront jamais un concours d'élégance mais empêcheront les mouches de se poser sur votre visage.

- **Un porte-clés flottant**

Percez un trou dans un bouchon de champagne par exemple et faites passer une chaîne dans le trou. Si vos clés tombent accidentellement dans l'eau, elles flotteront à la surface et seront plus faciles à repérer.

On recycle

Donnez vos bouchons au collectif Opération Tire-bouchon. Les adresses sont dans l'Annexe[29]. Les bouchons sont collectés, broyés et transformés en granulés pour fabriquer des sous-couches techniques de parquet pour isolants phoniques.

29. http://www.tirebouchon.org/Contact.htm

On réutilise les pots et les bocaux

Les grands pots et les bocaux

Sont bien pratiques pour ranger :

- **Le riz, la semoule, le boulgour, le quinoa etc.**

Récupérez les grands pots ou les grands bocaux, comme les grands bocaux de cornichons aigres-doux, pour ranger le riz et les autres céréales, les lentilles, la farine ou le sucre. Avant de les utiliser lavez-les soigneusement pour faire disparaître l'odeur des occupants précédents.

- **Les pièces de monnaie**

Placez un grand pot en verre dans la pièce où vous vous déshabillez pour y mettre toute votre monnaie.

- **Réduire votre consommation d'eau aux toilettes**

Si vous n'avez pas encore de chasse d'eau à deux vitesses, agissez sans attendre. Choisissez un pot aussi grand que possible pour le mettre dans le réservoir de la chasse d'eau de vos toilettes. Remplissez-le d'eau et mettez-le en place. Ce réservoir dans le réservoir va prendre de la place, ce qui diminuera d'autant la quantité d'eau nécessaire pour le remplir à chaque fois que vous tirez la chasse d'eau.

Les pots à miel et à confiture

Une fois lavés, ébouillantés, ils vous resserviront pour fabriquer vos confitures. Et si vous voulez offrir ces délicatesses, collez une belle étiquette sur le pot indiquant le type de confiture et la date de fabrication, puis armée de vos ciseaux crantés, découpez un cercle dans un ancien tablier hérité de tante Honorine, mettez-le sur le pot et maintenez-le en place avec un bout de raphia pour ajouter cette petite touche personnelle si raffinée.

- **Jouer les gobelets de secours**

Horreur et malheur ce matin ! Impossible de mettre la main sur la chope isotherme en acier avec couvercle que Michèle vous a ramené de New York. Pourtant vous avez un besoin vital de cette tasse de thé pour fonctionner correctement. Alors, pour faire face à des urgences de ce genre, conservez quelques pots 100 % étanches, préalablement testés pour leur efficacité par vos soins. Versez votre thé dans ce récipient de fortune, vissez bien le couvercle, mettez le pot dans le sac et filez ventre à terre attraper le métro. Cet ersatz de tasse ne brille pas par son élégance, mais à la guerre, comme à la guerre – et réciproquement !

• Des cloches pour les plants

Les pots de confiture et pots en verre transparent font de charmantes cloches pour les petits plants individuels. Et si vous avez un stock de chaussettes orphelines, recouvrez chaque pot qui risquera moins de se casser. Quant aux plants, ils seront protégés des températures trop chaudes le matin, avant que vous ne veniez les retirer.

On réutilise les petits pots

Les petits pots en verre avec couvercle pour ranger :

• Les épices

Réutilisez les petits pots dans lesquels vous avez acheté les épices, le pesto ou autre spécialité pour ranger les épices achetées en vrac.

• Les boutons et les perles

Très pratiques pour classer les boutons et les perles par taille et par couleur.

• Les épingles de sûreté et autres articles pour la couture

Même système pour les épingles de sûreté, les pressions et les étiquettes à coudre dans les vêtements pour les voyages scolaires.

• Les clous et les vis

Dans la maîtrise des clous et des vis, la gestion des stocks tient une part aussi importante. Triez-les et rangez-les dans des pots à confiture ou de moutarde. Et celles qui ont un coin bricolage pourront même clouer les couvercles des pots sur le dessous d'une étagère. Un truc très malin qui vous permet d'utiliser le dessus de l'étagère en y rangeant ce que vous voulez et le dessous de l'étagère pour ranger les clous, les vis, les boulons et autres petite quincaillerie. Il vous suffit de visser le pot sur le couvercle cloué à l'étagère.

- **Les onglets de guitare**

Les petits pots pour bébé ont la taille adéquate pour entreposer vos onglets de guitare.

- **Les anches de clarinette**

Adieux anches égarées puisqu'il suffit de les ranger dans des petits pots pour bébé.

- **Les semences et les graines**

Les petits pots de verre, petits pots pour bébé sont parfaits pour conserver les graines. Si vous avez de la place dans le garage ou la cabane de jardin, un système de rangement malin consiste à clouer les couvercles des petits pots sous une étagère pour y visser les petits pots.

- **Peindre**

Les artistes, grands et petits – et même les moyens – vous le diront, les petits pots en verre comme ceux pour bébé sont fantastiques pour y mettre les peintures et pour les mélanger. Ils sont parfaits pour la plupart des peintures – gouaches et acryliques comprises – à condition que le couvercle soit hermétique.

- **Nettoyer les pinceaux**

Conservez tous les vieux bouts de savon et mettez-les dans un pot avec juste un peu d'eau dans le fond. Une fois que vous avez fini de peindre avec de peintures à base d'eau comme l'acrylique, la gouache, la peinture à l'eau ou les pastels, nettoyez vos pinceaux en les faisant tourner sur le fond du pot dans ce savon épais. Rincez-les soigneusement à l'eau claire plusieurs fois.

- **En faire des verres à bougie**

Les petits pots, surtout si vous les décorez, sont géniaux pour y mettre des bougies. Et, comme le font régulièrement Barnabé et Timothé, pour y verser des restes de bougies fondus pour en faire de nouvelles bougies, recolorées et parfumées. Installez une mèche dans chacun des pots, attachez le haut de cette mèche au milieu d'un crayon que vous posez sur le pot. Versez la cire dans les pots en vous assurant que la mèche est bien positionnée.

- **En faire des photophores**

Prenez du fil de fer de bricolage ou de jardinage pour l'enrouler autour du haut des petits pots et faire une anse pour les accrocher. Remplissez à moitié le pot avec du sable et mettez-y une bougie chauffe-plats. N'accrochez pas vos photophores à proximité de matériaux inflammables.

On recycle

Tous les mois aux États-Unis, la quantité de bouteilles et les pots recyclables jetés, suffirait à remplir un gratte-ciel géant. En France, 3 millions de tonnes d'emballages en verre sont commercialisés chaque année et ils représentent 13 % des déchets domestiques. Aidez à les recycler en déposant bouteilles, flacons, petits pots pour bébé, confitures, bocaux, vaporisateurs de parfum... dans le bac vert. S'il y a une bague en plastique ou en métal autour du goulot, inutile de l'enlever. Ce n'est pas non plus la peine de les laver (le verre est fondu à très haute température, les résidus sont donc détruits).

Avec une bouteille ou un bocal en verre, on peut refaire la même bouteille ou le même bocal et rien ne distingue un emballage fabriqué avec du verre recyclé d'un emballage fabriqué avec les matières premières entrant normalement dans sa fabrication.

Le recyclage du verre permet de faire des économies d'énergie : la température de fonte du verre recyclé est inférieure à celle des matières premières. Il réduit les déchets miniers 70 %, la quantité d'eau utilisée de 50 % et la pollution de l'air de 20 %[30].

On ne recycle pas

Les vitres, les ampoules, les miroirs, le Pyrex, la porcelaine, la faïence, le cristal et la vaisselle.

30. *Environmental Defense Fund.*

Le bois

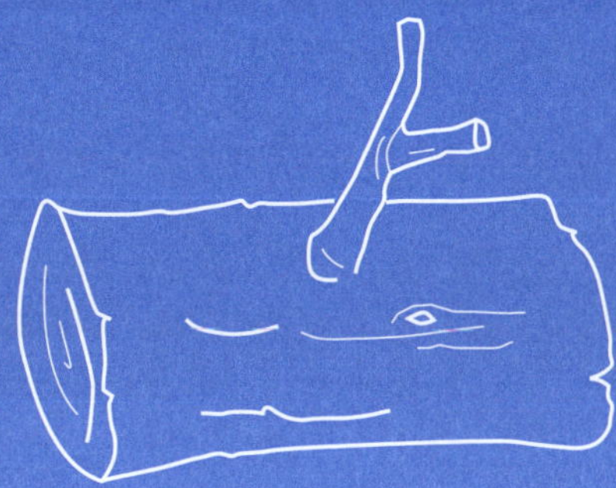

Des boîtes à bijoux aux sarcophages, les caisses en bois ont une longue histoire.

Les caisses en bois

Les caisses en bois, plus particulièrement les caisses à savon, sont des accessoires politiques depuis la fin du XIXe siècle. Elles sont aussi glamour depuis que Marlène Dietrich s'est assise sur une caisse pour chanter dans L'Ange Bleu.

Les caisses, les grandes, les petites, à vin, à orange ou à pommes sont de vrais trésors. On peut les réutiliser pour tout faire ou presque. Et depuis le *buzz* de la série de meubles *The Crate* – La Caisse – de « l'excentrique et superfétatoire » Jasper Morrison qui reconnaît que les matériaux utilisés ne sont que la réplique anoblie de la caisse à vin, vous pouvez y aller. C'est zen, chic et dans le *move*.

Pour la maison

• Bibliothèque

Si vous avez la chance de pouvoir récupérer une grande quantité de caisses à vin grâce à Stéphane et sa famille, n'attendez pas une seconde de plus pour requalifier ces contenants en modules de mobilier malins. La reconversion se fait sans douleur en les empilant avec douceur et fermeté contre les murs pour monter une bibliothèque qui fait beaucoup d'effets pour zéro frais.

> ⚠ Si vous achetez du vin uniquement pour récupérer les caisses, l'opération n'est pas rentable. Nous ne parlons que de caisses récupérées par n'importe quel moyen.

• Bureau

Le principe se décline à l'infini. Empilez les caisses de la manière qui vous convient le mieux pour en faire les montants du bureau doublés d'étagères de rangement. Pas question de laisser perdre toute cette place. Fixez les caisses entre elles avec des presses en C à gorge profonde. Et fixez le plateau de votre bureau – une vielle porte récupérée, un plateau en verre, le plateau d'une table à tréteaux, bref ce que vous voulez ou ce que vous avez sous la main, avec ces mêmes presses en C.

• Tiroirs

Posez des caisses sur des étagères et les voilà reconvertis en tiroirs. Décorez-les au pochoir pour indiquer ce qu'elles contiennent, « Torchons », « Serviettes », ou avec des étiquettes ou des illustrations de magazine. Vous pouvez aussi faire comme Giovanna pour ajouter une note « cabine de plage » à la maison du bord de mer, avec des galets creux vissés sur la caisse en guise de bouton de tiroir.

• Table de nuit

Une caisse à côté du lit = une table de nuit en bois brut, verni, peint ou décoré avec des collages.

• Caisse de rangement ou caisse à jouets

Peinte ou pas, décorée ou pas, recouverte de collages ou de tissus, avec des roulettes de récup ou pas, rangez-y ce que vous voulez. Percez deux trous sur chaque petit côté de la caisse pour passer une cordelette ou de la drisse de récup évidemment! Faites un nœud à une extrémité de la cordelette. Passez l'autre bout dans l'un des trous en partant de l'intérieur de la caisse. Attrapez la cordelette et passez-la dans l'autre trou pour retourner à l'intérieur de la caisse. Faites un nœud bien serré à cette extrémité et devinez quoi? Vous avez une poignée. Répétez l'opération de l'autre côté.

- **Cache-pots et rangement**

Décorez un assortiment de caisses et de boîtes, pas forcément de la même taille, avec un pochoir pour peindre un truc tout simple, comme un numéro sur chaque caisse. Associez-les comme vous voulez et mettez quelques pots de fleurs dans une ou deux caisses, et admirez l'effet Jasper Morrison.

- **Caisses à magazines**

Pour ranger les magazines debout dans la bibliothèque ou sur une étagère, il vous faut quelques caisses avec des couvercles. Reclouez ou agrafer le couvercle puis retirez l'un des petits côtés la caisse. Mettez la caisse debout à la verticale pour qu'elle repose sur le petit côté qui reste. En partant du bas de la caisse, mesurez 10 cm et faites un trait au crayon sur chaque côté. Posez la caisse à plat et dessinez une ligne qui part en diagonale de l'angle supérieur du haut de la caisse jusqu'au trait de crayon que vous venez de faire. Retournez la caisse et faites la même chose. Puis avec une scie, découpez le long de ces lignes. Puis découpez une ligne droite sur le côté pris en sandwich entre les deux parties découpées. Remettez la caisse debout pour y ranger vos magazines.

- **Guéridon**

Une jolie caisse debout contre un canapé fait office de guéridon et de porte-revues.

- **Marqueterie en plaques de caisse à vin (ou autre) pour dessus de table**

Il fallait oser et le designer Thomas Herzog l'a fait. Il a découpé des plaques qu'il a assemblées façon marqueterie pour recouvrir un plateau de table. Le catalogue de la galerie où cette table est vente la décrit sobrement comme « création alliant récup et noblesse du bois[31] ». Nous, on le félicite chaudement et on rêve de l'imiter.

- **Portes de placard de cuisine**

Un créateur espagnol, Rodrigo Diaz a refait toutes les portes des éléments de cuisine avec des caisses démontées[32]. Il a retiré tous les clous et les agrafes. Puis il a cloué les bouts de bois en patchwork sur des planches de bois de 8 mm d'épaisseur. Avis aux amateurs !

Au jardin

- **Pour vos plantations**

Les caisses sont de vrais trésors pour un jardinier. Reconvertissez-les en bacs de plantation. Inutile de les vernir. Percez des trous au fond, remplissez vos caisses de terreau et vous avez des conteneurs copiés chez Conran pour planter laitues, radis, oignons frais, fines herbes et tomates, etc.

Vous pouvez installer ces caisses sur des étagères ou, comble de raffinement, dans un vieux lit en fer forgé du plus bel effet dans un jardin de style anglais.

- **Dans la cabane**

Vissez des roulettes aux quatre coins d'une caisse à vin ou à pommes et vous avez un conteneur pour les outils, les chaussures de jardin crottées ou pour transporter les pots jusqu'à la terrasse.

31. Galerie Zweitsinn : http://www.zweitsinn.de/index.php?module=Emoebel&view=ZDetail&id=102996&search=&first=12%20Wie%20jeder%20Vino%20wird%20sein%20Charakter%20durch%20Weinbrandings%20geprägt,%20die%20wir%20in%20die%20Platte%20eingelassen%20haben.%20Fein%20eingelegt%20in%20edlen,%20dunklen%20Nussbaumleisten.%20Die%20Tischplattenoberfläche%20ist%20in%20bewährter%20ZweitSinn-Qualität%20lackiert.%20Wen.
32. http://r3project-english.blogspot.com/2009/05/kitchen-cupboards-made-from-recycled.html

Pour les animaux

• Porte-bol pour chien

Le dernier must du moment est une petite installation alliant design et confort. Les chiens qui mangent dans des écuelles au sol ont des problèmes de digestion. En les plaçant un peu plus en hauteur, tout va mieux paraît-il. Pour fabriquer vous-même cette petite merveille[33], il vous faut une caisse et une ou deux écuelles en inox – une pour la pâtée de Rocky et une pour son eau. Percez deux trous dans le haut de la caisse. Vernissez-la, installez les écuelles dans les trous. Puis, collez du caoutchouc antidérapant sous la caisse pour éviter qu'elle ne glisse.

Les cagettes et les bourriches

Les cagettes ajourées

L'artiste conceptuel Tadashi Kawamata n'a pas eu de chance avec son expo de cagettes à Versailles, complètement éclipsée par celle de Jeff Koons. Pour son œuvre éphémère, intitulée *Gandamaison* – en japonais *gandam* désigne les robots *transformers* – Tadashi Kawamata a installé des milliers de cagettes à la maréchalerie, dont une partie au plafond, suspendues dans un filet sous les ors et les stucs, une caverne de cagettes et une autre installation qui semblait couler du toit de la maréchalerie ou y ramper comme un organisme vivant. Les sculptures ont été détruites mais que sont devenues les cagettes ?

Récupérez les cagettes de maraîchers pour faire des créations artistiques style cabane

• Un plateau pour servir le thé

Installez un bout d'isorel ou de carton rigide dans le fond de la cagette. Peignez-la et décorez-la avec des collages. Et servez le thé dans cette cagette customisée.

33. http://www.inthecompanyofdogs.com/itemdy00.asp?T1=D81072+DC

• Un diorama à confectionner avec les enfants

Pendant les vacances au bord de la mer, faites-leur peindre le fond en bleu et les côtés avec des nuages, et la base en bleu pour la mer ou en jaune pour le sable et décorer avec des bouts de voilage pour les filets. Demandez-leur de dessiner, de peindre et de découper des poissons, des oiseaux, un bateau, un phare, une bouée, etc. sur du carton. Ils peuvent aussi découper des photos d'eux ou les coller telles qu'elles dans leur diorama avec le reste de leurs créations. Ils peuvent aussi ajouter des coquillages, des petits bouts de bois flotté et autres trésors trouvés sur la plage ou au grenier.

• Un abat-jour rustique

Relookez un abat-jour qui n'est plus dans la course. Retirez ce qui recouvre la carcasse pour la mettre à nu. Prenez une bourriche, posez le haut de carcasse d'abat-jour dans le fond. Dessinez le pourtour au crayon. Vous avez deux cercles. Dessinez une croix dont le centre est au milieu du cercle et dont les branches coupent ces deux cercles. Percez des trous là où les branches de la croix touchent le cercle, soit deux trous – un sur chaque cercle – à chacun des quatre points. Passez un fil de fer dans ces trous et attachez sur la carcasse.

Ou

Désossez votre petite cagette, retirez les agrafes et tout ce qui pourrait blesser. Mesurer sur la carcasse la longueur de matériel nécessaire pour la recouvrir. Coupez les lattes de cagette à la taille voulue, percez deux tous aux quatre coins de chaque latte et fixez-les avec du fil de fer très fin sur la carcasse en laissant un peu d'espace entre les lattes.

Rangez les fruits et légumes

• À la cave

Installez les pommes dans les cagettes sans les tasser ni les superposer. Puis empilez les cagettes les unes sur les autres pour gagner de la place.

• Dans la cabane

Suspendez une ou deux cagettes en l'air pour ranger les oignons en hauteur.

Fabriquer un nichoir

Récupérez de jolies cagettes, démontez-les et découpez-les pour faire une petite maison pour les oiseaux. Dessinez les plans – quatre murs, un plancher et un toit – grandeur nature sur du papier que vous découpez et posez sur les bouts de cagette. N'oubliez pas de faire une ouverture sur l'avant de la maison, sous le toit, pour que les oiseaux puissent y rentrer. Et de visser un piton pour l'accrocher avant d'agrafer le toit.

Petit bois

Démantibulez les cagettes inutilisées. Ce petit-bois vous servira à allumer les feux de cheminée pour égayer vos longues soirées d'hiver.

Les cagettes à fond en isorel

• Un tableau

Pour les enfants qui veulent jouer à l'école, fabriquer ce petit tableau. Rien ne laisser ne vous empêche de faire le même pour vous à la cuisine pour y laisser vos messages. Enlevez 3 côtés de la cagette pour ne garder que le fond et l'un des côtés le plus long pour poser les craies. Donnez une couche d'ardoisine pour peindre le fond. Percez 2 trous dans le haut pour l'accrocher au mur et voilà un tableau pour les enfants.

Les palettes

On trouve parfois des palettes sur les trottoirs, qui elles aussi peuvent dépanner pour :

Faire un sommier à lattes

Prenez une ou deux palettes, lavez-les, poncez-les et vernissez-les avant de poser votre matelas sur ce sommier improvisé.

Entourer le tas de compost

Des palettes debout sur 3 côtés du compost cacheront pudiquement le petit tas et en plus, elles serviront de casier de rangement pour vos râteaux et vos pelles en été.

Improviser une table basse

Lavez, poncez et peignez ou vernissez ou bombez deux ou trois palettes avec des couleurs vives ou en or comme le designer italien Seletti[34]. Empilez les palettes les unes sur les autres. Et vous avez une table basse pratique avec des étagères pour les livres et les magazines ou ce que vous voulez.

Les plus classiques poseront un plateau un plateau sur les palettes et on ne va pas les critiquer, c'est très chouette aussi.

Fabriquer des meubles de jardin

• Une desserte pour vos barbecues

Quelques palettes de récup feront une desserte de plein air qui en laissera le voisin pantois. Poncez, peignez et vernissez 5 palettes. Installez quatre grosses roulettes pivotantes, dont deux avec frein, sur la palette du bas, empilez les quatre autres dessus. Fixez-les solidement et votre desserte avec fierté.

• Un sofa de jardin

Deux palettes poncées et peintes ou vernies superposées, un ou deux matelas superposés recouverts d'un joli tissu, quelques coussins et voilà un sofa de jardin pour jouer les pachas.

Les vrais bricoleurs transformeront les palettes en étagères dans la cabane de jardin, en porte de jardin, en bac de jardinage, en pergolas, en table, en bancs ou en chaises de jardin.

34. http:www.siletti.it

LES VÊTEMENTS ET LE LINGE DE MAISON

3e famille de déchets répertoriée sur le plan économique mondial

- Listes des vêtements
- Produits d'hygiène et de beauté
- Les médicaments
- La vaisselle
- Les meubles
- Les jouets

Nous jetons en moyenne 12 kg de vêtements, chaussures, et linge de maison par an[1], ce qui représente environ 700 000 tonnes dont seuls 15 misérables pour cent sont collectés et triés. Autrement dit les 85 pour cent restants se retrouvant dans nos poubelles. Pourquoi ? Parce que c'est plus facile de jeter que de donner ou de transformer. Prenez une petite jupe en laine par exemple. Les petites jupes en laine, ça inspire Julien mais pas Raymond, allez savoir pourquoi ! Si la survie de notre couple en dépend, la mort dans l'âme, on dit adieu à nos petites créations en maille rayée siglées SR. Raymond ne le sait pas encore, mais comme un autre créateur qu'on adorait va faire son come-back, on investira dans ses petites jupes à lui. Et avec le temps, on ne désespère pas de lui faire apprécier une jolie maille moulante. Enfin bref, la question est que faire des petites jupes en laine ?

On peut les transformer pour les rendre plus belles et tellement différentes que Raymond ne les reconnaîtra pas. Si la couture nous fait peur, on peut les donner aux sœurs, aux copines ou aux copines des copines. On peut les revendre ou les donner sur internet, par petites annonces ou les mettre dans un dépôt-vente. Des petites futées organisent des soirées entre amies pour vendre les vêtements, les chaussures, les sacs et autres accessoires dont elles ne veulent plus.

Et pourquoi ne pas imiter le Freeshop de New York, une super boutique de troc hyper cool qui marche tellement bien qu'elle affole Wall Street ? On y va avec une jupe et on repart avec un pull ou un livre sans débourser un dollar.

On n'oublie pas les organismes caritatifs[2], les refuges pour animaux et les entreprises de recyclage qui prennent les chiffons. Vous trouverez toutes les adresses dans l'Annexe.

---

1. Chiffres ADEME (Agence de l'environnement et de la maîtrise de l'énergie) pour 2006. Il n'y a pas de chiffres plus récents mais on peut, sans risque de se tromper, affirmer que la quantité a augmenté depuis.
2. La Croix-Rouge, après le scandale avec la faillite d'Euro-Collecte, ne collecte plus de vêtements. La seconde vie des vêtements, *60 MILLIONS DE CONSOMMATEURS*, AVRIL 2006/N° 404

Les vêtements

Avant de transformer en chiffon

• On récupère tout ce qu'on peut

Les boutons, les bouts de tissus, les perles, les fermetures Éclair®, les rubans, les dentelles, etc. Bref tout ce qui peut resservir pour relooker ou customiser les vêtements, les sacs mais aussi les boîtes, les albums en vraies *scrapeuses* que nous sommes.

Mais avant d'en arriver à ces extrémités,

On entretient le linge

Quelques trucs simples éviteront à vos vêtements de vieillir prématurément.

Choisissez de préférence un lave-linge à charge latérale. Ils utilisent moins d'eau et sont moins brutaux que les lave-linges qu'on charge par le haut.

Protégez les vêtements fragiles, les bas, les collants et les sous-vêtements pendant le lavage en machine, souvent un peu brutal, en les mettant dans un filet à linge bien fermé ou une taie d'oreiller usée.

Utilisez des programmes basse-température pour le lave-linge et le sèche-linge pour économiser l'énergie et prolonger la vie de vos vêtements.

Raccommodez les trous aussi rapidement que possible. Un petit trou, ce n'est pas un drame, mais si vous ne faites rien, rapidement le petit trou deviendra grand.

Conservez religieusement les boutons supplémentaires pour pouvoir remplacer les boutons perdus dès leur disparition.

Fermez toutes les fermetures Éclair® avant le passage au lave-linge et au sèche-linge. Les fermetures ouvertes s'attaquent aux autres vêtements et peuvent les user et même faire des trous.

N'arrachez pas les étiquettes, pas même avec les dents. Prenez une paire de ciseaux et coupez-les soigneusement, comme une vraie lady.

Les bas et les collants

La fille aux bas nylon en a fait craquer plus d'un, pas seulement Julien. C'est vrai que les nouvelles matières avec lycra et cetera font des jambes sublimissimes comme dans les pubs. Pour prolonger un peu leur courte vie et réduire votre budget bas-et-collants – le prix à payer pour entraîner Julien et Raymond sur la mauvaise pente –, voici quelques astuces :

Trempez vos bas et collants neufs dans l'eau froide et mettez-les une nuit au congélateur.

Donnez-leur un bon bain d'une nuit dans l'eau froide vinaigrée. Faites-leur faire trempette dans de l'eau chaude salée. Mélangez 1 tasse de sel à 2 litres d'eau chaude et laissez-les tremper pour la nuit.

Ajoutez du vinaigre ou un morceau de sucre fondu à l'eau de rinçage de chaque lavage.

À moins d'aimer les sensations fortes et de les enfiler mouillés, faites-les sécher et repassez-les avant de les mettre. Le repassage avec un fer réglé sur synthétique les rendra plus solides. Si, si, même Jacky Kennedy savait ça. C'est Ari qui devait être content que Jacky essaie de faire des économies !

Vaporisez les orteils et les talons des bas et des collants avec de la laque après chaque lavage.

Pour enfiler des bas ou des collants sans risques, mettez une paire de gants.

Stoppez une maille qui file avec une goutte de vernis incolore, un jet de laque, une pointe de colle, un morceau de savon humide ou un peu d'eau sucrée.

On les réutilise autrement

Ces merveilles terriblement éphémères finissent, hélas, toujours par filer ou se trouer. Et là, tout leur capital sex-appeal chute plus bas que les actions pendant la récession. Sauf si vous êtes résolument Punk, jusqu'au bout de vos bas impérativement troués et filés, ces accessoires ont fini leur vie de vêtement.
Ne sanglotez pas sur leur triste sort, ils ont encore de beaux jours devant eux, pour des missions moins glamours certes, mais pas inintéressantes.

- **Pour le ménage**

Évier, lavabo, baignoire, carrelage, robinetterie

Les bas et les collants, même filés et troués, sont d'une rare efficacité pour faire étinceler l'évier, le lavabo, la baignoire, le carrelage et la robinetterie qui en rutilera de bonheur.

Chaussures et bagages

Faites briller vos cuirs cirés comme des miroirs en les astiquant avec de vieux collants roulés en boule.

Pare-brise et carrosserie

Mettez un bas ou un collant en boule pour frotter le pare-brise et le capot recouverts d'insectes collés sans risquer de les rayer.

Magazines et journaux

En panne de ficelle pour attacher les magazines, les journaux? Dégainez vos vieux bas. Et si ce sont des *« up »*, découpez aussi l'élastique en dentelle.

• Pour la couture

Découpez une mince bande dans le sens de la largeur des bas et des collants et utilisez-la pour coudre des boutons. Placez-la sur l'envers du tissu, sous les boutons à coudre. Les boutons seront cousus plus solidement et le tissu risque moins de se déchirer.

• Pour le rembourrage

Jouets, coussins ou poufs

Lavez et utilisez-les pour rembourrer les jouets en peluche ou en tissu – comme rembourrage de remplacement ou pour les jouets que vous confectionnez vous-même – les coussins et les poufs.

Bouillotte

Ne jetez pas votre vieille bouillotte percée. Recyclez-la en protège genoux. Remplissez-la avec des vieux collants ou des chiffons pour vous faire des protèges genoux de compétition.

• Pour le bricolage

Utilisez-les pour filtrer:

L'huile ou la peinture

Les fines mailles des bas et des collants font des filtres improvisés de grande qualité pour filtrer l'huile de cuisson ou la peinture.

L'eau de la piscine ou du bassin du jardin

Et même la piscine ou le bassin. Prenez un cintre en métal, tirez sur les côtés pour l'élargir un peu, attachez un collant sur le cintre, puis le cintre sur un manche. Armé de cette épuisette, partez à la pêche aux feuilles et autres flottants pas toujours identifiés qui dérivent dans la piscine ou le bassin du jardin.

Et pour retirer l'excédent de plâtre

Une fois que vous rebouchez les trous, lissez la surface du mur avec un vieux collant roulé en boule.

- **Pour ranger le papier d'emballage**

Les rouleaux de papier d'emballage entamés ont tendance à se dérouler. Roulez-les et rangez-les dans un bas ou une jambe de collant.

- **Pour votre beauté**

Adoucissez l'eau du bain

Prenez un bas, mettez-y des flocons d'avoine ou du son d'avoine, faites un nœud bien serré, attachez ce petit nouet sous le robinet d'eau chaude et ouvrez ledit robinet.

Parfumez l'eau du bain

Utilisez la même méthode pour emprisonner de la lavande, des écorces d'agrumes ou ce qui vous inspire pour votre bain de senteur.

Fabriquez un pochon de massage anticellulite

Mélangez du marc de café avec de l'huile d'olive et du sel et du sucre. Tassez le tout dans une petite portion de bas usé mais non filé, faites un nœud bien serré et massez vigoureusement les parties infiltrées par la cellulite.

En panne d'élastique pour les cheveux ?

Coupez une bande de 7 cm et enroulez autour de votre queue-de-cheval comme un chouchou.

- **Pour soulager vos bobos**

Échardes ou épines

Agrippez ces envahisseurs avec un bas ou un collant. C'est avec les petites épines fines, comme celles de cactus, que les mailles des bas ou des collants sont les plus performantes.

Entorse ou foulure

Râpez la valeur d'½ tasse de gingembre frais, mettez le résultat dans un collant noué. Plongez-le tout dans ½ litre d'eau que vous faites bouillir pendant ¼ heure. Sortez, laissez un peu refroidir et appliquez ce petit boudin sur votre entorse ou votre foulure.

Muscles noués ou tendus

Soulagez le dos et la nuque avec un bas – ou deux jambes de collant glissées l'une dans l'autre – et une vieille balle de tennis. Glissez la balle dans le pied du bas. Faites un nœud pour la maintenir en place. Attrapez le haut du bas et d'un geste élégant, jetez la balle par-dessus votre épaule gauche si vous êtes droitier – ou droite si vous êtes gaucher – sans lâcher le haut du bas. Trouvez un mur et collez-y votre dos pour écraser de toutes vos forces la balle contre le mur. Et maintenant, pliez les genoux en souplesse pour faire glisser votre dos de haut en bas et de bas en haut sur la balle. Cette balle de massage effacera vos petites douleurs et tensions dorsales.

Pour masser la nuque, réduisez la longueur du bas en le tenant à mi-mollet.

- **Pour jardiner**

Les jardiniers, fétichistes ou pas adorent les bas. Et ceux qui, comme tous les hommes, ont horreur des collants, en raffolent.

Consultez *le « Dictionnaire à tout faire du jardin »*, pour y trouver pleins d'idées et pour éviter de nous répéter.

On jette à la poubelle

Les bas et les collants ne sont pas recyclables. Dans la nature, les nylons mettent entre 30 et 40 ans à se dégrader. Moralité : on les jette à la poubelle.

Les chemises

Avant d'en faire des chiffons, transformez une vieille chemise qui peut encore faire carrière en :

- **Blouse d'artiste peintre en herbe**

Coupez les manches à la longueur des bras de l'enfant, puis faites un ourlet assez large pour y passer un élastique. Coupez le col et la blouse est prête pour le service.

- **Coussin**

La chemise écossaise en flanelle style bûcheron canadien de Raymond a encore de beaux jours devant elle si vous la transformez en housse de coussin. Le dos devient le devant et le devant, avec les boutons, devient l'arrière du coussin. Pour lui donner un look résolument Ralph Lauren, épinglez un ruban écossais lui aussi, noué dans le haut avec un quelques épingles de sûreté. En voyant le résultat, Raymond s'étranglera d'émotion.

Les chaussettes

La gestion des chaussettes n'est pas problématique que pour Bénédicte. Pour X raisons, diverses et variées, des chaussettes encore jeunes et belles, qui vivaient heureuses en couple, se retrouvent soudain seules et souvent impossibles à remarier. Une tragédie d'autant plus terrible qu'on ne retrouve que rarement leurs conjoints volatilisés. Ces disparitions aussi soudaines qu'inexpliquées sèment souvent une pagaille monstre dans bien des ménages. Les porteurs de chaussettes les plus cools ou les plus branchés comme Keith ou Timothé porteront avec fierté des chaussettes dépareillées. Cela se faisait déjà au Moyen-Âge et dans les meilleures familles. Mais si ! Les illustrations des « Très Riches Heures du Duc de Berry » prouvent que dans les années 1300, porter des bas de couleurs différentes *estoit durement faitis* autrement dit tendance.

Si les hommes de votre vie font partie du clan des porteurs de chaussettes farouchement traditionnels, qui refusent absolument les couples dépareillés, vous pouvez ruser en leur achetant une douzaine de chaussettes noires toutes identiques. Et pareil pour les chaussettes de sport : douze cageots de chaussettes jumelles paires.

Pour les autres, ceux qui portent aussi des chaussettes bleues, marrons, grises, vertes, à carreaux, à rayures ou à losanges et pour les chaussettes usées, c'est râpé ! Il ne vous reste plus qu'à les utiliser pour :

- **Le ménage**

Faire les poussières

Glissez la main de votre choix dans une chaussette esseulée, tamponnez-la délicatement dans un peu d'eau ou d'encaustique et frottez les meubles, les bibelots, les écrans, les poignées de porte et les stores.

Et pour les endroits difficiles à nettoyer, prenez une longue règle ou un bout de tasseau. Recouvrez une extrémité avec une chaussette que vous fixez avec un élastique. Passez cet instrument hyper pratique sous la cuisinière, le réfrigérateur ou la commode que vous avez du mal à déplacer. Une fois que tout ce qui se cachait sous les meubles a été délogé, il ne vous reste plus qu'à aspirer ces intrus et à laver la chaussette.

Cirer et lustrer les chaussures

Les chaussettes sont parfaites pour nourrir et faire reluire le cuir.

Laver et astiquer le vélo et la voiture

Utilisez une chaussette pour laver votre deux-roues ou votre quatre-roues, une autre pour faire briller le cadre ou la carrosserie. Et une autre pour astiquer le tableau de bord de votre petite automobile.

- **Déplacer les meubles**

La Reine Victoria, bien que folle amoureuse de son cher Albert, avait un petit problème de pudibonderie. À l'époque, comme les femmes ne montraient que le visage et les mains, une cheville ou un mollet entrevu, suffisait à faire chavirer un homme. Vicky, qui n'avait pas tout compris, pensait que les pieds de chaise, de table ou de piano avaient le même effet sur la gente masculine en général et Albert en particulier. En conséquence de quoi et afin d'éviter toute concurrence déloyale, sa gracieuse majesté avait imposé que tous les pieds de tous les meubles soient couverts.

Nous, qui savons que nos Raymond et nos Roger ne risquent pas de succomber, nous nous contentons de glisser les chaussettes sous les meubles pour les déplacer facilement.

- **Pour ranger**

Les billes

Le petit filet dans lequel vous aviez acheté les billes est déchiré. Remplacez-le par une chaussette.

Les petits jouets, les pions et les jetons

Rangez toutes ces petites babioles qu'on perd facilement dans une chaussette, faites un nœud et mettez la chaussette dans la caisse à jouet.

Les pièces de monnaie pour la laverie

Mettez la monnaie dans une chaussette, ça vous évitera de prendre votre sac pour aller à la laverie.

Les verres ou autres bibelots pour le déménagement

Emballez les verres et les bibelots dans une ou deux chaussettes superposées avant de les mettre dans les cartons.

- **Protéger Les chaussures**

Si vous n'avez pas de boîtes pour toutes les paires de chaussures, glissez les chaussures dans les chaussettes orphelines que vous avez gardées, avant de les mettre dans les cartons.

- **Pour le bricolage**

Protéger le mur

Il vaut mieux être juché sur un escabeau pour faire les travaux. Mais si vous devez utiliser une échelle, pour ne pas marquer le mur, enfilez des chaussettes sur les montants de l'échelle qui le touchent.

Protéger les chaussures

Pour les travaux salissants comme la peinture, protégez vos chaussures en enfilant des chaussettes – dépareillées ou pas – sur vos chaussures. Mais que cela ne vous empêche pas d'en mettre dans les chaussures aussi.

Protéger les outils

Pour éviter que vos cisailles ne rouillent, rangez-les dans une vieille chaussette préalablement trempée dans l'huile.

Remplacez un sac à poussière de la ponceuse

Au moment d'attaquer le ponçage, impossible de mettre la main sur le sac à poussière amovible de la ponceuse. Ne cédez pas à l'envie de tout abandonner ou de hurler. Respirez profondément et faites comme Bénédicte, remplacez le sac par une chaussette orpheline de Stéphane solidement fixée à la ponceuse par un élastique.

- **Au jardin**

Pour protéger les pots en verre

Recouvrez chaque pot de confiture et pots en verre transparent transformés en charmantes cloches pour protéger les petits plants individuels avec une chaussette orpheline. Le pot risquera moins de se casser et le plant ne sera pas soumis à des températures trop élevées au lever du soleil, en attendant que vous veniez le retirer.

- **Pour les créations**

Marionnettes

Les chaussettes font des petites marionnettes très coquettes, Collez, cousez ou dessinez les yeux, le nez et la bouche. Cousez quelques brins de laine au bout du pied pour faire les cheveux, la crinière ou la crête. Et ainsi font, font, font les petites marionnettes.

Petites bestioles

Avec plusieurs chaussettes découpées et cousues bout à bout fabriquez des petites créatures rigolotes rembourrées. Inspirez-vous des superbes créations de l'artiste Kim-lan Cornell[3] qui les propose sur internet.

- **Pour soulager les bobos**

Les compresses froides

La poche de glace ou le sac de glaçon seront plus confortables si vous les enveloppez dans un bas ou un collant.

3. http://www.sockmonkeydrawer.com/sockmonkeys.php

Les compresses chaudes

Mettez du riz dans le pied d'un collant non filé sans trop le tasser, faites un nœud bien serré et mettez au micro onde avec un verre d'eau, chauffez pendant 1 minute et appliquez ce petit pochon bien chaud sur la partie douloureuse.

- **Pour les animaux**

N'oubliez pas vos petits compagnons domestiques poilus.

Papattes au chaud

À condition qu'il veuille bien les garder, mettez les pattounettes de votre pauvre petit compagnon canin malade bien au chaud dans des chaussettes.

Jouet pour chien

Fabriquez un jouet pour Sweetie avec une balle de tennis et une vieille chaussette longue. Mettez la balle dans le pied de la chaussette, faites un nœud serré, attrapez l'autre bout de la chaussette et agitez son nouveau jouet devant elle.

Jouet pour chat

Mettez de l'herbe à chat dans une vieille chaussette sans trous, faites un nœud bien serré. Léo va adorer.

Bandages pour cheval

Coupez le pied d'une chaussette longue et enfilez-la sur la patte blessée. Utilisez les chaussettes courtes pour les chiens et les chaussettes d'enfants pour les chats.

Les cravates

On peut faire des tas de choses intéressantes avec les cravates. Un créateur américain en fait des bikinis string. Quant à Jennifer Aniston, qui sans doute n'avait rien d'autre à se mettre ce jour-là, elle s'est fait photographier avec une cravate pour tout vêtement. Ça nous donne des idées…

Vous pouvez utiliser un rebus de Raymond pour le séduire façon Jennifer ou pour en faire une ceinture. Et mettez-en une dans la trousse de secours. Les cravates sont parfaites pour faire un garrot d'urgence et tellement plus coquettes.

On les *upcycle*

Et si Raymond a décidé de déclasser toute sa collection de cravate, c'est le moment de vous lancer dans la couture pour créer :

- **Un étui à tampons**

Commencez par quelque chose de petit si vous n'avez pas l'habitude de coudre, comme un petit étui à tampons en soie, raffiné et discret. Prenez une belle cravate en soie avec des impressions cachemire, très large, style pelle à tarte, une sérieuse erreur de casting que Raymond n'a jamais mise et qu'il ne mettra jamais. Dans le bas de la cravate, calculez la hauteur nécessaire pour mettre les tampons debout. Ajoutez 1 cm pour la couture et coupez. Mettez la cravate à l'envers, assemblez les bords de l'arrière de la cravate puis faites la couture dans le bas. Remettez la cravate à l'endroit. Et pour fermer l'étui, cousez la moitié d'une pression sur la face externe de ce qui était l'arrière de la cravate et cousez l'autre moitié sur l'envers de la pointe de la cravate que vous repliez comme pour fermer une enveloppe. Rangez-y vos tampons et glissez le tout dans votre sac à main.

- **Des coussins**

Recouvrez des coussins en alternant la position des cravates. Posez la première cravate dans un sens, puis posez la cravate suivante dans l'autre sens, partie étroite contre partie large et jusqu'à ce que vous ayez un morceau de tissu assez grand pour votre recouvrir votre coussin. Après, il ne vous reste plus qu'à assembler tout ce beau monde pour en faire une housse somptueuse.

- **Un petit gilet**

Faites comme Giovanna, customisez des petits gilets d'homme, sans manches et sans signe distinctif, avec les cravates de Stéphane. Il vous faut six cravates pour un gilet - trois cravates pour chaque côté. Inutile de customiser le dos, vous ferez suffisamment d'effet de face ! Posez la première cravate le long des boutonnières en laissant dépasser la pointe de la cravate. Épinglez-la en partant du bas du gilet pour remonter jusqu'à l'épaule. Posez la deuxième cravate à côté de la première, puis la troisième. Coupez ce qui est trop long à la hauteur de l'épaule en prenant soin de laisser 1 cm en plus pour pouvoir faire une petite rentrée. Faites la même chose sur l'autre côté du gilet. Fixez les cravates en les cousant sur l'intérieur du gilet et en ne fixant les points que sur le dessous de la cravate. Il ne faut pas qu'on voit les points sur l'endroit de la cravate. Repliez le centimètre que vous avez laissé dans le haut et cousez sur l'épaule. Enfilez le gilet et laissez-vous admirer par la galerie ébahie.

- **Une jupe**

Il y a quelques années, Inès de la Fressange avait créé une jupe avec des cravates. Si vous avez récupéré suffisamment de cravates, lancez-vous. Votre tour de taille détermine le nombre de cravates à utiliser.

Les débardeurs

Les débardeurs et le T-shirts en coton, tout comme les autres vêtements en coton sont mauvais pour l'environnement. Les quantités de pesticides, d'engrais et d'eau utilisées ainsi que le processus de teinture ont un impact négatif. Il faut 30 000 litres d'eau pour faire pousser 1 kg de coton – et à peine moins pour du coton bio – et 600 litres d'eau pour teindre 1 kg de coton. Raison de plus pour l'utiliser le plus longtemps possible avant de le pensionner définitivement.

On le customise

En peignant ce que vous voulez avec de la peinture pour tissus qui se fixe au fer à repasser.

En appliquant des écussons, des broderies, des bouts de dentelle, des perles, etc.

En le lacérant façon néo-punk et en rapprochant les bords avec des épingles de sûreté ou mieux des épingles de kilt. Souvenez-vous de la robe de Liz Hurley, avec ses grosses épingles…

On transforme en filet à provision

Le petit débardeur en filet rose fluo d'Edgard squatte le tiroir depuis trop longtemps. En souvenir de sa gloire passé, et avec l'accord de son propriétaire, vous avez décidé de relancer sa carrière. Mettez-le à l'envers et fermez le bas avec deux aller-retour de la machine à coudre à 1 cm du bord. Remettez-le à l'endroit et voilà ! Avec un joli filet pour faire vos petites courses.

Vous pouvez faire la même chose avec les tous les autres petits débardeurs déboutés.

On recycle

Lorsque les débardeurs, les T-shirts et les sweats 100 % coton ont terminé leurs carrières de chiffon, ils peuvent être compostés ou donnés au Relais ou à une autre entreprise de recyclage des textiles. Sinon, c'est la poubelle.

Les gants

Que faire d'une paire de gants en cuir magnifique, fin comme du papier à cigarette, doux comme de la soie mais… orange ? Tellement orange qu'on dirait une paire de gant en caoutchouc. Osez porter cette erreur de casting ou alors teignez-les. Et là, vous ne les quitterez plus.
Donnez ceux qui sont en bon état aux associations habituelles. Les autres trop défraîchis sont prêts pour une nouvelle vie.

En cuir et en daim ou les gants de ski qui ne sont plus imperméables

Si comme Giovanna, vous n'aimez pas les gants de jardinage toujours un peu raides, faites comme elle. Recyclez vos vieux gants d'hiver en cuir ou en doublés pour tailler les rosiers. Ils sont plus souples que les gants de jardinage traditionnels et protègent parfaitement des épines.

En laine

Transformez les doigts en petites marionnettes qui racontent les histoires. Trois poils de laine sur le sommet, deux perles pour les yeux, une pour le nez et trois points pour la bouche et les petites créatures sont prêtes pour de nouvelles aventures.

En caoutchouc

S'ils sont percés, gardez-les pour cirer les chaussures.

Les jeans

Customiser pour donner une nouvelle jeunesse

Pour customiser un vieux jean, on n'a que l'embarras du choix : Il suffit d'appliquer des écussons, des bouts de dentelle ou de broderie, des perles, des paillettes.
Ou, les plus douées en couture imiteront Karl Lagerfeld qui a les carrément recouvert de tulle arachnéen. Et nous, on dit bravo Karl ! Les jeans troués sont à la mode, ce qui évite d'avoir à les rapiécer. Pour prolonger un jean en fin de course vous pouvez :

Camoufler les trous

On peut mettre des pièces sur les trous. Découpez un carré ou un rectangle de tissu récupéré sur un jean en ruine, dans un morceau de tissu à carreaux, de liberty.
Ou des écussons. C'est très tendance. Timothé et Barnabé confirmeront. Ces techniques de camouflage peuvent être appliquées aux pantalons de combat et à tous les autres pantalons de votre garde-robe.

Agrandir artistiquement les trous

Si vous voulez ajouter une petite note personnelle contentez-vous d'améliorer les trous en les agrandissant un peu, toujours à l'horizontale, jamais à la verticale. Effrangez les bords et laissez quelques fils traîner au milieu des trous.

Vous pouvez même saccager artistiquement un vieux jean un peu grand – ou piquez en un à Raymond – en imitant des créateurs comme Roberto Cavalli ou Jean-Paul Gaultier, ou dans ce cas précis, Acne. Lacerez un jean ripou avec un cutter. Commencez à 5 cm sous les fesses et coupez deux lignes horizontales à 3 mm d'intervalle sur les deux jambes, à l'arrière et à l'avant, en vous arrêtant à 10 cm des coutures à droite et à gauche. Et continuez comme ça tous les 15 cm. Arrêtez-vous à 20 cm de l'ourlet du bas. Effrangez les bords des entailles. Et voilà le travail.

Le transformer en micro short ou le bas d'un bikini

Lorsqu'ils ne sont vraiment plus mettables, même pour votre nièce en pleine *grungitude* ou *punkitude*, il vous reste peut-être l'option d'en faire un micro short ou un bas de bikini.

Le mettre en pièces

• Pour rapiécer

Coupez le jean pour récupérer des bouts, non troués, évidemment, pour mettre des pièces un autre jean.

• Pour faire des pochettes

Découpez les poches et le dessous des poches, mettez une fermeture dans le haut, et vous avez une pochette ou un petit porte-monnaie.

• Pour vous lancer dans le patchwork

Un coussin

Commencez par un coussin pour vous faire la main. Coupez des bandes dont vous effrangez les bords. Assemblez les bandes entre elles, cousez-les en les faisant se chevaucher – autrement dit, on ne voit qu'un bord frangé sur deux. Formez un rectangle un peu plus large que votre coussin et deux fois plus long. Pliez le rectangle en deux sur l'envers. Assemblez les deux côtés de part et d'autre de la pliure. Mettez à l'endroit, enfilez sur le coussin et cousez le dernier côté.

Une robe *upcyclée*

Celles qui savent coudre oseront peut-être imiter la petite robe en patchwork de jean noir délavé de Roberto Cavalli, avec une rangée d'épingles de sûreté, alignées à la verticale autour du col et trois rangées dans le bas de la robe. Un petit chef-d'œuvre.

Les lainages

La styliste italienne Orsola de Castro a créé sa marque, *From Somewhere* à Londres. Cette pionnière du recyclage a lancé son entreprise en collectant des textiles d'usines destinés à l'incinération : des tonnes de chutes de tissu que l'industrie du vêtement jette tous les jours : pré-production, chute d'usine, défilés de mode, etc. D'autres stylistes créent de vêtements à uniques à partir de vêtements récupérés, qu'ils découpent pour fabriquer des pièces uniques ou qu'ils customisent. Rien ne vous empêche de les imiter. La mode permet de porter n'importe quoi. C'est le moment de vous lancer dans la customisation et de vous lâcher.

On sait entretenir nos petites laines

Pour éviter de feutrer les lainages, on les lave et on les rince à froid. Si votre lave-linge a un programme à froid et s'il est branché sur une arrivée d'eau froide, confiez-lui vos pulls, gilets et chaussettes. Utilisez une lessive liquide, bio de préférence. Sinon, lavez-les à la main avec du savon de Marseille et essorez-les dans le lave-linge.

On met les mites en fuite

Pour éviter que les mites ne fassent un carnage dans nos lainages, on remplit nos armoires d'antimites écologiques.

• Cocktail antimites

Les tisseurs et les fileurs d'autrefois utilisaient des sachets contenant du romarin, de la menthe, du thym et des clous de girofle. Et pour bonne mesure, on ajoute du poivre qu'elles ont en horreur et des agrumes qui leur donnent des rhumes, on leur prépare des pochetons avec un mélange pas piqué des hannetons pour leur ôter toute envie de venir squatter nos placards et nos tiroirs.
Mélangez 200 g de romarin, 200 g de menthe, 100 g de thym, 100 g de sauge, 2 cuillers à soupe de clous de girofle, 1 cuiller à soupe de poivre, 1 cuiller à soupe d'écorces de citron, 1 cuiller à soupe de bâtons de cannelle en rondelles, et divisez dans des jolis petits sachets bien coquets.

Pull blanc qui a jauni

Pour rendre sa blancheur éclatante à un pull de laine jaunie, passez-le dans 2 litres d'eau additionnée de 4 cuillers à soupe de vinaigre. Lavez-le comme d'habitude.

Pulls qui piquent

Vos pulls en laine et en mohair vous piquent la peau ? Lorsque vous les lavez, ajoutez de l'après-shampooing à l'eau de rinçage. Vous n'aurez plus aucune démangeaison.
Ou

Pour éviter que vos petits pulls de laine ne vous piquent, ajoutez une demi-cuiller à café d'huile d'olive à l'eau de lavage du lave-linge ou du lavage à la main.

Pull troué

Les mites ont festoyé avec votre cachemire triple fils adoré. Pour le sauver, il ne vous reste plus qu'à le customiser. Raccommodez les trous puis appliquez des bouts de dentelle, de broderies ou des écussons pour cacher ce ravaudage.

Vous pouvez aussi raccommoder les trous puis broder des perles ou des paillettes pour effacer toute trace de votre passage.

Pull troué aux coudes

Votre petit cachemire noir préféré a lâché aux coudes mais vous l'aimez tant que vous ne pouvez vous résoudre à le couper en morceaux pour faire briller les chaussures. Vous pouvez en faire un pull à manches courtes en faisant un zigzag pour couper court à toute velléité de filer ou, si vous voulez conserver les manches, mettez des pièces aux coudes – en dentelle noire avec la mantille de la tante Hortense, par exemple. C'est tendance, pratiquement du Chantal Thomas. Ou alors imitez une marque anglaise au célébrissime écossais beige qui utilise ses fameux carreaux sur les coudes des gilets neufs. C'est ce qu'on appelle de la prévention siglée.

Pull effiloché aux manches et/ou dans le bas

Chantez alléluia, parce que ce petit malheur vous dispensera d'acheter un pull… effiloché que vous aviez repéré, mais dont le prix de 729 euros vous avait quelque peu refroidie. Pour copier cette création, il ne vous reste plus qu'à coudre une jolie dentelle sur la bordure effilochée de votre pull.

S'il est effiloché aux manches, arrêter le désastre en rattrapant les mailles pour éviter que le pull ne file. Puis recouvrez le tout avec un petit ruban de satin. C'est du plus bel effet.

Pulls et gilets dont vous ne voulez plus

Vous avez un sac plein de pulls et de gilets dont vous ne voulez plus, pulls norvégiens, à torsades, à carreaux unis, mouchetés, Vous pouvez les donner mais vous pouvez aussi faire :

- **Des coussins**

Recouvrez des coussins avec de jolis lainages usés aux manches, au col et aux coudes, mais impeccables devant et derrière.

- **Une housse de bouillotte**

Une petite jupe ou un pull trop petits ou trop courts ne demandent pas mieux que d'être recyclés en housse de bouillotte pour vous tenir chaud aux pieds pendant les nuits sans Raymond.

- **Un nounours de luxe**

Inspirez-vous de la créatrice américaine Brooke Serson Cernonok qui avec www.teddylux.com offre une seconde vie à nos vieux pull-overs en cachemire en les transformant en nounours, lapins ou autres doudous de luxe[4].

- **Un manteau ou une veste en patchwork**

Imitez D&G et en faisant un manteau en patchwork de lainages. Coupez des carrés et des rectangles que vous assemblez avec de gros points de croix sur l'extérieur. Les bords et les cols du manteau sont aussi un assemblage de bouts différents récupérés sur différents gilets.

4. http://teddylux.com/about.htm

Lainages tricotés à la main

Imitez Irma qui défait les tricots pure laine en parfait état mais trop grands, ou trop petits ou démodés pour les mettre en écheveaux qu'elle passe au lave-linge avant d'en faire des pelotes bien serrées. Cette laine récupérée peut être retricotée ou crochetée sans problème et, c'est garanti, votre joli pull irlandais tout neuf ne trahira pas ses origines. Si vous avez des pelotes de laines différentes, osez les mélanges. Faites comme Giovanna qui a tricoté un joli gilet avec trois sortes de laines noires et des points différents. Avec quelques boutons bijoux pour couronner le tout, le résultat ne ferait pas rougir Lacroix.

Ça marche aussi avec les pulls et les gilets en coton tricotés. Avec le coton récupéré, pour vous faire la main, vous pouvez crocheter des filets à provision ou des ronds pour recouvrir les galettes des chaises de la cuisine. Une fois que vous maîtrisez la technique, confectionnez un petit bonnet ou un béret au crochet, puis osez un bikini ou trikini, comme les créations turquoise de Guess. Enfilez des tongs décorées de pierreries ou de coquillages et en route pour la plage pour faire des ravages.

Pulls feutrés

Un accident est si vite arrivé et vos pulls sont feutrés. Rebaptiser le désastre « laine bouillie », démontez-les pour confectionner une petite veste en patchwork à faire verdir Vivian Westwood.

On donne aux organismes caritatifs

Vous trouverez leurs adresses dans l'Annexe.

- **On donne à Sweetie et à Léo**

Ils adorent dormir sur vos vieux pulls. Et leurs petits camarades de SOS animaux aussi. Pensez à leur proposer vos vieux pulls, serviettes, et couvertures.

On en fait des chiffons

Si vraiment ils sont cuits, il ne vous reste plus qu'à les recycler en chiffons à faire briller les parquets et les cuirs cirés.

Au jardin

• Répulsif

Avec les bouts de laine, confectionnez un puissant répulsif à fourmis pour protéger les arbres fruitiers de leurs assiduités. Préparez une décoction de vieux mégots – beurk ! Ou de tabac. Tressez des petites cordelettes avec des restes de laine, trempez-les dans l'infâme infusion et nouez-les bien serré autour des troncs d'arbres.

• Dans les pots, les jardinières et les paniers suspendus

Mettez des petits cailloux, des capsules de bouteilles, des coquilles de pistache ou de noix, des coquillages bien propres lavés dans un filet à mailles dans le lave-vaisselle, de gros galets, des bouts de pots ébréchés cassés à coups de marteau ou des boulettes de papier alu au fond pour faciliter l'écoulement de l'eau. Recouvrez-les avec une couche de vieux collants ou de bas et mettez la terre par-dessus.

Au compost

La pure laine est compostable, qu'elle ait été filée et tricotée ou fraîchement tondue sur le dos des moutons. Au contact de l'humidité, elle se décompose et produit du nitrogène, de l'acide phosphorique et de la potasse.

Les polaires

On peut recycler les polaires. Go Sport[5] en partenariat avec Eco textile et Lafuma organise des reprises.

D'après Berghaus, première marque anglaise à intégrer la nouvelle gamme Polartec recyclée, l'utilisation de ces fibres recyclées offrirait une économie de 2 litres de pétrole pour 500 g de tissu[6].

5. http://www.recyclez-votre-polaire.com
6. http://www.journaldutrek.com/berghaus-recycle-les-polaires

Les robes, les jupes, les vestes, les manteaux

Concernant la bible du costume Élisabéthain, Janet Arnold[7], historienne du costume, décrit avec force et détails comment les vêtements de la reine Elizabeth Ier étaient relookés avec des broderies récupérées sur ses vieux vêtements pour être recyclées et appliqués sur ses nouvelles tenues. Les corselets de sa gracieuse majesté Lizzie étaient fermés à l'arrière et transformés en corselets fermés devant. Un véritable tour de force. Pas de doute là-dessus, les *royal taylors* d'alors étaient *very rich!* Conclusion : imitez ces petits génies et faites fonctionner vos petites cellules grises. Il n'y a aucune règle quand il s'agit de réutiliser les choses ou pour les détourner de leur première mission. Les seules limites sont celles de votre imagination.

Parfois, il suffit d'un petit rien pour relooker une petite robe, une veste, une jupe ou un manteau qu'on a beaucoup aimé mais dont on s'est lassée. Osez *upcycler* :

Changez les boutons

Utilisez des boutons récupérés sur d'autres vêtements et rangés dans votre collection de bouton, des boutons vintage ou neufs, achetés sur internet ou chez votre petit mercier préféré.

Décorez

Avec des boutons et des écussons de récupération. Imitez Moschino qui n'hésite pas à broder les épaules d'un caban avec plein de boutons dépareillés – là c'est le moment de recaser tous vos boutons. Ou à orner un manteau militaire avec des écussons fantaisie, comme une tête de pirate avec les fémurs croisés, un cœur en paillettes rouges.

Avec des perles, des sequins ou, faites comme les couturières royales de Lizzie, décousez des broderies, des décorations imprimées ou peintes sur d'autres vêtements pour les appliquer sur le pull, le petit haut ou la petite robe à relooker.

7. Janet Arnold : *Queen Elizabeth's Wardrobe Unlock'd*, W. S. Maney and Son Ltd, Leeds 1988.

Brodez ou appliquez des morceaux de dentelle ou de joli tissu pour customiser un jean ou un chemisier. Par exemple, si vos petits monstres sont dans une période pirate, aidez-les à peindre une tête de mort et des fémurs croisés sur un t-shirt noir ou découpez une tête de mort, des os ou des épées dans un tissu blanc et appliquez à la machine avec des zigzags sur un sweat, une chemise ou un pantalon.

Effrangez une veste ou une jupe

Coupez un pantalon pour en faire un pantacourt, un bermuda ou un short.

Rallongez

Rallongez une jupe ou une robe avec des bandes de tissus différents, des rubans, des bandes sequins comme Missoni, notre Jean-Paul ou la grande Vivianne.

Transformez

Avec une robe sans manches, faites une robe avec une seule bretelle. Enfilez la robe, marquez à la craie ce que vous allez couper. En partant sous le bras de la bretelle à couper tracez une ligne en biais pour arriver au niveau du cou à la base de la bretelle à conserver. Ajoutez 2 cm pour faire l'ourlet. Coupez et faites la même chose sur l'arrière de la robe. Repliez le tissu, repassez et cousez, Puis pour cacher ou enjoliver ce que vous avez fait, coupez un joli foulard en biais, épinglez-le sur votre couture et faites le monter jusqu'à l'épaule de l'autre bretelle. Repassez et cousez.

- **Transformez en coussins**

Une petite jupe écossaise, en soie ou en dentelle entamera avec enthousiasme une nouvelle carrière de couverture de coussin. Sinon, donner, vendez, faites tout ce que vous pouvez pour éviter de jeter.

Robe de mariée

Vous ne l'avez portée qu'une seule journée et il y a peu de chance que vous la remettiez un jour sauf si vous décidez de :

- **La teindre et la couper pour en faire une robe de cocktail ou une robe habillée.**

- **La couper pour en faire une robe de baptême**

- **La découper en dessous sexy ou en chemise de nuit affriolante**

- **La transformer en couvertures de coussins**

- **La vendre sur internet, en mettant une annonce dans le journal ou la mettre en dépôt-vente**

Les soutiens-gorge

Ils sont en impeccables mais pas glamour et c'est bien triste sauf si vous décidez de les relooker.

Des dessous de star

Pour jouer les divas comme Dita Von Teese, il suffit parfois de presque rien, comme des petites applications des dentelles, de perles ou de broderies sur les soutiens-gorge, les slips ou les strings.

On n'envisage jamais de les utiliser pour d'autres missions et pourtant, ils peuvent réussir leur reconversion en :

Des pochettes pour pot-pourri

Décousez les bonnets et dans la doublure, glissez de la lavande ou d'autres fleurs séchées, cousez et mettez dans vos tiroirs et vos armoires.

Masques anti-poussière

Coupez les bonnets, faites un trou de chaque côté et passez-y un élastique. Vous avez maintenant un très joli masque pour faire les travaux qui génèrent beaucoup de poussière comme le ponçage.

Les chaussures

Sachez entretenir vos chaussures pour les conserver plus longtemps.
Changez de chaussures au moins une fois par jour.
Défaites les lacets, les scratchs ou les boucles pour retirer vos chaussures.
Apportez-les à Antonio, votre cordonnier pour les faire ressemeler et réparer.
Tuez les petites odeurs en saupoudrant un peu de bicarbonate dans vos chaussures.
Lorsque les chaussures en cuir et en daim sont mouillées, retirez-les pour y tasser du papier journal pour absorber toute l'humidité.
Une fois que les chaussures en cuir – pas celles en daim – sont bien sèches, enduisez-les de vaseline. Le lendemain cirez-les.
Enlevez les taches d'eau sur le cuir en les frottant avec un chiffon propre trempé dans un mélange de vinaigre et d'eau.
Faites étinceler les chaussures en cuir avec un chiffon doux imbibé de vinaigre. Ça vous évitera d'avoir à dépenser autant d'énergie que pour courir un semi-marathon sur les mains rien que pour faire briller deux paires de chaussures.
Nettoyez des chaussures vernies avec un peu de vaseline puis faites les briller avec un chiffon doux ou une peau de chamois.

On relooke

Vos escarpins violets sont superbes, mais ils sont trop… violets. Bien sûr, ça a été le coup de foudre. Vous en êtes tombée follement amoureuse au premier regard. Puis, assez rapidement, vous vous en êtes lassée. Avec le recul vous vous rendez compte que ce que vous aviez pris pour de la passion n'était qu'un feu de paille. Et maintenant que tout est fini, vous ne supportez plus cette couleur à vos pieds. Pour raviver la flamme, essayez donc un petit coup de teinture sur les escarpins – pas sur les pieds – vous risquez de renouer !

Et pour redynamiser des escarpins classiques un peu vieillis, imitez John Galliano. Peignez les talons et les patins et épinglez quelques badges sur les bords et économisez 300 euros !

On donne les chaussures en bon état

Contactez Emmaüs, l'Armée du salut, le Secours catholique, le Secours populaire.
On réutilise les escarpins dépareillés ou démodés ou dont on s'est lassée.

Dans le film *A Christmas Story*, Mr Parker gagne une lampe atrocement kitch dont le pied est une jambe de mannequin gainée dans un bas-résille noir chaussée d'un escarpin à talon noir. Le tout est surmonté d'une sexy mini-jupe en satin avec des franges qui fait office d'abat-jour. Mrs Parker qui n'apprécie pas cet objet fort subversif pour l'époque – le film se passe dans les années 1940 – s'empresse de la casser deux jours plus tard.

Pour des créations

toujours très kitch mais peut-être un peu moins audacieuses, restent – la liste n'est pas exhaustive – :

• Un porte-manteau

Plus les escarpins sont hauts et colorés, plus votre création sera spectaculaire. Il vous faut quatre chaussures, peignez la semelle en noir brillant. Prenez une planche de bois de récupération comme un morceau de plinthe, pas très large et long de 50 cm. Clouez quatre petits cubes de bois sur le long du bord supérieur de la planche, à intervalles réguliers, pour y clouer quatre escarpins. Percez deux trous aux extrémités pour la fixer au mur. Peignez-la en rose, vert ou jaune fluo ou rouge coquelicot. Accrochez les escarpins aux cubes, pointe vers le haut. Clouez les escarpins sur les cubes. Vissez le tout au mur, et accrochez ce que vous voulez.

• Un ou plusieurs serre-livres

Kitchissime aussi, l'escarpin serre-livres monté sur une brique recouverte de velours à franges. Enveloppez la brique dans le velours et épinglez la bordure de franges le long du bord supérieur de la brique. Retirez la brique et cousez les franges. Puis enveloppez à nouveau la brique dans le velours, cousez le velours sur la brique puis collez la chaussure sur ce coussin de cendrillon.

On réutilise les chaussures usées

• Au jardin

Vos bottes en caoutchouc impression panthère prennent l'eau et vos Doc Martens roses font un peu has been et les brodequins de Raymond sont en fin de course. En souvenir du bon vieux temps, plutôt que de les jeter, transformez-les en pots de fleurs. Et les bottes usées de toute la famille pendant que vous y êtes. Retirez les lacets des chaussures, ouvrez-les bien et tirez la languette vers l'extérieur. Versez environ 5 cm de gravier d'aquarium dans les bottes et les chaussures pour faire une couche drainante, recouvrez de 5 cm de terreau et faites vos plantations. Alignez cette collection sur des étagères. Effet garanti.

D'ailleurs, vous pouvez continuer sur votre lancée et faire quelques plantations dans de vieilles baskets ou des escarpins.

• Pour jouer avec Sweetie

Les chiens adorent ronger les chaussures – mais surtout vos plus jolis escarpins – et jouer avec. Mais que cela ne vous empêche pas de lui proposer une ballerine avachie.

On jette à la poubelle

Nike recycle les chaussures de toutes les marques Nike Reuse-A-Shoe, un programme qui les transforme en Nike Grind, matériau utilisé pour des terrains de sport, des aires de jeux et même des nouveaux produits comme des chaussures et des vêtements. Malheureusement, il n'existe pas de point de collecte France. Alors, c'est la poubelle. Idem pour les chaussures de cuir trop abîmées vont à la déchetterie. On ne les abandonne pas n'importe où et on ne les jette pas dans la nature parce qu'elles mettent entre 25 et 40 ans à se décomposer.

Le linge de maison

Draps

La tante Hortense vous a donné des draps en coton et en lin impeccables. À défaut de vous faire une robe de bal avec les draps en percale, transformez-les en :

• Drap-housse

Transformez quelques draps en draps housse en posant le drap à l'envers sur le matelas. Épinglez les quatre côtés pour ajuster le drap sur le matelas. Marquez la taille des carrés à couper dans chaque angle. Retirez le drap, coupez ce qu'il faut et faites vos coutures. Puis faites un ourlet à la base de chaque angle pour y passer un élastique.

• Housse de couette

Avec deux draps, vous pouvez faire une housse de couette rapide. Il suffit de les mettre à l'endroit et de coudre trois côtés. Dans le bas, mettez des pressions, des rubans ou des boutons et des boutonnières pour fermer la couette.

• Housse de planche à repasser

Profitez-en pour relooker votre planche à repasser. Démontez l'ancienne housse qui vous servira de modèle pour la nouvelle. Que dis-je ? Les nouvelles ! Pourquoi se priver.

• Doublure de tiroir, d'armoire ou de placard

Même après un récurage en règle, les tiroirs de la commode achetée aux puces ne sont pas engageants. De jolis draps désaffectés vont changer ça en quelques coups de ciseaux et d'agrafeuse. Après ce ravalement miraculeux, Raymond pourra y ranger ses chaussettes en toute sérénité.

• Nappe de jardin

Coupez le drap aux dimensions de la table, faites un ourlet et si la table a un trou au milieu pour y glisser un parasol, n'oubliez pas de découper un trou et de l'ourler, ça évitera à Thierry d'avoir à transpercer sauvagement la nappe. Faites une petite poche aux quatre coins de la nappe, sur l'envers pour y glisser des galets. Ça évitera à la nappe de se soulever au moindre souffle de vent.

- **Toile de parasol**

Rénovez la toile de votre parasol. Démontez la toile de l'ancien parasol qui vous servira de modèle pour découper et assembler les draps sélectionnés pour cet usage. Assemblez les morceaux et fixez-les sur la carcasse du parasol. Maintenant, ô comble du raffinement, vous avez un parasol assorti à votre nouvelle nappe.

- **Coussins pour sièges de jardin**

C'est l'occasion de remplacer les housses défraîchies des chaises et des fauteuils de jardin.

- **Rénovez les chiliennes**

Retirez la toile passablement passée de l'ancienne chilienne. Coupez le drap en double – une seule épaisseur n'est pas assez solide – aux dimensions de la toile à changer. Faites les coutures pour assembler les deux épaisseurs et fixez sur la chilienne avec une agrafeuse.

- **Taies d'oreiller et torchons**

Les parties qui ne sont pas usées peuvent être recyclées en taies d'oreiller ou en torchons de vaisselle. Un petit ourlet autour et en deux temps et quatre mouvements, vous avez un joli torchon.

- **Sacs pour les cadeaux.**

Fabriquez des emballages réutilisables si pratiques pour emballer vos cadeaux. Découpez deux carrés ou deux rectangles, découpez un côté des deux carrés avec des ciseaux à cranter. Ces côtés seront le haut de votre pochette. Épinglez et cousez les trois côtés, repassez. Mettez votre cadeau dans sa pochette et fermez avec un joli ruban ou un lien de raphia ou un bout de dentelle. La personne à qui vous avez offert le cadeau pourra utiliser ce sac en voyage pour y ranger ses chaussures ou ses dessous à laver dans une valise.

- **Sac à chaussures**

Coupez deux rectangles. Faites un ourlet assez large pour y glisser un cordon. Laissez une petite ouverture assez large pour y passer une petite épingle de sûreté et le cordon. Épinglez et cousez les deux bouts de tissu. Passez le cordon. Mettez à l'endroit, repassez et voilà, vous avez un petit sac de voyage coquet pour vos escarpins.

- **Toile d'artiste**

Les draps de lin peuvent aussi refaire leur vie comme les draps de coton, mais en plus, ils peuvent faire une carrière artistique. Et, les plus chanceux peuvent finir au top et peut-être dans la gloire comme toile de peintre. C'est une carrière dont on ne parle pas assez. Qui saura jamais combien de chefs-d'œuvre ont été peints sur les draps de la grand-mère de Rembrandt, de Johannes et de ce pauvre Vincent ?

Les taies d'oreiller

Les taies d'oreiller usées sont très pratiques pour la lessive. Mettez les collants et les chaussettes dans une taie que vous n'oubliez pas de fermer et les soutiens-gorge dans une autre taie.

Les vieilles nappes

Les vieilles nappes peuvent elles aussi passer par la case torchon avant celle des chiffons.

Les serviettes éponge et les draps de bain

Ceux que vous ne pouvez pas donner rendront quelques services supplémentaires comme :

- **Gants de toilette**

Que celles et ceux qui font une grande consommation de gants de toilette n'hésitent pas à en couper dans les serviettes.

Les rideaux, les voilages, les couvertures et les couettes

On recycle le plus souvent vers le bas : les draps deviennent des torchons et les torchons des chiffons. Mais on peut aussi recycler vers le haut, les faire monter en grade – *upgrade* en anglais. Rappelez-vous les fameux rideaux verts que Scarlett O'Hara fait transformer en robe de bal par Mama ou les rideaux que Fräulein Maria, dans *La Mélodie du Bonheur,* transforme en vêtements de jeu pour les enfants du Capitaine Von Trapp. Lancez-vous :

Les rideaux et les nappes au crochet

C'est le moment de transformer les nappes et les rideaux au crochet de tante Hortense en débardeur, en tunique ou robe. Et rien ne vous empêche de les teindre avant de les lancer dans leur nouvelle vie.

Les voilages

Lorsque vous en avez assez de les voir aux fenêtres, vous pouvez les récupérer pour faire la danse des sept voilages ou comme voile sur un casque, si vous envisagez un safari ou alors :

- **En couture**

Comme la créatrice irlandaise Eva Maguire qui en fait de petites robes style *baby doll* ou la robe tutu de Marilyn sur l'une des photos de Milton Green. Vous pouvez aussi en faire des jupons pour faire des jupons gonflants. Vous pouvez aussi en recouvrir une robe et broder des perles.

Si le voilage est très fin, ou si vous avez du tulle arachnéen, osez, comme Karl Lagerfeld pour Chanel, recouvrir un jean avec du tulle.

- **Au jardin**

  Fruits et légumes

Protégez les fruits et les légumes des appétits des oiseaux en les recouvrant de vos vieux voilages.

Voile paillage

Vos vieux voilages, perméables à la lumière, à l'air et à l'eau, assurent en même temps une protection efficace contre la chaleur, le vent, la pluie battante et le gel à vos plantations. Recouvrez les légumes, salades, fines herbes, fraisiers et autres plantes au ras du sol avec les voilages et fixez-les au sol avec de petits piquets.

Housse de voilage

Et pour les arbustes, les plants de tomate, ceps de vignes, aubergines, fabriquez de petites housses cousues sur trois côtés avec une cordelette dans le bas pour les resserrer en cas de besoin.

Don aux associations

Si vous n'envisagez pas de vous faire une robe du soir ou autre chose avec ces articles en bon état, offrez-les aux habitués : Emmaüs, Le Relais, le Secours Catholique, le Secours populaire et l'armée du Salut.

Pour le confort des chiens et des chats

Contactez SOS animaux ou les refuges d'animaux près de chez vous pour leur proposer des gants de toilette en éponge, des serviettes de bain, des vieux vêtements : pulls, T-shirts et sweats, vieilles couvertures ainsi que des croquettes, des pâtées et des barquettes en plastique pour les repas de leurs pensionnaires.
Mais que deviennent les vieux torchons ? Parfois ils redeviennent une magnifique robe du soir. C'est le pari tenu d'un créateur australien Carlos Bouman[8]. Il a récupéré plus de 100 torchons en service, des draps, des moustiquaires qu'il a demandés à sa famille et à ses amis. Puis il les a teints et cousus. Trois cents heures de travail plus tard, le miracle s'est produit et le chef-d'œuvre de Carlos a été primé par le Powerhouse Museum de Sydney et exposé à la Grafton Regional Gallery. Si ce n'est pas un conte de fée pour ces torchons, on veut bien être pendue !

> ⚠ Quant aux chiffons, vêtements très usés, vieux linge de maison, vieilles couvertures, ils sont recyclés en isolant écologique via la filière de recyclage d'Emmaüs : Le Relais.

8. http://www.brisbanetimes.com.au/news/fashion/recycled-dishcloth-gown-cleans-up/2009/04/03/1238261799395.html

Produits d'hygiène et de beauté

Une brosse à dent usée, un démaquillant qui irrite votre peau ou un shampooing qui ne tient pas ses promesses de faire briller vos cheveux comme un miroir... avant de jeter, réfléchissez. Ils peuvent sans doute être réassignés à une autre mission qu'ils effectueront pour votre plus grande satisfaction.

Brosse à dents

Nous parlons ici des bonnes vieilles brosses à dents traditionnelles pas des brosses électriques qui font partie de la famille des DEEE ou Déchets d'Équipements Électriques et Électroniques et qui sont donc strictement encadrées au sujet de leur récupération.

Environ 109 millions de brosses à dents traditionnelles ont été vendus chaque année en France[9]. Et ce chiffre sur 2 brosses à dents annuelles, ce qui est sans doute largement en dessous des quantités qui finissent à la poubelle. Eh oui, c'est leur triste destin – point de recyclage pour elles. Mais vous pouvez prolonger leur carrière après leur travail bucco-dentaire pour d'humbles tâches comme :

9. NIELSE, 2005.

- **Nettoyer**

Les bijoux

Elles ne seront pas trop dépaysées si vous n'oubliez pas d'utiliser un peu de dentifrice pour cette opération de nettoyage.

Les brosses et les peignes

Les brosses à dents usagées peuvent être réutilisées facilement pour nettoyer les peignes et les brosses à cheveux. Il suffit de les tremper dans une eau savonneuse et de récurer.

Les bandes velcro

Finalement, rien de mieux pour enlever les charpies et autres impuretés qui encombrent toujours les bandes velcro.

Les chaussures en daim

- Trempez la brosse à dents dans un mélange d'eau et d'ammoniaque en quantités égales. Séchez immédiatement la chaussure avec un chiffon.
- Pour faire disparaître les taches de graisse sur des chaussures en daim, frottez les taches avec une brosse à dents trempée dans du vinaigre ou de l'éther.

- **Les métaux**

L'argenterie

Astiquez l'argenterie avec du dentifrice. Pour frotter dans les recoins, utilisez une vieille brosse à dents. Rincez, essuyez et faites briller.

Le bronze

Éliminez le vert-de-gris en brossant vos bronzes avec une brosse à dents trempée dans du vinaigre additionné de sel fondu. Rincez et séchez.

Le lave-linge

La brosse à dents usagée est très utile pour déloger des résidus de savon dans les endroits difficiles d'accès du lave-linge. Elle peut les atteindre facilement et peut servir à nettoyer le filtre central.

La robinetterie

Vous pouvez, par exemple, nettoyer les incrustations au sein des joints de votre baignoire ou autour des robinets.

- **Planter les graines**

Les vieilles brosses à dents sont, entre autres, des outils de jardinage exceptionnels. Utilisez le manche pour faire un joli trou pour accueillir vos graines. Une fois la graine en place, utilisez la brosse pour la recouvrir délicatement de terre d'un joli mouvement souple et gracieux du poignet.

On recycle

Une Américaine a recyclé des brosses à dents depuis plus de 20 ans pour faire des aiguilles pour fabriquer des tapis de chiffon[10] jusqu'au jour funeste où les fabricants de brosses à dents ont supprimé le trou dans les manches de brosses à dents. Depuis, elle a appris à mouler ses aiguilles elle-même.

Si vous avez des idées pour utiliser les manches, pour leur donner une autre forme, retirez les poils et plongez les manches, un à la fois, dans l'eau bouillante pendant 1 minute. Normalement, il devrait être flexible. Si ce n'est pas le cas, laissez-le un peu plus longtemps. Sortez-le de son bain avec des pinces en évitant de vous ébouillanter. Enfilez des maniques et pliez pour lui donner la forme voulue et laissez refroidir.

On jette à la poubelle

La bonne vieille brosse à dents traditionnelle est entièrement constituée de plastique. Depuis 10 ans, la tendance est aux brosses flashy multicolores et bi-composites pour faire, par exemple, une poignée ergonomique. Ce mariage de composants mixtes interdit tout recyclage. Seules les brosses à dents mono-composite, avec un manche d'une seule couleur et pas du tout ergonomique, sont recyclables mais elles ne sont pas recyclées. Aucun programme de tri n'est envisagé pour elles. Elles atterrissent donc avec les autres en tant que déchets ménagers, directement dans l'incinérateur où elles fondent dans des souffrances atroces.

10. http://www.auntphillys.com/html/products.html

Dentifrice

Le dentifrice blanc surpuissant que vous avez acheté l'est tellement, que vous ne pouvez pas vous en servir pour l'hygiène bucco-dentaire sans vous mettre les muqueuses en feu. Donnez-lui l'occasion de décaper des choses moins fragiles et de vous épater :

Pour nettoyer les mains, les pieds, la racine des cheveux, les bijoux, l'argenterie, la robinetterie, les miroirs et les vitres, les meubles en bois, les touches de piano, le verre rayé, etc.

Pour rebouchez les trous et soignez vos bobos, afin de ne pas nous répéter, consultez *le Dictionnaire à tout faire*, du même auteur.

Lait démaquillant et le lait pour bébé

Votre dernier achat irrite votre peau ou celle de bébé. C'est sûr vous ne rachèterez plus cette marque maudite. Ne les bannissez pas pour autant. Confiez-leur l'entretien de la maroquinerie. Vous verrez, ils sont très performants pour nettoyer et nourrir tous les cuirs, du canapé du salon aux chaussures. Et épatants pour détacher et nourrir des chaussures en cuir blanches.

Lait solaire

L'année dernière, les vacances ont été trop courtes et l'été trop pourri pour utiliser votre stock de produits solaires. Et maintenant ils sont périmés. Donnez-les à Raymond. Pas pour se protéger des rayons de l'astre du jour, mais pour ses travaux de nettoyage et de bricolage.

Nettoyer

- **Les mains**

  L'encre

Passez un peu de lait solaire sur les mains pour faire disparaître les taches d'encre.

La peinture
C'est aussi efficace mais tellement moins agressif que l'essence de térébenthine pour retirer la peinture sur les mains et ça sent moins mauvais. Et la prochaine fois, il n'aura qu'à mettre des gants.

- **Les chaussures vernies**

Ses chaussures de gala sont rayées, sans doute par l'affreuse harpie avec laquelle il a dansé toute la soirée. La prochaine fois, il n'aura qu'à danser avec vous. En attendant, dites-lui de frotter les rayures de ses chaussures avec du lait solaire.

- **Le goudron sur la voiture**

Un peu de lait solaire sur un chiffon doux et quelques gestes concentriques savamment appliqués sur les traces qui fâchent suffiront à rendre le sourire à Raymond.

- **Les traces de bougie sur les meubles en bois**

Retirer délicatement la cire et frottez avec le lait solaire pour effacer les traces de ce regrettable accident.

- **Les traces de colle laissées par les étiquettes sur le verre, le métal et le plastique**

- **Les taches de graisse sur le formica**

Faites disparaître les vilaines taches de graisse sur les surfaces en formica en attaquant de front avec du lait solaire sur un chiffon.

- **Les taches d'encre sur les surfaces en vinyle**

Même traitement pour les taches d'encre sur les surfaces en vinyle.

- **La sève sur les sécateurs et les cisailles**

Le lait solaire périmé est parfait pour nettoyer la sève sur les sécateurs et les cisailles.

Mousse ou crème à raser

La mousse – ou la crème – à raser trop parfumée aux senteurs marines donne la nausée à Raymond. Si elle est blanche, vous pouvez la recycler en produit nettoyant et dégrippant. Si elle n'est pas blanche, direction la poubelle, sauf si vous connaissez des amateurs de senteurs fortes.

Pour les cheveux

Un peu de mousse à raser vous permettra de discipliner vos cheveux. Et si vous voulez une coiffure vraiment figée façon Margaret Thatcher pendant ses heures de gloire, passez un coup de sèche-cheveux sur la mousse à raser. Votre brushing résistera à tout, même aux bombes.

Pour détacher

Attaquez les taches rebelles sur les vêtements et les tapis avec la mousse à raser. Elles se rendront sans rémission.

• Betterave

Vaporisez la tache avec de la mousse à raser. Rincez avec de l'eau gazeuse. Mettez les vêtements au lave-linge et laissez les tapis là où ils sont.

• Boue

Appliquez une belle noix de crème à raser sur les taches et frottez jusqu'à ce qu'elles disparaissent. Rincez avec de l'eau gazeuse. Passez les vêtements au lave-linge.

• Café et thé

Épongez et vaporisez la tache avec de la mousse à raser, laissez agir, frottez avec un chiffon humide. Recommencez jusqu'à disparition de la tache et rincez avec de l'eau gazeuse. Passez les vêtements au lave-linge.

• Fond de teint

Épongez ce que vous pouvez et recouvrez la tache avec de la mousse ou de la crème à raser. Laissez agir, frottez avec un chiffon humide. Recommencez jusqu'à ce que le fond de teint ait disparu. Rincez à l'eau gazeuse. Passez les vêtements au lave-linge.

- **Graisse**

Recouvrez la tache avec de la crème à raser, frottez avec une brosse douce et rincez avec de l'eau gazeuse. Passez les vêtements au lave-linge.

Pour désodoriser

Pour diminuer l'odeur de la transpiration dans les équipements sportifs, se laver les mains et les pieds avec de la crème à barbe en gel avant et après l'utilisation. Ce truc est excellent pour les joueurs de hockey.

Pour nettoyer

- **Les meubles de jardin**

Vaporisez la mousse sur les meubles, frottez avec une brosse ou une éponge grattoir et rincez.

Pour bricoler

- **Bannissez la buée**

Sur les lunettes de sécurité et les lunettes de ski

Ne faites pas l'impasse sur les lunettes de sécurité pour bricoler en prétextant, comme Stéphane, qu'elles s'embuent. Pour y remédier, frottez simplement l'intérieur des verres avec un peu de mousse à raser. Faites bien briller pour qu'il ne reste aucune trace et chaussez les lunettes, ça vous évitera de vous retrouver aux urgences avec un éclat de carrelage dans l'œil.

Plus de miroir ni de vitres embués

Frottez le miroir et les vitres avec une petite noix de mousse à raser sur un chiffon doux et dites adieu à la buée pour deux ou trois semaines.

Plus de pare-brise embué

Le grand-père de MacGyver utilise plutôt de la mousse à raser pour faire la même chose. Chacun sa spécialité.

- **Lubrifier les gonds**

Mettez fin aux horripilants grincements des portes dans leurs gonds en les lubrifiant. Retirez un gond à la fois et vaporiser, de la mousse à raser. Remettez en place et savourez le silence.

- **Nettoyer les mains**

La graisse

Il faudrait toujours avoir une bombe de mousse à raser dans votre mallette ou votre cabane. Prenez l'équivalant d'une noix, frottez. Et en un clin d'œil et sans eau, la saleté disparaît. Un vrai miracle!

La peinture au latex

Frottez-vous les mains avec une petite noix de mousse à raser pour faire disparaître en un clin d'œil les traces de peinture au latex sur les mains ou ailleurs.

Shampooing

Maintenant que Raymond n'a plus de mousse à raser, comment va-t-il se raser en attendant que vous fassiez les courses? Pas de panique! Il y a justement ce shampooing qui n'a pas tenu ses promesses de brillance sublime et qui en plus attaque votre cuir chevelu. Donnez-le à Raymond pour se faire une peau glabre comme celle d'un jeune légionnaire. Et conservez le reste pour:

Nettoyer les mains, la vaisselle, la baignoire, les taches (cambouis, chocolat, graisse et huile, jus d'orange, rouge à lèvres, etc), blanchir les meubles en rotin...
Pour en savoir plus, consultez le « *Dictionnaire à tout faire* » du même auteur.

Après-shampooing

Le shampooing qui vous a déçue, son cousin l'après-shampooing de la même marque n'a pas fait mieux. Allez haut les cœurs, on va le recycler lui aussi en:

Produit de beauté et de soin

• Démaquillant d'urgence

Décidément, la gestion des stocks n'est pas notre fort. Une fois de plus, c'est la panne de démaquillant. Enfin bon, il vaut mieux que ce soit ça qu'une panne d'Internet ou de voiture. C'est le moment de tester les pouvoirs démaquillants de l'après-shampooing. Et, là ô, miracle, ça marche aussi bien qu'avec du vrai.

Et aussi pour les lèvres, les jambes, les pieds, pour retirer un sparadrap sans douleur ou retirer une bague coincée.

Pour la maison

Les fermetures Éclair®, le cuir, le bois, le métal (argenterie et chrome) et nos plantes vertes apprécieront cet après-shampooing. (voir « *Dictionnaire à tout faire* » du même auteur)

Pour bricoler

• Antirouille

Évitez que les vis, écrous et autres boulons ne rouillent et ne se retrouvent collés ensemble pour l'éternité, en mettant une fine couche d'après-shampooing sur les deux parties avant de les visser. La séparation se fera sans douleur le moment venu.
Empêchez les outils de rouiller avec une fine couche d'après-shampooing.

• Lubrifiant

Les gonds

Mettez fin aux horripilants grincements des portes dans leurs gonds en les lubrifiant. Retirez un gond à la fois et frottez-le entièrement avec l'après-shampooing.

Les joints de tuyaux

Pour les empêcher de rouiller et pour les visser plus facilement, enduisez-les d'après-shampooing.

Les tiroirs sur roulettes

Un petit traitement à l'après-shampooing transformera les tiroirs récalcitrants et les fera glisser… comme sur des roulettes.

Le rideau de douche

Glissera aussi bien que Candeloro sur la glace avec quelques gouttes d'après-shampooing.

La peinture

• Protéger les mains

Avant d'entreprendre des travaux de peinture ou de vous mettre les mains dans le cambouis, massez-les avec un peu d'après-shampooing. Cette sage précaution vous évitera d'utiliser des solvants pour les nettoyer lorsque vous aurez terminé.

Protégez les fenêtres, les poignées et tout ce que vous voulez avec une couche protectrice d'après-shampooing. La peinture n'adhèrera pas sur ces surfaces. Lorsque vous finissez vos travaux de peinture, il ne vous restera plus qu'à essuyer l'après-shampooing avec un petit chiffon.

Le sport

• Les clubs de golf

Même si vous n'êtes pas un Tiger Woods, vous éblouirez vos concurrents sur le *green* avec vos clubs rutilants. Et pour obtenir ce résultat, il suffit de les frotter avec l'énergie du désespoir et quelques gouttes d'après-shampooing sur un chiffon propre.

• Les rollers, les roues des skateboards et les chaînes de vélo

Se porteront mieux si vous les lubrifiez avec de l'après-shampooing.

Les chevaux

Démêlez la crinière et la queue de Cheyenne le poney avec de l'après-shampooing.

Et maintenant qu'il a meilleure allure, n'oubliez pas de faire reluire ses sabots avec quelques gouttes d'après-shampooing.

Les produits à usage unique

Ils sont rarement recyclables. Préférez les rasoirs rechargeables aux rasoirs jetables.

Les médicaments

Selon le communiqué de presse des Entreprises du médicament : « Les Déchets issus de Médicaments, qui émanent des ménages, représentent environ 70 000 tonnes par an, soit 0,3 % des déchets ménagers et 1 % des déchets d'emballages ménagers[11]. » Rien d'étonnant, les Français sont les plus gros consommateurs de médicaments.

On ne plaisante pas avec ces produits et on ne les jette pas n'importe où. En citoyens responsables, on les rapporte à la pharmacie, sauf l'aspirine périmée qui nous rend bien des services lorsqu'elle est recyclée en :

Produit de beauté et de soin corporel

- **Les cheveux**

  Shampooing antipelliculaire

Sauf si vous êtes allergique à l'aspirine, fabriquez votre shampooing antipelliculaire en ajoutant 1 aspirine écrasée et dissoute dans un peu d'eau à votre shampooing habituel.

11. http://www.info-veille-biotech.com/site/fichiers/fichiers88/leem_environnement.doc

- **Les courbatures**

Vous avez fait des folies de votre corps et maintenant vous avez des courbatures. Il ne vous reste plus qu'à plonger vos pauvres muscles endoloris dans un bain chaud additionné d'un tube d'aspirine effervescente.

- **Les cals**

Éliminez les cals qui défigurent honteusement vos pieds en les recouvrant avec un mélange d'aspirine et de jus de citron. Cachez le tout sous un pansement pudique. Répétez la procédure aussi longtemps que nécessaire.

- **Les verrues**

Attaquez sans pitié une vilaine petite verrue avec 1 aspirine que vous passez sous l'eau pour mieux l'écraser et l'appliquer sur la disgracieuse excroissance. Recouvrez ce triste spectacle avec un sparadrap. Et renouvelez ce traitement jusqu'à ce que mort s'en suive – pour la verrue, évidemment !

Pour la maison

- **Les cocottes et les casseroles**

Détachez la graisse brûlée pendant votre dernier désastre culinaire avec de l'eau bouillante, 6 aspirines effervescentes et un trait de vinaigre. Laissez agir pendant 1 heure au moins et frottez.

- **La lessive**

Ravivez le blanc de chaussettes des pauvres chaussettes grisâtres ou jaunâtres de Raymond en ajoutant 1 ou 2 aspirines à votre lessive.
Pour laver plus blanc que blanc, mettez 1 ou 2 aspirines dans votre lave-linge.

- **Les plantes**

Une fois par mois, faites dissoudre une aspirine dans 1 tasse d'eau pour nourrir vos plantes, elles seront en pleine forme.

L'aspirine stimule la croissance des plantes, encourage la floraison, décourage les champignons et les ravageurs et en plus, elle a de vertus anti-âge qui ralentissent le vieillissement des plantes. Bref, l'aspirine, c'est une vraie cure de beauté pour les plantes du jardin et les plantes d'intérieur.

Prévoyez une dose de ce traitement miracle tous les deux mois. Faites fondre ¾ de cachet d'aspirine non pelliculé – l'aspirine de base, la plus ordinaire – dans une tasse d'eau. Ajoutez cette mixture à 4 litres d'eau et vous avez votre traitement de beauté.

Si vous semez directement dans le jardin sans passer par l'étape du bac à semis, alors rien de tel que l'aspirine pour encourager la germination. Faites fondre ¾ de cachet d'aspirine non enrobée ou effervescent dans 4 litres d'eau, ajoutez 1 cuiller à café de savon liquide ou de liquide vaisselle pour une meilleure adhérence de l'aspirine sur les feuilles. Vaporisez vos plants avec ce dopant toutes les 3 semaines. Ça marche pour toutes les plantes d'intérieur et d'extérieur, de l'orge aux orchidées. Même les concombres peuvent être soignés à l'aspirine

Lorsque vous mettez vos plants de tomates en terre, n'oubliez pas de glisser un cachet d'aspirine à côté des racines.

On rapporte à la pharmacie

« Parmi les déchets issus de Médicaments, on trouve essentiellement (plus de 90 % en masse) des emballages : des papiers et cartons (notices, étuis...), du verre (ampoules, flacons...), du plastique (blisters, tubes...), de l'aluminium (tubes, blisters, bombes aérosol...). Rapportez les médicaments périmés ou non utilisés sans la boîte et sans la notice[12]. »

Votre pharmacien préféré reprendra :

- **Les pilules, comprimés, suppositoires et capsules Non consommés dans leurs blisters.**

- **Les restes de pommades, de crèmes et d'onguents dans leurs tubes.**

12. http://www.info-veille-biotech.com/site/fichiers/fichiers88/leem_environnement.doc

- **Les restes de sirops et médicaments liquides (gouttes pour le nez ou les oreilles) dans leurs flacons.**

- **Les restes de sprays et d'aérosols dans leurs flacons.**

Mais il ne reprendra pas les emballages

C'est à vous de mettre :

Les bouteilles en verre avec le verre à recycler.

Les blisters et emballages en plastique à la poubelle avec les déchets ménagers.

Le papier et boîtes en carton avec le papier et le carton à recycler.

Il ne reprendra pas non plus

Les restes de pesticides, herbicides, engrais artificiels, produits chimiques qui sont à mettre avec les petits déchets dangereux.

Les aliments pour adulte et pour bébé, les plantes et les vitamines qui sont à jeter avec les déchets ménagers.

La vaisselle et les ustensiles divers et variés

La vaisselle, les ustensiles de cuisine et ménagers ainsi que les outils sont d'excellents candidats à l'*upcyclage*. Et ça ne date pas d'hier. Songez donc que grand nombre de ces humbles objets ont été *upcyclés* en instruments de culte. Le gobelet est devenu un calice, le chaudron a été récupéré par les druides et les sorcières pour préparer leurs potions magiques. Les artistes aussi les ont détournés, comme Calder avec de merveilleux mobiles cafetières ou Maurizion Lamponi Leopardi avec sa lampe-cafetière[13] et ses cousines transalpines baptisées « Les Demoiselles de Rochefort[14] » *« Goûter chez Françoise*[15] *»*, réalisée par le fabuleux créateur Gilles Eichenbaum, alias GARBAGE[16]. Les créateurs autrichiens Paul Kogelnig et suisse Gabriel Heusser transforment des vieux couteaux en ouvre-boîtes[17]. Selon eux « le futur de la production de masse est la customisation de masse. »
Dépareillés, ébréchés, cassés, nos ustensiles ont encore une belle carrière devant eux.

13. http://www.lamponislamps.com/moka29.html
14. http://www.garbage-vpot.com/disponibles_372_1.html
15. http://www.garbage-vpot.com/nouveautes_391_1.html
16. http://www.garbage-vpot.com/gilles.html
17. www.pervisioni.it

Les couvercles

On les tape l'un contre l'autre pour faire du bruit dans les manifestations et de la musique dans les orchestres de lutherie sauvage.

Les couverts

Le créateur Osian Batyka-Williams, a eu la bonne idée de collectionner tous les couverts en acier qu'il a pu trouver pour en faire des meubles magnifiques. On ne lui demandera pas s'il les a piqués à la cantine ! Et oui, on peut s'asseoir sur ses chaises[18], mais il vaut mieux porter un jean.
Avant de vous attaquer aux couverts, dépareillés certes mais très généreusement poinçonnés de tante Honorine, vérifiez que ce ne sont pas des antiquités rares.

On les utilise pour bricoler

- **Des bijoux**

Tordez une cuiller ou une fourchette en argent pour en faire un bracelet.

- **Des instruments de musique**

Tapez deux cuillers en métal ou en bois dans votre orchestre de lutherie sauvage.

- **Un luminaire**

Relookez une suspension style chandelier en remplaçant les pampilles par des couverts.

- **Des patères**

Recourbez-les, donnez-leur des formes différentes pour en faire des patères personnalisées et distinguées.

- **Des poignées**

Incurvez des couteaux et des cuillers pour customiser les portes et les tiroirs.

18. http://www.osianbatykawilliams.com/Cutlery%20Page%201.html

• Un carillon de jardin

Prenez une vieille casserole, percez un trou sous le bord de la casserole diamétralement opposé au manche. Puis faites deux autres trous de part et d'autre de ce trou central, à 5 cm d'intervalle. Passez un fil nylon dans un écrou, rassemblez-le et faites passer les deux extrémités du fil dans l'un des trous percés dans la casserole. Enfilez quelques grosses perles en verre sur le fil puis attachez une cuiller dont vous avez percé le haut du manche. Faites la même chose avec des couteaux, des fourchettes et des cuillers que vous installez dans les autres trous. Accrochez ce carillon qui bougera au gré du vent.

On les utilise pour peindre

Les cuillers font des palettes très pratiques. Mettez un peu de peinture dans la cuiller et testez !

On les utilise pour sculpter

Mettez des fourchettes, des cuillers et les couteaux à beurre dans votre kit de sculpteur. Ils sont épatants pour travailler l'argile.

On les utilise pour les pique-niques

Mettez les couverts dépareillés dans la mallette des pique-niques. Enveloppez chaque set – un couteau, une fourchette et une cuiller – dans une serviette.

On évite les couverts en plastique ou alors, on les réutilise aussi longtemps que possible pour les pique-niques et les goûters d'anniversaire.

On les utilise pour jardiner

• Pour les plantations

Mettez les couverts déclassés dans le garage ou la cabane du jardin pour les plantations. Les cuillers vous serviront à mettre la terre dans les pots et les fourchettes à la mélanger.

• Pour arracher les mauvaises herbes

Les fourchettes sont parfaites pour enlever les mauvaises herbes et retourner la terre dans les endroits où les outils de jardin ne passent pas.

- **Comme tuteur**

Utilisez des fourchettes comme tuteurs pour les tomates – ou d'autres plantes. Enfoncez les dents dans la terre et attachez le plant de tomate au manche sans trop serrer.

- **Comme marque-plante**

On utilise les couverts en plastique comme marque-plante. Ces petits pense-bêtes sont indispensables pour se souvenir de ce qu'on a planté !

Les égouttoirs

Recyclez un vieil égouttoir rouillé en cage de protection pour herbe à chat. L'herbe poussera rapidement pour cacher l'égouttoir. Le chat pourra en prendre mais ne pourra plus arracher les plants.

Les cuillers à mesurer

Faire de la musique

Secouez-les dans votre orchestre de lutherie sauvage.

Les friteuses

Friteuse et son huile

Ne jetez pas votre vieille et laide friteuse. Gardez-la avec son huile usagée pour nettoyer et graisser vos outils.

- **Panier de friteuse**

Un panier de friteuse à la retraite peut reprendre du service comme panier suspendu. Tapissez-le de mousse pour l'esthétique, recouvrez la mousse avec un sac plastique, puis mettez un bout de moquette, de serpillère ou de vieux pull pour retenir l'eau. Recouvrez de terre et plantez des amarantes par exemple. Elles poussent facilement, sont résistantes et superbement spectaculaires.

Les moules à flan

Percez le fond d'un grand moule à flan ondulé pour en faire un abat-jour et d'un petit moule pour l'installer contre le plafond afin de cacher la prise.
Vous pouvez aussi l'associer à une vieille cafetière pour en faire l'une des Demoiselles de Rochefort[19] de Garbage.

Les passoires

Accessoires pour se déguiser

Les vieilles passoires plus très fréquentables pourront être reconverties en casques. Les passoires en aluminium ont toujours beaucoup de succès dans ce rôle. Quant aux passoires avec un manche et une grille fine, ce sont des masques d'escrimeur pour les duels avec les épées en carton.

Les plus belles font des luminaires, comme celui de Gilles Eichenbaum, alias GARBAGE[20], intitulé « Nouilles au beurre[21]. »

Les entonnoirs

Depuis le *Magicien d'Oz*, on sait que les entonnoirs font de coquets couvre-chefs. Et pour faire encore plus fort, imitez Gilles Eichenbaum, alias GARBAGE, qui avec un petit entonnoir sur un micro filtre à café installé sur moule à tartelettes vous fabrique un fabuleux photophore[22].

Les poêles à frire

Percez des trous dans le fond pour faire griller les marrons dans la cheminée.

19. http://www.garbage-vpot.com/disponibles_372_1.html
20. http://www.garbage-vpot.com/gilles.html
21. http://www.garbage-vpot.com/nouveautes_401_1.html
22. http://www.garbage-vpot.com/nouveautes_376_1.html

Les spatules

Nettoyage des gouttières

Une nouvelle spatule est arrivée dans vos foyers. Ne jetez pas l'ancienne à la poubelle. Mutez-la pour raison de santé dans la cabane du jardin. Elle sera assignée au massage des feuilles et des autres débris qui risquent de boucher la gouttière.

Pour bricoler

- **Lisser le mastic**

Leur grande souplesse en fait d'excellents outils pour lisser le mastic.

- **Racler les fonds de peinture**

Vous avez calculé un peu juste mais en raclant les fonds de pots vous devriez pouvoir terminer la peinture. Pour ne pas laisser perdre la moindre goutte, utilisez votre spatule en exil.

La vaisselle

Les sous-tasses ébréchées

Elles ne sont plus présentables pour officier au petit-déjeuner mais feront une belle carrière sous les pots de fleurs. Glissez la sous-tasse sous le pot de fleur en prenant soin de mettre la partie défigurée hors de vue.

La vaisselle cassée

- **Mosaïque**

Les dégâts collatéraux des catastrophes domestiques seront élevés au rang de matériau à mosaïque pour vos créations artistiques sur les tables, les cadres, les murs, pour des sculptures inspirées de Gaudi, Nicky de St Phalle en Toscane ou Nek Chand[23] dans le fabuleux Rock Garden de Chandigarh, ou, tout simplement pour paver les allées du jardin.

23. www.nekchand.com

- **Couche drainante**

La vaisselle cassée sera reclassée en couche drainante au fond des pots de fleurs et des jardinières.

On donne

La vaisselle et les ustensiles en bon état à l'entourage et aux associations comme Emmaüs, le Secours populaire, le Secours catholique, etc. dont vous trouverez les adresses dans l'Annexe.

On envoie à la déchetterie

On confie tout le reste aux ordures.

Les bassines en zinc

Installez des pots de fleurs dans une vieille bassine en zinc ou plantez des tomates dedans.

Les lessiveuses

Les vieilles lessiveuses sont très recherchées depuis que les gourous de la déco branchée les transforment en tabourets. Une autre fin de carrière possible, au grand air cette fois-ci, c'est celle de récipient pour planter des tomates.

La planche à laver

Si votre arrière-grand-mère vous a légué sa planche à laver ou si votre chéri est *washboardiste* dans un orchestre de jazz tendance *New-Orleans*, c'est l'outil rêvé pour récolter les graines de tournesol. Mettez un CD du Washboard Chaz Trio, (si vous n'en avez pas, vous le trouverez sur *YouTube*) et suivez le rythme pour frotter la tête de tournesol sur la planche.

Les poubelles

La noble invention d'Eugène Poubelle dépasse depuis longtemps ses fonctions de récolteur des résidus. Utilisez-les pour :

Planter des pommes de terre

Si votre jardin est trop petit pour y planter des pommes de terre, utilisez des poubelles.

Planter le bambou

Enterrez les poubelles percées pour y planter des bambous ou autres colonisateurs enthousiastes. Elles contiendront leurs ardeurs.

Collecter l'eau de pluie

Mettez-en aux endroits stratégiques du jardin, sous des gouttières pour récolter l'eau de pluie.

Une piscine pour les oiseaux

Un couvercle de poubelle retourné fait une piscine pour les oiseaux pendant l'été.

Faire de la musique

Certains membres du gang de la lutherie sauvage font de la musique avec des poubelles et c'est une merveille.

Les seaux

Les vieux seaux en métal font de bons pots de plantation. Et ceux qui sont rouillés ne sont pas dispensés de corvée. S'ils ont des trous, tant mieux ! Ça vous évitera d'en percer.

Les meubles

Tout le monde sait quoi faire avec de beaux meubles. On les vend, on les transmet en héritage, on les offre. Ceux-là, on n'en parle pas ici. Ceux dont il est question, sont les candidats à la décharge, pas forcément abîmés, seulement un peu fragilisés, fatigués ou dont on s'est lassées. Avant de les expédier à la déchetterie et de commettre l'irréparable, réfléchissez. Ne le jetez pas car c'est LE moment de sauver les meubles ! Et si vous manquez d'inspiration, les magazines de déco vous donneront des idées. Tous les mobiliers dignes de ce nom sont *upcyclables*. Réjouissez-vous : ce recyclage créatif est le comble de la branchitude. Allez donc faire un tour chez Emmaüs Défi[24] pour constater de visu. Ceux qu'ils revendent sont des dons relookés par Eve Gasparin et son équipe de travailleurs en insertion qui décapent, poncent et peignent pour leur donner une nouvelle vie dans l'atelier Emmaüs Tribbu Déco. Un guéridon un peu déglingué faisait grise mine avant d'être pris en main pour une remise en état et un *total relooking* en table basse Bollywood rose indien, kitschissime à souhait. Un vieux cadre de lit défraichi a

24. <www.emmaus-defi.org> et adresse dans l'Annexe.

refait sa vie en jeune étagère de cuisine dynamique. L'objectif de ces opérations de reconstruction esthétique est de retaper et de recréer, avec de meubles mis au rebut et des accessoires au rancart, des objets de déco très tendance, piles dans l'air du temps et accessibles à toutes les bourses. Et ça marche ! C'est tellement *in* que même Hermès s'y met. Mais si ! Un vent de révolution souffle sur le recyclage. On oublie la version patronage, on enfile nos pantalons de combat pour rejoindre l'*upcyclage earth eco-friendly* de luxe en se faisant la main sur le vieux fauteuil style de l'un de la bande des Louis de la tante Honorine. C'est décidé, il va avoir droit à une seconde chance en une création *néo-punk* décadente inspirée d'un fauteuil savamment saccagé de chez Elegantz. On en tremble déjà d'émotion.

On donne une nouvelle vie

Si Raymond fait de la résistance pour bricoler, dites-lui qu'en ces temps de crise, le mâle est de retour – le vrai, celui qui bricole. Et pour qui « le produit » désigne quelque chose qu'il fabrique plutôt que ce qu'il met dans ses cheveux. Essayez de lui dire tout ça le plus sérieusement du monde, sans céder à votre irrésistible envie de rire. En moins de temps qu'il ne faut pour le prononcer ces mots, il se remettra au bricolage. Il fallait juste le booster un peu pour qu'il attaque :

Les chaises

Un petit coup de peinture suffit parfois pour changer ces cendrillons en reines du bal. Vous pouvez aussi les recouvrir de collages protégés par une ou deux couches de vernis ou les habiller de jolies housses avec un gros nœud ou un petit laçage dans le dos.

Les vieilles chaises de jardin en bois, en fonte ou en fer forgé rouillées et sans fond peuvent accueillir vos fleurs. Installez une vieille cuvette dans le trou du siège de la chaise et remplissez-la de pots de fleurs ou d'herbes culinaires.

La commode

Vous pouvez leur donner un mini lifting rien qu'en changeant les poignées – toutes identiques ou toutes différentes. Ou un maxi lifting en les peignant et/ou en les décorant avec des collages, des dessins au pochoir, des perles, du métal, bref avec tout ce que vous voulez.

Tiroirs

• Bacs de rangement

Si elle est vraiment trop déglinguée pour vos capacités de réparation, récupérez les tiroirs pour en faire des bacs de rangement sur roulettes.

• Étagères

Pour les faire, il suffit de les encastrer à la verticale – pas à l'horizontale comme dans leur ancienne vie de tiroirs – dans deux montants en aluminium.

• Jardinières

Au jardin, les vieux tiroirs, surtout s'ils font entre 20 et 30 cm de profondeur, sont parfaits pour planter betteraves, navets, radis et salades. C'est quand même une belle fin de vie dans un cadre bucolique.

Le lit

Un coup de bombe argenté sur les montants en métal jaune du lit et le voilà complètement méconnaissable. Sobre, distingué, plus élégant. En le regardant maintenant vous vous demandez pourquoi vous n'y aviez pas pensé avant.

Vous pouvez aussi lui mettre la tête dans une jolie housse, classique ou kitsch. Avec ce couvre-chef coquet, c'est sûr que personne ne le reconnaîtra.

Un vieux lit en métal ou en fer forgé rouillé hérité de feu votre arrière-grand-mère Gloria fera son petit effet dans votre jardin à l'anglaise. Installez une caisse en bois à la place du matelas et remplissez-la de pots de fleurs, de caisses, de paniers débordants de fleurs ou de fines herbes. Suspendez des seaux et des arrosoirs remplis de fleurs aux montants. Lâchez-vous pour faire une composition de toute beauté.

- **La tête de lit**

Une kitschissime tête de lit en fer forgé héritée de la grand-tante de Raymond est impossible à caser dans la maison et pas question de la vendre sur *eBay* sous peine de représailles. Trouvez-lui un coin dans le jardin pour accueillir force plantes grimpantes.

La table

Vous n'aimez plus votre table de salle à manger. Si c'est uniquement parce qu'elle est rayée, il suffit de cacher pudiquement ses pauvres stigmates sous une belle nappe.

Si les marques ne sont pas profondes, poncez, sinon, remplissez-les avec de la pâte à bois et repeignez-la avec une jolie laque ou et décorez-la.

Vous pouvez recouvrir les dégâts avec des collages, du carrelage, une mosaïque faite avec la vaisselle ébréchée ou des CD et DVD découpés, ou façon marqueterie avec des caisses à bois.

Ou lâchez-vous et aggravez la situation en bravant tous les interdits et en gravant dans le bois, comme sur les bancs de l'école, votre amour éternel pour Raymond avec des cœurs enlacés, d'autres transpercés de flèches ou pas, avec vos initiales et des inscriptions *« A Raymond pour la vie »*, *« peace »*, *« love »*, *« my heroe »*, etc. D'avoir une amoureuse aussi inspirée lui arrachera des larmes d'émotion.

- Coupez-lui les pieds, pas à Raymond, à la table, pour en faire une table basse et chaussez-la de grosses roulettes pivotantes. Laquez en peinture argentée pour lui donner un look minimaliste.

- Si le plateau est vraiment moche, remplissez les fissures avec de la pâte à bois et recouvrez d'un collage de bandes dessinées.

- Recouvrez-la d'une mosaïque faite avec la vaisselle ébréchée ou des CD et DVD découpés.

- Ou osez carrément la customisation façon Facteur cheval en la recouvrant de vieux jouet, coquillages et colifichets. Ou réparer les dégâts en la ponçant.

Les meubles de salle de bain

La baignoire

Vous avez une vieille baignoire avec des pattes de lion. L'intérieur est impeccable mais l'extérieur est moche. Transformez ce temple de vos ablutions en la bombant vieil or. Comme par magie, vous avez maintenant une baignoire… ancienne. Et si vous voulez du rococo, peignez-la en turquoise ou en fuchsia, avec les pattes en or.
Si l'intérieur de la vieille baignoire ébréchée en émail blanc qui trônait fièrement dans votre salle de bain est ébréché, elle finira fièrement ses jours dans le jardin. Plantez des herbes culinaires, des radis ou des fleurs dans ce monument.

Les bidets, évier, lavabo, réservoir de la chasse d'eau

On remercie Marcel Duchamp d'avoir osé détourner un urinoir pour en faire une œuvre d'art, même si ce n'est pas notre tasse de thé. Nous, on préfère rester plus classique et réaffecter toutes ces vieilleries de la plomberie au jardin. Elles couleront des jours paisibles en bacs à fleurs ou à légumes. Mettez un grillage dans le fond, des cailloux, quelques collants et c'est parti !

Poêle

Un vieux poêle à charbon ou à bois peut sans problème être recyclé dans le jardin pour y installer des pots de fleurs.

Les éléments de cuisine

Une couche de peinture sur les portes, de nouvelles poignées, des collages ou des dessins au pochoir évitent parfois la solution terminale. Si vous les changez, les étagères peuvent être récupérées pour la cave, le grenier ou le garage. Proposez-les vous ferez peut-être des heureux.

On donne aux associations

Si vraiment vous êtes sûr de vouloir vous en séparer, proposez-les à votre entourage – à la famille, aux amis, aux voisins – à votre entourage – à la famille, aux amis, aux voisins – vous ferez peut-être des heureux. Faites en don aux associations dont vous trouverez les adresses dans l'Annexe.

On confie aux encombrants

Si vous êtes sûr qu'ils ne sont plus bons à rien, vous pouvez en faire des planches pour créer d'autres meubles, ou les brûler dans la cheminée. Mais attention, pas les bois peints qui dégagent des fumées toxiques.

Ou téléphonez au service de ramassage des encombrants qui les déposera à la déchetterie. Ceux qui sont sélectionnés pour les bennes bois sont broyés finement pour fabriquer des panneaux de particules ou « agglo ».

Les accessoires et les bibelots

Les cadres

Relookez les cadres, y compris ceux des miroirs, en les bombant, en les repeignant ou en les décorant avec tout ce que vous avez dans vos tiroirs : des coquillages ou des vieilles clés, des jouets Kinder, des petites voitures cassées. Découpez des vieux CD ou DVD en petits bouts irréguliers que vous collez sur le cadre pour faire une spectaculaire mosaïque miroir. Etc.

Les vieux bougeoirs

Repeints et décorés ils peuvent être *upcyclés* en portes-bougie néobaroques ou néo-punks ou zen minimalistes.

Ou franchir le pas pour devenir une arme du futur que Bruce Willis utiliserait avec fierté pour sauver le monde. Dans les jouets cassés récupérez un manche de carabine, un bougeoir haut bien *kitsch* et un bougeoir plus court. Fixez le bougeoir long sur le manche de la carabine pour faire votre fusil. Fixez le bougeoir plus court sur le premier pour faire un viseur de fusil à lunette. Ficelez quelques câbles dorés et des morceaux d'autres jouets cassés pour décorer ce fusil futuriste.

Les carcasses d'abat-jour

Elles peuvent être rhabillées de neuf pour reprendre du service.

Sinon, elles peuvent être affectées au service de sécurité du jardin où les chats du voisin font régulièrement des cascades dans le camélia, du trampoline sur les tulipes, des acrobaties dans les arums, des saltos dans les soucis et la fiesta dans les fuchsias quand ils ne jouent pas à la balle avec vos bulbes. Pour protéger vos fleurs des leurs acrobaties ainsi que de celles de vos petits bipèdes préférés, installez une barrière de protection. Une vieille carcasse d'abat-jour autour des fleurs les empêchera de les piétiner.

Une petite cage à oiseaux

Faites-en un luminaire pour une chambre d'enfant.

Les clés

Sans savoir comment, vous vous retrouvez avec une impressionnante collection de clés.
Choisissez la plus belle pour en faire une jolie carte pour Raymond, avec le message « La clé de mon cœur ».
Avec les autres fabriquez des carillons à vents pour le jardin, ceux des amis et des voisins.
Et pour celles qui restent, une nouvelle vie pour décorer le cadre d'un miroir semble tout indiquée.

Les ficelles

Pour vous débarrasser des kilomètres de ficelle patiemment accumulés pendant des années par tante Hortense, donnez-les à Irma que se fera un plaisir de crocheter filets, cabas, cottes de mailles, bérets et étuis à téléphone sur les plages antillaises.

Parapluie

Vos parapluies sont morts pendant la dernière tempête. Récupérez la toile pour faire des petits sacs à provision, un cerf-volant et si vous avez une belle collection de parapluies cassés, faites des vêtements comme le créateur Rainer Wolter. Avec sa robe en toile de parapluies décorée avec un corselet de baleines… de parapluie[25], il a remporté un premier prix.

Tuteur

Récupérez les manches en bois pour les planter dans le jardin. Ils finiront leur carrière paisiblement en servant de support à de belles plantes grimpantes.

Le parapluie de golf

Les grands parapluies comme ceux de golf sont exactement ce qu'il vous faut pour planter des pois de senteur ou des petits pois. Retirez la toile, ouvrez le parapluie et enfoncez le manche en terre pour que le bout des baleines soit à 10 cm au-dessus du sol. Plantez les pois de senteur sous chaque baleine. Lorsqu'ils pousseront, leurs petites vrilles vont s'agripper aux baleines et s'entortiller tout autour. Une création du plus bel effet.

Récupérez la toile en plastique pour faire les mêmes créations qu'avec la toile de parapluie.

Le parasol

Sa reconversion dépend de son état.

Une toile défraîchie peut être remplacée. Démontez-la, elle vous servira de patron pour couper et coudre la toile neuve qui la remplacera.

25. http://www.outsapop.com/search/label/reconstruction

La toile est impeccable mais le parasol est mort. Récupérez la toile pour en faire des tabliers ou des coussins pour le jardin.

Vous avez un autre parasol. Transformez-le en tuteur pour plantations verticales sur votre balcon ou votre tout petit jardin en faisant pousser des courgettes ou des concombres sur un parasol mis au rebus. Enlevez la toile, ouvrez le parasol et enfoncez le manche en terre ou dans un bac pour que le bout des baleines soit à 10 cm au-dessus du sol. Plantez les concombres ou les courgettes sous chaque baleine pour que ces légumes puissent y grimper gaiement.

Le porte-manteau

Le vieux porte-manteau en bois de tante Hortense retrouvera une seconde jeunesse en porte-plantes sans froisser les susceptibilités. Installez cette pièce de musée sur votre tout petit balcon ou dans votre jardin de poche pour planter vertical concombres et courgettes. Raymond en aura les larmes aux yeux.

Les bouillottes

• Protège genoux

Ne jetez pas votre bouillotte percée. Recyclez-la en protège genoux. Remplissez-la avec des chips d'emballage, des chips de mousse, des bouts d'éponge, des vieux collants ou des chiffons pour vous faire des protèges genoux de compétition.
Ou
Découper ladite bouillotte en deux pour faire des genouillères maintenues en place avec la dentelle élastique récupérée sur vos bas autoportants, style *Dim up* filés.

• Bouchon de bouillotte

Et gardez le bouchon pour remplacer les bouchons égarés de vos futurs petits chauffe-pieds.

Et pour faire flotter à la surface du bassin ou de la mare du jardin. Non pas pour leurs qualités esthétiques fort peu remarquables mais pour leurs vertus antigel en hiver. Là où il y a des bouchons, l'eau ne gèle pas. Malin, non ?

Les cintres

Les cintres sont pratiques pour accrocher la lessive qui sèche plus vite.

Les cintres de pressing en métal ne sont pas des premiers prix d'esthétique, mais un rien les habillent! Piochez dans vos restes de tissus pour leur confectionner de petites housses. Faites un patron en posant un cintre sur une feuille de papier. Dessinez le contour stylisé avec des lignes droites en rajoutant 1 cm pour les coutures sur les côtés et 5 cm dans le bas. En haut, dessinez une ligne droite de 10 cm qui sera la fente dans laquelle faire passer le crochet. À l'envers, piquez un petit ourlet dans le haut, le long de la fente, piquez les côtés puis piquez l'ourlet du bas. Mettez à l'endroit et enfilez cet élégant poncho sur votre cintre. Maintenant que vous avez le patron et la technique, il ne vous reste plus qu'à en faire une cinquantaine pour habiller les autres.

Donnez-les

Demandez au pressing ou aux magasins d'occasion s'ils ont besoin de cintres.

Les jouets, les instruments de musique, les équipements de sport et de loisir

Les jouets

Dans la mesure du possible, on leur donne une seconde vie.

Sinon, la meilleure façon de se débarrasser des jouets en bon état, ça va de soi, c'est de les donner. Vous faites de la place dans les placards et le bonheur des petits cousins et des camarades de jeu de Timothé et Barnabé.

Quant aux jouets cassés, hélas, ils finissent à la poubelle, sauf les plus chanceux qui auront l'immense honneur d'être *upcyclés* par des artistes en herbe comme le fusil futuriste construit avec un manche de carabine, deux bougeoirs bien kitsch, quelques câbles dorés et des morceaux d'autres jouets cassés pour le décorer. Ou par des artistes confirmés Tom Deininger dont les collages spectaculaires sont des assemblages improbables de vieux jouets. De loin, son hommage au pont japonais de Monet ressemble à l'original comme deux gouttes d'eau. En l'examinant de près, vous vous apercevez que c'est une sculpture faite avec des milliers de jouets. Entre les montants du pont, par exemple,

Bob l'éponge côtoie Kermit la grenouille et des canards en plastique. Dans son autoportrait, des jambes de poupées cassées dessinent le contour de ses narines.

Sauf si vous envisagez ce type d'*upcyclage*, avant d'acheter, renseignez-vous. Pensez aux ludothèques, lieu d'emprunt de jeux. Elles permettent de tester les jouets et les jeux avant de les acheter, d'en discuter avec d'autres parents et d'éviter les mauvaises surprises comme les jeux inappropriés ou inintéressants qui sont rapidement délaissés ou jetés.

Pour les jouets à pile, on utilise des piles rechargeables.

Les instruments de musique

Les filières classiques pour les instruments dont on ne veut plus sont les écoles de musique et les conservatoires. Vous pouvez aussi passer une annonce ou en faire cadeau à un apprenti musicien.

La reconversion concerne plutôt les parties que l'on change comme les cordes de guitare cassées. À quoi peuvent-elles bien servir une fois qu'on n'attend plus qu'elles produisent des sons ?

Les cordes de guitare

Elles peuvent servir à remplacer la ficelle pour accrocher les petits tableaux, ou le fil à couper le beurre et le fromage. Rien de très original. Alors, pourquoi ne pas imiter certaines rock stars qui en font faire des bracelets qui sont vendus au profit des œuvres caritatives ? Fabriquez des bijoux et utilisez-les pour enfiler des perles ou…

Les onglets de guitare

Tous les onglets collectés au cours des années, associés aux cordes cassées feront de magnifiques colliers, bracelets et boucles d'oreilles. Il suffit de percer un petit trou dans chaque onglet pour les enfiler sur les cordes.

Ces onglets colorés peuvent devenir les écailles du dragon que vous êtes en train de sculpter.
Ou
Les décorations sur une ceinture sans envergure.
Ou
Une mosaïque sur un cadre ou une table et tout ce que vous voulez pour leur éviter la case poubelle.

Les balles de ping-pong

Enfoncez une balle de ping-pong au sommet des tuteurs pour éviter de vous blesser.

Les balles de tennis

Ressusciter les balles de tennis usées

Avant de déclasser vos balles de tennis usées par trop de coups et blessures, pratiquer les premiers secours en enveloppant individuellement dans du papier d'aluminium – comme une couverture de survie! La prochaine fois que vous ferez cuire un plat à basse température comme des meringues à 95°, enfournez les balles et laissez-les au four pendant une demi-heure. Elles retrouveront leur ressort pour rebondir. Et vous pourrez répéter ce traitement plusieurs fois.

- **Pour notre bien-être**
  Balle de massage pour dos noué

Soulagez le dos et la nuque avec un bas – ou deux jambes de collant glissées l'une dans l'autre – et une vieille balle de tennis. Glissez la balle dans le pied du bas. Faites un nœud pour la maintenir en place. Attrapez le haut du bas et d'un geste élégant, jetez la balle par-dessus votre épaule gauche si vous êtes droitier – ou droite si vous êtes gaucher – sans lâcher le haut du bas. Trouvez un mur et collez-y votre dos pour écraser de toutes vos forces la balle contre le mur. Et maintenant, pliez les genoux en souplesse pour faire glisser votre dos de haut en bas et de

bas en haut sur la balle. Cette balle de massage effacera vos petites douleurs et tensions dorsales.
Pour masser la nuque, réduisez la longueur du bas en le tenant à mi-mollet.

Balle de massage pour pieds en compote

Utilisez une balle de tennis ou en caoutchouc pas trop dur, que vous faites rouler du milieu du talon vers le bord droit puis le bord gauche du pied, puis du talon vers les orteils. Revenez à la base des orteils pour faire rouler la balle vers le bord externe droit puis gauche. Refaites le trajet en sens inverse vers le talon. Amusez-vous avec la balle aussi longtemps que vous en aurez envie.

Balle antistress et de renforcement musculaire

Gardez une balle de tennis dans le tiroir de votre bureau. En période de stress intense, sortez la balle et serrez-la de toutes vos forces dans la main droite sans bouger le reste du bras. Imaginez que c'est le cou de votre patron, ça décuplera vos forces. Faites dix séries de dix avec chaque main. Très rapidement, grâce à cet entraînement intensif, vous apprendrez à gérer votre stress tout en développant avantageusement les muscles des mains et des avant-bras.

- **Une cachette secrète**

Rangez une clé USB top confidentielle ou une carte mémoire compromettante dans une balle de tennis qui ne paye pas de mine. Faites une petite entaille discrète, glissez-y l'objet à ne pas mettre entre toutes les mains, et rangez-la dans votre sac de sport avec ses sœurs jumelles. Un bémol cependant, maintenant que l'information est publique, la cachette est, bien entendu, nettement moins secrète.

- **Pour le linge**

Dispositif de lavage pour couettes et doudounes

Pour laver votre couette synthétique ou votre doudoune, mettez-la au lave-linge avec quelques balles de tennis pour éviter que la garniture ne se mette en boule et ne vous fasse ressembler à Quasimodo.

Dispositif de regonflage

Si vous les passez au sèche-linge, n'oubliez pas les balles de tennis pour les mêmes raisons. Profitez-en aussi pour faire subir ce traitement aux oreillers souffrant de plumes mal distribuées et tout autre vêtement ou couverture raplapla qui a besoin d'un sérieux regonflage. L'opération est bruyante mais lorsque vous verrez le résultat, vous oublierez immédiatement les souffrances dues à cet inconvénient.

- **Balle antistatique**

Et en plus, les balles de tennis absorberont l'électricité statique!

- **Pour le ménage**

Dispositif d'élimination des toiles d'araignée

C'est le moment de pratiquer votre lancer de balle. La veille, faite un travail de repérage des toiles qui sont la honte de votre logis. Notez soigneusement leur emplacement. Le lendemain, attendez d'être seule, mettez un casque de chantier et des lunettes de protection. Enveloppez-la balle de tennis dans un chiffon maintenu en place avec deux élastiques sérieux et de bonne réputation. Concentrez-vous, plissez les yeux, visez et lancez la balle sur la toile. Et attention aux araignées qui tombent!

- **Silencieux pour chaises en métal**

Pour éviter que le frottement des chaises en métal sur la pierre ou le ciment patio en pierre ne vous fasse grincer des dents et ne rayent le sol, sacrifiez 4 vieilles balles de tennis. Faites une fente un peu plus large que le pied dans chaque balle. Et chaussez une balle sous chaque pied.

- **Pour déplacer les meubles facilement**

Faites des entailles dans quatre balles de tennis pour glisser les pieds des meubles puis, ainsi chaussés, ils glisseront sans marquer le parquet.

- **Pour ouvrir les couvercles récalcitrants**

Le couvercle du pot de piment fait de la résistance. Coupez une balle de tennis en deux. Prenez la plus jolie moitié et enfiler ce coquet couvre-chef sur le couvercle. Serrez avec brutalité et tournez.

- **Pour retirer une ampoule cassée**

Évitez de vous blesser en dévissant une ampoule cassée dans la douille en poussant une balle de tennis contre la partie brisée et dévissez sans stresser.

- **Pour taper sans marquer**

Sacrifiez une balle de tennis pour donner des coups de marteau sans laisser de marques. Fendez la balle avec un cutter et enfilez-la sur le marteau.

- **Pour une bonne prise en main**

Vous n'avez pas votre tournevis bien en main? Une balle de tennis va vous arranger ça. Faites-lui une petite entaille au cutter et glissez le manche du tournevis dans la fente. Empoignez fermement la balle et faites voir à cette vis qu'elle n'aura pas le dernier mot.

- **Pour protéger la lame du ciseau à bois**

Pour ranger la lame du ciseau à bois, faites une entaille dans une balle de tennis et rangez la lame dans ce petit manchon douillet.

- **Outil de ponçage des lignes courbes**

Envelopper une balle de tennis dans un morceau de papier de verre. Poncez les lignes courbes et les arrondis devient un jeu d'enfant.

- **Dispositif sophistiqué pour se garer**

Pour retrouver facilement l'endroit précis où garer la voiture dans le garage sans avancer trop loin, sacrifiez une balle de tennis. Passez un long fil nylon dans la balle. Mettez la voiture en place puis accrochez la balle au plafond pour qu'elle touche le pare-brise. La prochaine fois, grâce à ce gadget vous vous garerez au millimètre près.

- **Pour jardiner**

Pièges mortels pour insectes myopes et gourmands

Les parents indignes des *hooligans* qui saccagent les pommes arrivent dans les jardins quand ces fruits commencent à mûrir.

C'est le moment de sortir vos balles rouges. Si vous n'en avez pas, prenez de vieilles balles de tennis, donnez-leur un petit coup de bombe rouge pour les déguiser en pommes. Et oui, ce sont des leurres. Et hop, mettez-les dans des sacs de congélation. Fixez un fil nylon ou un fil de fer dans la fermeture pour les accrocher dans l'arbre et recouvrez-les de vaseline. Accrochez-les aux branches et admirez le résultat. Les insectes, myopes ou aveuglés par la gourmandise les prennent pour des pommes mûres et se précipitent tête baissée pour les dévorer. Une fois que le sac est recouvert de ces bestioles engluées, mettez la balle dans un autre sac que vous recouvrez à nouveau de vaseline.

On met à la poubelle

Lorsqu'elles sont vraiment en fin de course, les balles finissent à la poubelle. Elles ne sont pas recyclées.

Les vélos

Un vieux vélo adoré mais qui a besoin d'un peu d'attention peut faire le bonheur d'un bricoleur qui le retapera sans difficultés. Proposez-le à votre entourage, à votre concierge, sur *upcycle* ou donnez-le à une association caritative.

On mute au jardin

Prenez un vieux vélo tout ripou, mettez-le dans le jardin comme support aux plantes grimpantes et vous avez une sculpture moderne. Si en plus le vélo a un petit panier, remplissez-le d'amarante. Votre œuvre sera spectaculaire.

Chambres à air

On ne vantera jamais assez les vertus de ces humbles objets très stimulants pour notre créativité. Utilisez-les sans hésiter pour fabriquer :

- **Des élastiques**

Découpez-les en rondelles pour en faire des élastiques très résistants.
Ou coupez-les en deux pour attacher des objets plus grands.

- **Une gaine pour les chaînes**

Coupez une chambre à air et glissez votre chaîne de cadenas dans ce petit boudin de protection qui lui évitera de rayer ce qu'elle touche.

Vieille jante de roue de bicyclette

Si vous n'avez pas de dévidoir-porte-tuyau pour votre tuyau d'arrosage, fabriquez-vous un petit rangement pratique avec une vieille jante de roue de bicyclette. Une fois le tuyau enroulé, il ne vous reste plus qu'à l'accrocher au mur du garage ou de la cabane de jardin. Raymond n'en reviendra pas.

Poignées de vélo

Récupérez les petits manchons en mousse sur le guidon pour habiller les poignées de votre sécateur.

On confie aux encombrants

Si personne n'en veut, dites-lui adieu et confiez-le aux bons soins des encombrants.

Les skis

Après une vie exaltante, les voilà retirés des pistes et contraints et forcer de vivre une vie de sédentaires.

Clôture

Si vous habitez en montagne, récupérerez les vieux skis pour faire une clôture très couleur locale.

Touilleur de compost

Un bâton de ski orphelin aura une fin de vie rustique dans le tas de compost pour le remuer et l'aérer. C'est moins grisant que les pistes mais plus reposant.

La combinaison de plongée

Stéphane ne veut plus de sa vieille combinaison. C'est le moment de la récupérer pour donner libre court à votre créativité. En néoprène, étanche, légère et doublée d'orange, même si elle est usée aux endroits stratégiques, elle a un fort potentiel. À vous d'imaginer des merveilles.

Une sacoche d'ordinateur

Utilisez une vielle sacoche pour modèle, récupérez les poignées et la courroie et lancez-vous dans la manufacture de cette mallette. Le néoprène passe bien à la machine.

Une pochette étanche

Les pochettes sont tendance. Fabriquez-la, côté orange à l'extérieur. Décorez-la de perles et de dorures pour confectionner une pièce unique qui ferait flasher Paris Hilton.

Les cannes à pêche

Les vieilles cannes à pêche en bambou uniquement se feront un honneur de jouer les tuteurs. Les autres, fabriquées dans les nouveaux matériaux voudraient bien en faire autant mais elles risquent d'attirer la foudre par temps d'orage. Certains pêcheurs malencontreux en ont fait la douloureuse expérience.

Le frisbee

Son ancêtre était un moule à tartes qui affichait le nom du boulanger qui fabriquait ces pâtisseries : un certain William Russell Frisbie. Mais ce sont des étudiants de Yale, fort dissipés mais créatifs, qui, en s'amusant à lancer ces récipients vides, ont inventé le frisbee. Maintenant qu'ils sont en plastique, impossible de les renvoyer à leurs fourneaux, mais par contre, un frisbee en fin de vie se transformera sans problème en bain à oiseau : percez deux trous, passez un fil de fer pour l'accrocher et remplissez-le d'eau.

Les queues de billard

Solides, imputrescibles et pratiquement inusables, elles sont parfaites pour servir de tuteurs aux tomates. Une petite balle de ping-pong de protection sur la pointe et le tour est joué.

LES DÉCHETS INDUSTRIELS

4e famille de déchets répertoriée
sur le plan économique mondial

- **Les outils**
- **Les équipements électroniques**
- **Les matériaux de construction**
- **Les voitures**

Les outils

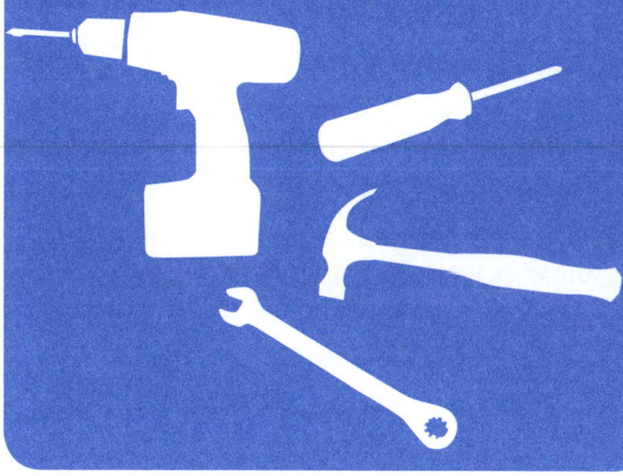

On bichonne ses outils

Il n'y a pas si longtemps, les outils étaient des trésors que leurs propriétaires cachaient des voleurs. Un rapport d'un officier de police du Comté de Lancaster en 1763 indique que, dans le butin d'un voleur, les autorités avaient retrouvé des objets de prix appartenant à Adam Reed, dont quatre pelles, quatre houes et deux bêches. John Jones un autre propriétaire dépouillé pendant la guerre civile américaine, avait fait paraître une annonce offrant une forte récompense à qui lui ramènerait ses outils de jardinage.
Pour avoir des outils en parfait état, on en prend bien soin :

Les pinceaux

Ils durent plus longtemps si on les entretient. Pour nettoyer brosses et manchons, suivez les instructions sur la boîte de peinture. Un moyen pratique de nettoyer un manchon, c'est de le mettre à tremper dans un tube de balles de tennis. Remplissez cette boîte avec suffisamment de solvant recommandé pour recouvrir le manchon. Fermez bien le couvercle et secouez comme pour préparer un cocktail. Puis laissez agir pendant quelques heures, secouez à nouveau puis lavez-le avec de l'eau et du savon, du shampooing, du liquide vaisselle ou de la lessive.

Les outils à lame

On nettoie les lames avec de l'huile de friture usagée et filtrée dans un vieux bas, du lait solaire périmé ou de l'après-shampooing déclassé parce qu'il ne convient pas à nos cheveux,
On désinfecte systématiquement les lames entre chaque taille avec de l'alcool à brûler, du savon, du vinaigre, de la vodka pour éviter de propager les maladies et les parasites d'un arbuste à l'autre.
On protège les lames des cutters et les dents de la scie en les glissant dans un bout de tuyau d'arrosage fendu avec un cutter.

Les pots de fleurs

On désinfecte les pots de fleurs et les jardinières avant de faire nos plantations en les trempant dans un mélange d'eau et de vinaigre.

La rouille

On enlève la rouille sur les outils, les clous, les vis, écrous, boulons et de vos outils en les mettant à tremper toute une nuit dans du vinaigre ou du cola.
On les lubrifie pour les empêcher de rouiller avec de l'huile de friture usagée, de l'huile de vidange ou de l'après-shampooing déclassé.
Pour ranger et huiler les outils, remplissez un seau de sable, versez l'huile de vidange ou de friture sur le sable et plantez les outils dedans après avoir retiré la terre qui les recouvre. Ils seront propres et bien huilés pour la prochaine fois.

Pour notre confort

On recouvre les manches des outils inconfortables avec des poignées de guidon de vélo ou des bouts de tuyau d'arrosage. Mettez un peu de vaseline, d'après-shampooing ou de liquide vaisselle sur le manche pour pouvoir les enfiler facilement.

Le récupérateur d'eau

On évite que les tonneaux, poubelles et autres récupérateurs d'eau ne se fendent en cas de gel en mettant un bout de bois installé debout dans l'eau.

Le tuyau d'arrosage

On prolonge la vie du tuyau d'arrosage en s'assurant qu'il ne reste pas d'eau dans le tuyau lorsqu'on le range pour l'hiver.
On enduit la vis de serrage et la rondelle du tuyau avec de la vaseline avant de les visser. Ça évite les fuites. Puis on enduit la totalité du tuyau d'une couche de vaseline pour le protéger.
On le range sur un dévidoir-porte-tuyau. Si on n'en a pas, on se fabrique un petit rangement pratique avec une vieille jante de roue de bicyclette. Une fois le tuyau enroulé, il ne reste plus qu'à l'accrocher au mur du garage ou de la cabane de jardin. Raymond appréciera.

On recycle

L'arrosoir

- **Pot de fleur**

L'arrosoir est troué. Qu'à ce la ne tienne! Transformez-le en pot de fleur suspendu. Mettez des cailloux, des bouchons ou des coquilles dans le fond, recouvrez de terreau et plantez des queues de renard ou autres merveilles qui déborderont de ce conteneur inattendu.

- **Arroseur jet**

Un simple arrosoir de jardin peut parfaitement se transformer en arroseur à jet pour la pelouse. Il suffit pour cela de le remplir complètement d'eau pour le stabiliser et ensuite, de glisser le bout d'un tuyau d'arrosage à l'intérieur du pommeau. Une fois branché, le tuyau diffusera sa délicate brume d'eau sur l'herbe et les plantes.

La brouette

• Bac à fleur

Donnez une seconde vie à une vieille brouette en la remplissant de pots de fleurs ou en y plantant des pétunias ou des laitues et des radis. N'oubliez pas de faire des trous pour que l'eau puisse s'écouler.

• Cabane à crapaud

Si la brouette est trop basse pour y faire des plantations, elle fera une superbe cabane pour encourager un crapaud sans domicile à venir s'installe chez vous.

L'échelle double en bois

Installez des planches sur l'échelle et vous avez des étagères pour vos pots de fleurs ou vos bottes de fleurs.

L'escabeau

• Casier à bouteilles vides

Faites des trous dans les marches pour ranger les bouteilles vides.

• Support pour plantations suspendues

Récupérez un vieil escabeau en bois pour planter vertical. C'est la méthode idéale pour les tout petits jardins ou les balcons. Elle permet de faire pousser de légumes qui prennent beaucoup de place comme les melons, les concombres et les courgettes. Les melons, qui sont très lourds auront besoin d'être soutenus et pas que psychologiquement. C'est le moment de ressortir vos vieux bas et/ou vos vieux collants, qui peuvent être filés pour cette opération. Faites passer le bas autour du melon pour le mettre en écharpe et attachez les deux extrémités sur votre escabeau. Vos melons suspendus, heureux et épanouis, ne risqueront pas de tomber ni de pourrir et auront très fière allure.

À défaut de bas, vous pouvez aussi utiliser des petits filets à fruits ou légumes tels que les filets d'oignons, de tomates, de pommes de terre, de mandarine etc. Mettez un melon dans chaque filet que vous suspendez à l'escabeau ou au support de votre choix.

Les manches de pelle, de râteau

• Tuteurs

Ils ont connu des jours meilleurs mais que cela ne vous empêche pas d'en faire des tuteurs.

• Cadran solaire

Fabriquez un cadran solaire assez précis avec un bâton et de gros galets. Un jour de grand soleil :

Fixez 1 grand bâton bien droit dans le sol et, avec une boussole, orientez-le à 45° vers le Nord. Déposez 1 gros galet marqué de l'heure qu'il est à cet instant, au bout de l'ombre faite au sol par le bâton. Puis, toutes les heures, replacez une pierre de la même manière jusqu'au coucher du soleil. Le cadran sera plus exact si vous le faites le jour de l'équinoxe le 20 et le 21 mars.

• Les outils rouillés

Les serpes, les pinces, les binettes, les pelles, les bêches, les faux, les râteaux, les ressorts, les boulons et les vis, les vieilles robinetteries trop rouillés pour continuer à travailler sont un matériau en or pour les sculpteurs inspirés.

• Sculptures

Deux râteaux sans manche, côte à côte font des arrêtes de poisson, la queue avec un sarcloir et la tête avec une pelle.

• Instrument de musique

Des clous ou des pointes dans une boîte et toc, vous avez des maracas.

• Les pots de fleur ébréchés

Ils peuvent être recyclés pour tapisser le fond de pots de fleur ou des bacs.

• Le râteau sans manche

Plus utile qu'un avion sans ailes, un râteau sans manche fixez-le au mur de la cabane fera un super organiseur pour accrocher vos outils.

• La tapette à souris

Retirez le permis de tuer à la tapette à souris et donnez-lui son nouvel ordre de mission comme tapette à gants. Clouez la tapette au mur et coincez-y vos gants de jardinage. Ce sont les souris qui vont pousser un soupir de soulagement.

Les tuteurs

• Tipi

Faites un tipi fleuri que les enfants vont adorer avec des tuteurs à haricots en bambou. Il vous en faut 10 ou 12, de 2,10 m de haut au plus. Enfoncez-les en terre en biais, à 15 cm de profondeur et 30 cm d'intervalle pour faire un cercle. Sauf à l'entrée du tipi, où 2 tuteurs seront plus espacés. Attachez le haut avec du fil de fer pour lui donner le look d'un tipi. Plantez des volubilis à la base de chaque tuteur. Ils poussent rapidement et sont très décoratifs. Trop cool le tipi !

• Flûte de pan

Comme Bénédicte, récupérez de tuteurs en canne de bambou pour en faire des flûtes de pan. Vérifiez que la canne n'est pas fendue, repérez la plus large et sous un nœud à 1 cm, tracez un trait à la règle et au crayon. Sciez et mesurez 1 cm à nouveau sous le nœud suivant. Coupez puis poncez au papier de verre l'extrémité ouverte du tube. Continuez de couper et poncer chaque tronçon dans la longueur de la baguette, toujours à 1 cm au-dessus du nœud suivant. Une fois que vous avez les 8 morceaux nécessaires, placez-les dans l'ordre où vous les avez coupés. Dans un autre morceau de canne ouverte aux deux bouts, avec le cutter fendez verticalement le tube, sans trop appuyer pour ne pas vous couper. Puis dès qu'une languette se détache du reste, tirez-la délicatement pour éviter de la casser.

Collez un morceau de papier adhésif double face sur la languette. Prenez le premier tube que vous avez coupé, placez-le à environ 1,5 cm du bord de la languette sur la droite en laissant dépasser le haut du tube de 3 cm au-dessus de la languette. Placez ensuite tous les autres tubes les uns à côté des autres. Coupez l'extrémité de la languette à 1,5 cm comme de l'autre coté.

Prenez du cordonnet que vous passez sous la languette à droite, revenez sur le dessus et croisez les deux morceaux du cordonnet sous l'autre extrémité.

Enroulez le cordonnet en faisant un nœud autour de la languette puis retournez l'ensemble sur l'autre coté en plaçant le tube le plus long en haut. Avec un autre morceau de cordonnet réalisez une sorte de point croisé en passant entre les tubes. Recommencez de l'autre coté puis arrêtez le cordonnet en faisant quelques tours dans son épaisseur avec une aiguille à tapisserie. Coupez les morceaux de fil qui dépassent.

Pour jouer placez la flûte devant vous, le tube le plus long à votre gauche, puis posez l'extrémité du tube contre la lèvre inférieure, soufflez doucement de l'air à l'intérieur avec la lèvre supérieure comme pour prononcer « U ».

Le tuyau d'arrosage

Après de bons et loyaux services, le tuyau vous a fait le coup de l'arroseur arrosé. C'est le moment de l'orienter vers d'autres fonctions.

- **Protège lame**

  Couteaux

Faites une gaine de protection pour les couteaux de pêche ou de camping. Coupez un bout de tuyau de la longueur de la lame et glissez-la dans son étui.

Cutter

Coupez un petit bout de tuyau, fendez-le sur la longueur pour y glisser la lame d'un cutter que ne se rétracte pas. Ça évitera bien des accidents.

Scie

Coupez un bout de tuyau de la longueur de la scie, fendez-le sur la longueur et glisser la partie inférieure de la lame dans son nouveau protège-dents.

- **Rembourrage pour cintres**

Les cintres de teinturier laissent des marques disgracieuses sur vos pantalons. Lavez soigneusement la longueur de tuyau sélection pour cette délicate mission. Coupez des bouts de tuyau à la longueur de la base des cintres, fendez-les et mettez-les en place. Les cintres ne laisseront plus aucune trace.

- **Protection pour les arbres**

Si vous devez fixer un fil de fer à un arbre pour attacher un nichoir ou autre chose, glissez le fil de fer dans un bout de tuyau d'arrosage qui protégera l'écorce de l'arbre.

On donne et on échange

Les graines, les boutures, les plantes, les pots en trop, les outils en double ou dont on ne se sert pas et même les coquilles d'escargot.

On organise un petit thé au jardin avec les voisins et amis jardiniers pour échanger et donner ce qu'on a en trop, y compris coquilles d'escargot, somptueux cadeau du plus bel effet au sommet des tuteurs, grands et petits, sans compter que c'est une sécurité pour éviter un coup de bâton pointu dans l'œil ou ailleurs.

Les équipements électroniques et électriques

Le clan des déchets d'équipements électriques et électroniques (DEEE ou D3E) regroupe les appareils qui fonctionnent avec une prise électrique, une batterie, une pile ou un accumulateur. Les CD, DVD et cartouches n'en font pas partie. Les e-déchets ou *techno trash* constituent la population grandissante[26] des appareils qui ne sont plus dans la course. Il y a bien entendu des réfrigérateurs vraiment rétamés, des lave-linges lessivés et des téléviseurs trépassés. Ceux-là, ils sont bien morts, mais ce n'est pas la majorité. Les plus nombreux – deux-tiers d'entre eux – sont des malheureux condamnés à être déssoudés parce qu'ils ne sont plus dans la course. Les téléphones portables de plus de deux ans, les ordinateurs hors circuit parce que trop lents et tous leurs collègues vieillis prématurément, toujours opérationnels mais déclarés obsolètes, représentent les deux-tiers de ces renégats. Devenus les champions toute catégorie des déchets domestiques, avec à leur actif, les plus forts taux de croissance

26. Avec une croissance annuelle de 2 à 3 %, elle atteint aujourd'hui 1.2 millions de tonnes. La quantité de D3E des ménages est estimée à 16 kg par an et par habitants dont seuls 2 kg font aujourd'hui l'objet d'une collecte sélective. Or les D3E font l'objet d'une directive européenne (2002/96/CE) indiquant que 4 kg de DEEE par habitant et par an doivent désormais être collectés. Cette directive a été transposée en droit français par le décret n° 2005-829 du 20 juillet 2005.

et de pollution, ils se multiplient à la vitesse grand V. Lorsqu'ils sont broyés dans les décharges, des empoisonneurs s'échappent de leurs entrailles. Un tube à rayon cathodique d'un vieux téléviseur ou d'un moniteur d'ordinateur écrasé libère quelques kilos de plomb dans la nature. Les batteries rechargeables des ordinateurs et des téléphones portables explosées, et c'est du nickel, du cadmium, et du lithium qui se font la belle. Trois batteries suffisent à polluer une piscine olympique. Sans parler des autres pollueurs potentiels qui ne devraient en aucun cas entrer en contact avec l'eau et avec l'air d'ici ou d'ailleurs. Car tout ce petit monde est généralement exporté par des pays développés vers des pays en développement : en Inde, en Afrique – Greenpeace a, par exemple, recensé près de 80 sites-dépotoirs de nos *techno trash* sur le continent africain – ou en Chine – le gouvernement chinois reconnaît que 70 % des e-déchets atterrissent en Chine –, fréquemment en violation de la Convention de Bâle. « L'inspection de 18 ports maritimes européens en 2005 a montré que 47 % des déchets exportés, e-déchets compris, sont illégaux » indique Greenpeace[27].

Et maintenant qu'on a le moral dans les chaussettes en lisant toutes ces horreurs, qu'est-ce qu'on peut faire pour limiter la casse ? En attendant l'arrivée des appareils biodégradables, comme d'habitude, dans la mesure du possible, on donne, on réutilise, on *upcycle*, on recycle et JAMAIS, au grand jamais, on ne jette dans la nature.

Les déchets électroniques ou e-déchets pour les intimes

Les téléphones portables

Rares sont les « sans portables » et rares sont ceux qui les gardent plus de deux ans. Ce qui se traduit concrètement par 19 millions de téléphones portables remplacés tous les ans. Et 46 000 classés *has been* jetés par jour ! Ne participez pas à ce carnage. Après avoir retiré la carte SIM – le manuel indique la marche à suivre ou Raymond le fera pour vous :

27. http://www.greenpeace.org/france/campaigns/toxiques/toxic-tech/que-deviennent-les-dechets

Proposez-les à votre entourage, à votre tante Honorine par exemple, qui ne souffrira pas de ne pas pouvoir surfer sur le net via son portable. N'oubliez pas de lui donner le chargeur et le manuel.

- **On donne à Emmaüs**

Emmaüs, a développé une filière de réparation et de recyclage – Les Ateliers du bocage. Pour donner votre téléphone, déposez-le avec sa batterie et son chargeur, dans les bornes de collecte que l'association a placées dans les FNAC. Ces téléphones feront des heureux dans des pays où il est difficile d'obtenir une ligne de téléphone fixe.

- **On recycle**

Certains fabricants et opérateurs ont mis en place des initiatives de recyclage. Voyez dans la rubrique Adresses utiles en Annexe.

Le recyclage permet de réduire l'impact de l'extraction minière du coltan sur les forêts et la faune du Congo. Le coltan sert à fabriquer le tantale, un métal rare utilisé pour les téléphones portables.

Les moniteurs d'ordinateurs et de téléviseurs

Pendant les scènes de ménage, ne jetez pas le moniteur de l'ordinateur ou du téléviseur par la fenêtre. Ils contiennent du mercure et demandent à être manipulés avec précaution. Confiez-les aux spécialistes du recyclage du mercure à la déchetterie.

Si vous achetez un nouveau moniteur, vous bénéficiez de la formule de reprise « 1 pour 1 ». Le distributeur doit obligatoirement reprendre l'ancien gratuitement s'il a été acheté après le 13 août 2005. Si les appareils ont été mis sur le marché avant cette date, vous devrez payer l'éco-participation sur l'achat du nouveau produit. Déposez votre ancien appareil à l'accueil, au service après-vente ou dans tout endroit signalé par le symbole « point de collecte ». Si votre nouvel appareil vous est livré à domicile, vous pouvez demander au livreur de vous reprendre l'appareil usagé.

Les téléviseurs

La haute définition fait le ménage chez les vieux téléviseurs. Eux aussi bénéficient de la formule « un pour un ». Mais si vous avez deux téléviseurs que faire du second ?

Il peut assumer de nouvelles fonctions comme moniteur pour lecteur de DVD ou de console de jeu vidéo.

• On le confie au point de collecte ou à la déchetterie

Depuis le 15 novembre 2006, une filière de récupération et de valorisation a été mise en place avec des points de collecte des téléviseurs en fin de vie chez les distributeurs et dans les déchetteries. Pourtant, sur les 5,5 millions de téléviseurs qui ont été jetés par les Français en 2007, 20 % seulement ont été collectés puis recyclés.

Théoriquement, ils doivent être démontés pour récupérer les composants réutilisables et éliminer écologiquement ceux qui ne le sont pas. Pratiquement, la plus grande partie prend un bateau pour la Chine, l'Inde ou l'Afrique.

Les magnétoscopes et les lecteurs de DVD

Mariez-les à un vieux téléviseur qui fera office de moniteur pour regarder les films ou de console de jeux vidéo.

Sinon, donnez votre magnétoscope à un amateur de cinéma qui a encore des K7 vidéo et donnez votre vieux lecteur de DVD à un proche qui n'en a pas. Vendez-le sur internet. Proposez-le à l'école des enfants.

• Les bandes de cassettes audio et vidéo cassées

Récupérez les bandes des cassettes audio et vidéo cassées pour effrayer les oiseaux. Entourez vos arbres fruitiers ou vos pieds de vignes en déroulant la bande de la cassette sans trop la tendre pour qu'elle puisse flotter au vent et mettre en fuite les petits gourmands.

Les ordinateurs

Votre ordinateur marche ? Effacez toutes les données personnelles. Donnez-le à une école ou une association ou sur internet.

Si vous achetez un nouvel ordinateur, le distributeur reprend le vieux. Et les fabricants proposent maintenant des programmes de reprise sécurisés qui détruisent toutes vos données avant d'envoyer votre ordinateur au démontage. Reste à savoir où se fait le recyclage. Au Nigeria par exemple, le port de Lagos, verrait ainsi débarquer chaque mois 500 000 ordinateurs officiellement « d'occasions » mais dont 75 % sont bons pour la décharge[28]. La pollution au plomb et au mercure contamine chaque jour les populations en quête de quelques grammes de métaux à revendre, comme le cuivre.

Reste aussi la possibilité de désosser vous-même votre fidèle compagnon pour vos créations artistiques. Tout le monde connaît ces robots rigolos construits avec les cartes-mères et les câbles récupérés. Vous en doutez ? Regardez les vêtements de la créatrice Louise Gray qui a travaillé chez Lanvin et Diane Von Fürstenberg. Les T-shirts décorés de circuits et de fils entortillés qu'elle a faits pour le magasin concept de *Comme des Garçons* sont partis comme des petits pains.

• Fils électriques

Vous pouvez les utiliser tels quels pour faire des sculptures colorées ou les dénuder pour récupérer les fils de cuivre pour enfiler des perles, ou faire de sculptures ou des armures en les tissant entre eux.

• Carte mère ou carte de circuit imprimé

Décoration

Dessinez un modèle, une pomme ou un trèfle ou ce que vous voulez sur un bout de carton. Posez-le sur une carte de circuit imprimé et découpez. Limez les bords. Percez un trou dans le haut, passez du fil de pêche ou un ruban dans le trou pour accrocher votre création.

28. Consumers International.

- **Disque dur**

Sous-verre

Le disque dur de votre ordinateur portable fait un sous-verre intéressant qui impressionnera les copains de Raymond.

Ceux de votre gros ordinateur se transformeront en sous-plat *high-tech*.

Magnet

Démantibulez le disque dur pour récupérer un aimant surpuissant. Collez une photo amusante ou ce que vous voulez dessus et vous avez un *magnet* inédit à afficher sur le réfrigérateur.

- **Les claviers, les imprimantes, les scanners et les fax**

Une effarante quantité de vieux claviers a été récupérée par Timothé et Barnabé qui en ont fait des claviers de commande pour lancement de fusée, de missiles ou pour taper le code d'ouverture de la porte d'un abri secret digne de *James Bondesque*.

Les vieilles touches de clavier, comme les lettres de *scrabble* peuvent servir pour apprendre à lire aux enfants. Quelques créateurs branchés en font des boutons de manchette et des bijoux.

Hormis ces exceptions, ils ont peu de chance d'être réutilisés. Quant au recyclage, pour l'instant il n'est pas pratiqué étant donné la valeur « négative » de ces appareils. Les coûts du recyclage sont supérieurs à ceux des matériaux.

Conclusion : ils sont collectés et finissent à la déchetterie.

- **Les cartouches d'encre**

Les cartouches à jet d'encre

Pourquoi les imprimantes à jet d'encre ne sont-elles pas chères ? Parce que les cartouches ne durent pas longtemps et que leur prix est exorbitant.

Pour que votre cartouche dure plus longtemps, n'imprimez que ce qui est indispensable. Cette vertueuse attitude éco-responsable vous permettra aussi d'économiser du papier et de sauver quelques arbres au passage. N'oubliez pas d'astiquer votre auréole au passage.

Malgré ces précautions, votre cartouche fini toujours par vous faire le coup de la panne. Le jour fatidique, si vous voulez éviter d'avoir à choisir entre manger et remplacer la cartouche, allez faire le plein chez un spécialiste près de chez vous[29]. Retirez la cartouche le plus rapidement possible et filez ventre à terre la faire remplir à une fraction du coût d'une cartouche neuve et rentrez tout aussi rapidement la remettre en place. Ce traitement rapide de la situation empêchera la tête d'imprimante de se sécher, l'exercice aérobic est bon pour santé, quant à votre démarche astucieuse, écologique et économique, elle vous permettra de dîner – léger – d'imprimer ce qui doit impérativement l'être et sauver la planète par la même occasion.

Les cartouches laser

La France consomme treize millions de cartouches laser chaque année. Seuls 20 % des cartouches de toner sont collectés, essentiellement pour une remise à neuf. Le reste est enfoui ou incinéré. Depuis 2007, l'entreprise Revialis, qui revalorise ces cartouches à 100 %, fait bouger les choses : trois cents tonnes collectées et valorisées en 2009. Apparemment les cartouches à jet d'encre seront sauvées elles aussi dès 2010[30].

Plutôt que de les jeter, refaites le plein chez un spécialiste près de chez vous[31].

• Les tapis à souris

Ne jetez pas les tapis à souris.

Utilisez-les comme tapis de jardinage pour protéger vos genoux.

Comme sous-plat.

Ou découpez-les et collez-les sous les meubles pour protéger les parquets.

29. Cartridge World : http://www.cartridgeworld.fr
30. Olivier Barrellier : Revialis valorise les cartouches d'impression laser à 100 %, *Cleantech Republic,* 08.07.09. http://www.cleantechrepublic.com/2009/07/08/revialis-valorise-les-cartouches-d%e2%80%99impression-laser-a-100
31. Cartridge World : http://www.cartridgeworld.fr/

Les CD et les DVD

• Sauvez un CD ou un DVD rayé

« DISC illisible » vous affiche froidement et sans le moindre ménagement le lecteur de DVD. Celui-là, il faudra qu'il revoie sa façon de faire. En attendant ce jour lointain, vous sanglotez sur votre DVD rayé. Calmez-vous, tout n'est peut-être pas perdu. Essayez de le ressusciter en lui administrant les derniers secours. Tous les disques, CD ou DVD sont recouverts d'une fine couche de protection. Cette vilaine rayure n'a peut-être endommagé que le revêtement et pas les données. Armez-vous d'un chiffon en microfibre qui ne risque pas de pelucher sur le DVD. Humidifiez le chiffon avec un peu d'eau à température ambiante et essuyez délicatement le disque en partant du centre vers le bord extérieur en ligne droite. JAMAIS en cercle dans le sens des sillons. Essuyez avec un chiffon sec, en microfibre lui aussi. Si la rayure est toujours là, passez à la vitesse supérieure. Mettez une minuscule quantité de dentifrice – pas plus de la moitié d'un petit pois – ou de produit pour nettoyer le métal sur votre chiffon humide en microfibre. Passez délicatement sur la partie sinistrée en suivant la procédure. Humidifiez le chiffon pour retirer la totalité de l'abrasif. Puis essuyez avec le chiffon sec.

Remettez le DVD dans le lecteur. Si le message affiché reste le même, vous pouvez pleurer. Mais pas trop longtemps parce que ce DVD a droit à une seconde vie.

Ne jetez pas les CD et DVD publicitaires, ou rayés, de jeux vidéo Nintendo et Gameboy ou d'installation de logiciels dépassés.

Offrez-leur une carrière de sous-verre. Ils sont vraiment faits pour ça. Laissez-les tels quels ou peignez-les ou recouvrez-les avec du papier, une photo, etc.

• Faites-en des mosaïques miroirs

Avec de vieux ciseaux, coupez-les en petits bouts irréguliers que vous collerez sur une bougie, un cadre, une porte ou une table. L'effet est tout bonnement spectaculaire.

- **Fabriquez une boule disco**

Sacrifiez une balle en mousse, en plastique ou une boule en polystyrène. Transpercez-la avec un fil nylon – style fil de pêche – pour l'accrocher au plafond. Découpez les CD et les DVD en petits bouts avec de vieux ciseaux. Collez les bouts sur la boule avec de la colle universelle. Installez la boule au plafond et mettez la musique pour jouer les reines du disco.

- **Faites peur aux oiseaux**

Pour éviter que les oiseaux ne s'attaquent à vos tomates, accrochez des CD. Percez des trous au sommet des tuteurs. Une fois que les tuteurs sont dans le sol, faites passer un fil dans ces trous, de tuteur en tuteur. À mi-chemin entre deux tuteurs, accrochez des CD. Mais attention, il faut les installer au moment où vous plantez vos tomates.
Et
Accrochez-les dans les arbres à protéger des oiseaux gloutons.

- **Installez des catadioptres**

Ces dispositifs rétroréfléchissants très élégants installés de part et d'autre le long de l'allée vous guideront pendant les nuits sans lune.

Les iPhones, iPods, lecteurs MP3, etc.

Si votre bien-aimé ou vos amis ne veulent pas de votre iPod, vendez-le sur internet. N'oubliez pas d'effacer toutes les données personnelles de la mémoire. Ou, confiez-le à un magasin Apple. L'entreprise affirme que votre vieil ami est entre de bonnes mains qui ne l'enverront pas se faire démantibuler à l'étranger.
Quand ils sont complètement *kaput*, retirez la batterie, et jetez-les.

Les bandes de cassettes audio et vidéo cassées

Récupérez les bandes des cassettes audio et vidéo cassées pour effrayer les oiseaux. Entourez vos arbres fruitiers ou vos pieds de vignes en déroulant la bande de la cassette sans trop la tendre pour qu'elle puisse flotter au vent et mettre en fuite les petits gourmands.

Le gros électroménager

Si votre appareil usagé peut encore servir, donnez-le à votre entourage ou à une association ou une entreprise d'économie solidaire qui pourra remettre en état votre appareil et le revendre à un prix réduit à des collectivités, des associations ou des particuliers qui n'ont pas les moyens d'acheter du matériel neuf.

Même s'il ne fonctionne plus, votre appareil reste une source utile de pièces détachées pour des organismes spécialisés dans la récupération et la réparation. Ces associations ou ces entreprises solidaires jouent également un rôle social, puisqu'elles font souvent de la réinsertion avec des personnes en difficulté.

Pour les donner, contactez Emmaüs[32], Envie[33], Les Ateliers du Bocage[34] et Les Ateliers Sans Frontières[35].

Quand ils ne sont bons que pour la casse, avant de vous en séparer pour les confier aux encombrants, récupérez ce que vous pouvez.

L'aspirateur

- **Rallonge**

Récupérez le fil pour faire une grande rallonge, toujours pratique.

- **Le manche démontable**
  Didgeridoo

Sur un vieil aspirateur traîneau, récupérez le manche, généralement en deux morceaux. Les enfants en feront des armes ou un didgeridoo. Pour en jouer, dites-leur de s'asseoir par terre puis, en tenant ce didgeridoo improvisé avec les deux mains, de mettre les lèvres sur le bout pour boucher l'ouverture puis d'entrouvrir les lèvres, d'inspirer par le nez et souffler par la bouche, en rythme dans le tube.

32. www.emmaus-france.org
33. www.envie.org
34. www.ateliers-du-bocage.com
35. www.ateliersansfrontieres.org

- **Tuyau pour les plantations**

Si, après avoir fait des folies de votre corps, vous avez un lumbago au moment des plantations, prenez le manche démontable de votre aspirateur – uniquement la partie du milieu sans la poignée pour le tenir – pour planter sans vous baisser. D'un air détaché, enfoncez-le dans le sol. Laissez tomber 3 graines dans ce tuyau et un peu de compost, Retirez le tuyau et tapotez délicatement la terre de la pointe du pied pour la mettre en place.

- **Le tuyau**

  Ranger les fils et les câbles

Le tuyau peut servir pour ranger tous les fils et les câble de derrière votre bureau.

- **La carcasse**

  Sculptures

Les plus audacieux feront des sculptures. La carcasse de traîneau est parfaite pour faire un robot ou une lampe comme celle de Maurizio Lamponi Leopardi[36].

Le lave-linge

Les lave-linge sont de vraies mines pour les artistes. Si vous avez la possibilité de démonter votre lave-linge, profitez-en pour récupérer :

- **Le hublot**

Une fois nettoyé, s'il est impeccable, il fera un saladier pour les fruits. S'il est rayé ou terni, il servira de vide-poches dans la lingerie ou la cabane du jardin.

- **Le tambour**

  Table de nuit ou table basse

Installez une ampoule à l'intérieur du tambour. Posez-le à côté du lit et vous avez une table de nuit avec une lampe de chevet incorporée.

Posez une plaque de verre sur cette installation et mettez-la au salon pour en faire une superbe table basse inspirée de la table Silvana[37].

36. http://www.lamponislamps.com/hoower2.html
37. www.reestore.com

Un bac de plantation anti-rongeur

Creusez un trou, mettez-y tambour, remplissez de terre et plantez plusieurs de vos précieux bulbes dans ce mini Fort Knox improvisé. Les rongeurs dépités iront se consoler avec les bulbes du voisin.

Le réfrigérateur

Fini le temps béni où le réfrigérateur et la machine à coudre étaient garantis à vie. Du moins, c'est ce que promettaient les vieilles réclames. Avant son départ pour la déchetterie, récupérez :

- **Les bacs à glaçons**

Pour congeler les restes

Mettez les restes de vin, de soupe, de purée ou des fines herbes – séparément bien entendu – dans le bac à glaçon. Lorsqu'ils sont congelés, videz ces glaçons dans un sac de congélation pour les ranger et utiliser votre bac pour une nouvelle cargaison.

Moule à semis

Vous pouvez utiliser de vieux moules à glaçons pour vos semis. Laissez le séparateur dans le moule, mettez de la terre dans chacune des sections et semez une ou deux graines (selon la sorte). Arrosez bien. Lorsque les plants seront prêts à être transplantés, enlevez doucement le séparateur pour retirer chaque plant facilement.

- **Bac à légumes**

Récupérez le bac à légumes, percez des trous dans le fond et le voilà transformé en jardinière. Après avoir pris soin des légumes après la récolte, il sert à les faire pousser.

- **Etagères**

Utilisez les étagères pour faire refroidir les pâtisseries.

Le petit électroménager

De la bouilloire à la brosse à dents électrique, en passant par le sèche-cheveux, le rasoir électrique et le fer à repasser, ils sont tous soumis à la loi sur les D3E, y compris les *sex toys*. Autrement dit, même eux, on ne peut pas les jeter à la poubelle. Ils doivent être déposés à l'accueil, au service après-vente ou dans tout endroit signalé par le symbole « point de collecte ». Mais avant de s'en séparer on essaie de leur donner une seconde vie, comme le créateur italien Maurizio Lamponi Leopardi qui transforme le petit électroménager en lampes déjantées. Un sèche-cheveux[38], un fer à repasser[39] transcendent radicalement leur condition factuelle d'humbles aide-ménagers jetés dans le monde domestique en un ensemble significatif de messager de l'art. On avait oublié de vous dire que l'*upcyclage* est aussi une philosophie ! Il était grand temps de réparer cette impardonnable étourderie.

La bouilloire

Hormis les dégourdis capables de réparer eux-mêmes le petit électroménager, personne n'aurait l'idée de faire réparer une bouilloire. Tout simplement parce que les réparateurs sont rares et chers et que la facture pour une bouilloire neuve est nettement moins élevée que celle des réparations.

Avant d'expédier la vôtre au grand cimetière des bouilloires où elle polluera pendant des centaines d'année, pensez à la muter au jardin pour arroser les fleurs.

Le grille-pain

Un joli grille-pain en chrome bien rutilant ou peint en rose bonbon peut être *upcyclé* en pied de lampe.

Sinon, il fera un très joli corps de robot.

La radio

Un vieux transistor – le petit modèle, pas la version *ghetto blaster extra large* des années 1990 – fera lui aussi un pied de lampe sympathique.

38. http://www.lamponislamps.com/hairdryer.html
39. http://www.lamponislamps.com/vapor.html

Le sèche-cheveux

Un engin qui marche encore mais qui a le souffle court sera dispensé de la corvée de séchage capillaire et aura pour mission d'encourager ou de ranimer la flamme défaillante d'un feu de cheminée ou les braises d'un barbecue. Bref, un boulot follement romantique.

Les sex toys

Parce que personne ne veut avoir à déposer son petit lapin ou petit canard de compagnie, fût-il siglé, à la borne de collecte, LoveHoney, un distributeur de jouets adultes basé au Royaume Uni a lancé le « Premier programme mondial de recyclage des *sex toys* » pour leur gamme de lapins vibrateurs. L'offre est simple : vous leur envoyez votre vieux lapin et ils vous font 50 % de réduction sur le nouveau. Et, en prime, LoveHoney fait un don à une association caritative écologique[40]. On encourage vivement Chantal Thomas et Sonia Rykiel à suivre cet exemple pour leurs canards.

Les piles

Tous les enfants savent que le Père Noël a des entrepôts remplis de piles de toutes sortes. On estime que 40 % des piles sont vendues pendant les semaines avant Noël et une grande partie d'entre elles atterrit à la poubelle début janvier. Ces piles alcalines ne contiennent plus de mercure ni de cadmium. Par contre, les piles boutons – pour les montres, les prothèses auditives, etc. – contiennent toujours du mercure[41] et doivent être traitées comme des déchets dangereux.

• On réduit

Savez-vous combien de piles produites toutes les 15 minutes ? 170 000 ! Une pile jetée dans la nature pollue 400 litres d'eau et 1 mètre cube de terre pendant 50 ans. On achète de préférence des appareils sans pile, comme les brosses à dents rechargeables sur secteur et les lampes de poche à manivelle.

40. <http://www.lovehoney.co.uk/rabbit-amnesty/>

41. 30 tonnes pour les piles boutons vendues en 2008. Olivier Barrellier, Cleantech Republic : « Nous collectons déjà 32 % des lampes usagées », 15.05.09.

- **On recharge**

Et si on ne peut pas faire autrement, on choisit des piles sans mercure ni cadmium ou mieux encore des piles rechargeables, beaucoup plus économiques. Mais on n'achète pas n'importe lesquelles.
On dit *niet* aux NiCd (nickel-cadmium) et aux NiMH (Nickel-Métal-Hydrure). Elles sont toxiques, elles ont une autonomie et une durée de vie moins longue et elles se rechargent progressivement de plus en plus mal.
On dit *oui* aux piles rechargeables NiMH qui ne présentent aucun de ces inconvénients. Les piles rechargeables peuvent être recyclées mais seule une petite partie est recyclée.

- **On dépose dans les bornes de collecte**

Même si on utilise des piles sans mercure ni cadmium, il vaut mieux ne pas les jeter à la poubelle au cas où elles finiraient incinérées. Les piles qui brûlent libèrent des émanations infréquentables dans l'atmosphère.

⚠ Les piles ne vont pas à la poubelle, ni à la déchetterie. Elles vont uniquement dans les bornes de collecte prévues pour elles.

Les ampoules

Combien de médecins faut-il pour changer une ampoule ? Deux. Un pour changer la lampe et un autre pour signer le certificat de décès. Lorsque les bonnes vieilles ampoules, qui bientôt ne seront plus qu'un souvenir, ont rendu l'âme et que le certificat de décès est signé. Elles vont à la poubelle, elles ne sont pas recyclées. Cette espèce, condamnée à disparaître, va être remplacée par la nouvelle race des ampoules à économie d'énergie, et qui elles, en raison du mercure[42] qu'elles contiennent doivent être collectées et recyclées. Ces opérations sont financées par une Eco-contribution qu'on paie à l'achat d'une lampe neuve[43]. Donc, comme tous leurs petits camarades classés DEEE, elles bénéficient de la reprise 1 pour 1 qui impose au distributeur de

42. Les 120 millions d'ampoules fluo-compactes vendues en France en 2008 contiennent 700 kg de mercure. Olivier Barrellier, Cleantech Republic : « Nous collectons déjà 32 % des lampes usagées », 15.05.09. http://www.cleantechrepublic.com/2009/05/15/%c2%ab-nous-collectons-deja-32-des-lampes-usagees-%c2%bb
43. http://www.malampe.org/?q=la_collecte_selective

reprendre les lampes usagées de ses clients dans la limite des quantités achetées. On les rapporte chez les commerçants, en grande surface et dans les magasins de bricolage, lorsqu'on achète des lampes neuves.

Certaines déchetteries les acceptent. Renseignez-vous.

Et n'oubliez pas votre électricien préféré. S'il fait des travaux chez vous, vous pouvez aussi lui confier vos lampes mortes.

Si vous cassez l'une de ces lampes, le site *ma lampe* donne les consignes suivantes :

« Aérez.

Ramassez rapidement les brisures à l'aide d'un balai et pas avec un aspirateur qui chaufferait et vaporiserait le mercure dans l'atmosphère.

Mettez les brisures dans un sac-poubelle fermé. »

Pour en savoir plus, allez sur le site *ma lampe*[44].

Nous, on mettrait d'abord les milles morceaux dans une petite boîte en carton fermée, puis dans un sac-poubelle, pour éviter que la lampe ne le transperce avec férocité.

44. http://www.malampe.org/?q=la_collecte_selective

Les matériaux de construction

Contrairement à ce que l'on croit souvent, la déconstruction ne date pas de Derrida. Dans l'Antiquité, ce n'était pas un mouvement philosophique mais une pratique courante qui consistait à raser un bâtiment pour récupérer les pierres et autres matériaux pour reconstruire un édifice plus beau qu'avant. Parfois même, d'antiques voyous – et d'où croyez-vous que vient le mot vandale ? – volaient de pierres alors que l'édifice était encore debout. C'est ce qu'on appelait dilapider – de *lapis* : pierre – on piquait des pierres pour les disperser (i.e. les jeter) ou pour lapider son voisin ou sa voisine. Un privilège réservé aux hommes et aux femmes qui se déguisaient en hommes avec de fausses barbes comme dans *La vie de Brian* des Monty Python. Nous le clamons haut et fort « Vive la déconstruction » pas pour la lapidation, mais pour la récupération. Celle de Derrida, on s'en occupera plus tard. Pour l'instant, l'heure est au *upcyclage* de ces matériaux et à la revalorisation des gravats. Un filon que quelques petits malins exploitent avec matériaux anciens comme des grilles de château, des cheminées, des portes, des tuiles, des parquets, etc.[45] Bref des merveilles qu'on aurait tort de jeter ou de ne pas ramasser si par bonheur on les trouve dans les bennes à ordures. Et même des crucifix comme celui sur la tombe de l'abbé Pierre que ses compagnons ont trouvé dans une décharge.

Les portes

Une belle porte ancienne récupérée sur un chantier fera porte à l'intérieur ou en trompe l'œil sur le mur du jardin, un plateau de table, un plateau bureau posé sur des tréteaux, une tête de lit ou un guéridon. Vous pouvez l'accrocher au mur à l'horizontale pour en faire un pense-bête pour toute la famille. Si elle est faite de panneaux, vous pouvez la déconstruire pour récupérer les panneaux.

Les fenêtres

Vous avez fait changer les fenêtres de votre maison ou vous avez vu de vieilles fenêtres dans une benne près de chez vous. Récupérez-les pour faire :

Un cadre

Le montant d'une petite fenêtre à petits carreaux servira de cadre à une série de photos ou de tableaux.

Une crémaillère dans la cuisine

Vissez des crochets aux quatre coins d'un battant de fenêtre à petits carreaux pour y fixer des chaînes afin de la suspendre au plafond. Vissez des crochets sur l'autre côté pour y suspendre vos ustensiles de cuisine et une crémaillère est née.

Un plateau de guéridon

Fixez une petite fenêtre sur quatre pieds et le tour est joué.

45. Pour vous faire une petite idée : < http://www.materiaux-anciens-lekalao.com/vente-materiaux-anciens.htm#tuiles >

Une séparation

Pour faire une cloison symbolique, retirer les carreaux de quelques battants de fenêtres dépareillées, attachez-les entre elles avec des filins en laissant des espaces entre elles. Fixez-les filins plafond et au sol et admirez cette séparation arachnéenne.

Un vitrail

Peignez les carreaux avec de la peinture pour vitrail et accrochez votre chef-d'œuvre au mur.

Une clôture de jardin

Pour séparer le potager des fleurs, installez une mini-clôture entre les deux. Retirez les carreaux de trois ou quatre battants de fenêtres pour ne garder que les montants. Clouez une planche sur ce qui sera la base de la clôture et sur le dessus. Et installez cette création.

Des fenêtres en trompe-l'œil

Accrochez trois ou quatre battants de fenêtres peints en bleu sur un mur de jardin blanc pour faire un trompe-l'œil et fixez des jardinières sous ces fenêtres.

Une mini-serre

Fabriquez un cadre en bois au pourtour légèrement plus petit que vos fenêtres. Protégez ce bois avec un produit contre le pourrissement. Préparez soigneusement le fond du châssis : drainage, couche de sable, terreau. Posez le cadre sur le châssis et isolez-le à l'extérieur avec de la terre, de la paille et/ou des feuilles mortes. Installez vos fenêtres sur le cadre et prévoyez un système pour maintenir le cadre ouvert – un bout de bois par exemple. Prévoyez aussi une ombrière et des paillons pour les nuits fraîches.

Ou

Si vous avez une grande quantité de fenêtres et un bricoleur sous la main, une mini-serre plus élaborée avec 4 murs et un toit.

Les barreaux de la rampe d'escalier

Si vous décidez de remplacer l'escalier, les barreaux feront une reconversion réussie en :

Pieds de table

Coupez-les à la hauteur voulue, mettez une porte de placard dessus. Un peu de peinture et la petite table basse est prête à épater la galerie.

Les volets

Une cabane

Construisez une cabane pour les enfants avec les volets et une cabane de jardin pour vous avec des volets de portes-fenêtres.

Les briques et tous les matériaux en bon état

Les briques, les pierres, les tuiles, les ardoises, les caniveaux, les cheminées, les plaques en fonte, les tomettes, les dalles, les carreaux, les boiseries, les parquets, les escaliers, les lambris, les corniches, le bois de charpente, les éviers, les lavabos, les baignoires, les portes, les fenêtres, les encadrements de portes et de fenêtres, les voûtes, les portails, les grilles, les bancs de jardins, les statues, bref tout se récupère.

Les tuyaux et les métaux

Si vous ne les récupérez pas, ils peuvent être revendus à un ferrailleur.

Le plâtre périmé

Le plâtre de Paris ou d'ailleurs s'évente au bout de quelque temps. Inutilisable pour reboucher les trous, il fera néanmoins des merveilles dans votre jardin si la terre a besoin d'un petit supplément de calcium. Avant de faire vos plantations, pour être sûre que le sol sera suffisamment riche en calcium et pour éviter la pourriture des bourgeons floraux des aubergines, des courgettes, des melons, des poivrons et des piments, des tomates provoquée par un excédent de pluie ou de sécheresse, saupoudrez-la avec du plâtre éventé des craies blanches cassées écrasées, du lait en poudre périmé ou des coquilles d'œuf écrasées. Saupoudrez une poignée au pied des plants et mélangez avec la terre. Renouvelez l'opération 1 ou 2 fois par mois.

Les gravats

Récupérez les gravats, cassez les gros morceaux et mettez tout ça dans les allées du jardin pour éviter la boue.

On envoie à la déchetterie

Sur les 85 000 000 000 de tonnes annuelles de déchets produits sur terre, 40 % sont des déchets de chantier. Et comme il est plus facile de démolir que de déconstruire, la récupération ou la « revalorisation » des matériaux de construction commence seulement à être envisagée par les pouvoirs publics.

Gravats et déchets de chantier

Les gravats propres, terres, démolitions et petits terrassements ne doivent pas être mis dans les poubelles d'ordures ménagères, mais dans une déchetterie. Ils sont à présenter lors de la collecte des encombrants.

Les résidus de peintures, de vernis, de solvants, de colles, d'antigel et l'huile de vidange

Ils ne doivent pas être mis dans les poubelles d'ordures ménagères, mais dans une déchetterie. Ils sont à présenter lors de la collecte des encombrants.

Les voitures

César, la star du Nouveau Réalisme, qui compressait tout ce qu'il trouvait – tissus, bijoux et surtout des voitures – pour défier la société de consommation, a réussi le tour de force mémorable de donner aux bolides vaincus par la course une nouvelle grâce après le compactage. Nous lui donnons le César de l'*ucyclage*. Si vous voulez vous lancer, faites un tour chez un broyeur ou un démolisseur près de chez vous. Vous y trouverez à coup sûr votre bonheur avec les :

Jantes de voiture

Dévidoir

Si vous n'avez pas de dévidoir-porte-tuyau pour votre tuyau d'arrosage, une jante de voiture fixée au mur fera l'affaire.

Barbecue

Les jantes des roues de voiture, et plus particulièrement des voitures de sport, font de super bacs à barbecue. Non pas que ces bolides cuisent les côtelettes plus rapidement, mais leurs jantes sont plus larges donc le foyer est plus profond. Mettez une vieille grille de four – ou une grille en fil de fer profilé – dans le fond, puis posez une grille de barbecue dessus et installez la jante sur un trépied. Dites « Abracadabra » et vous avez un barbecue.

Cloches

Le groupe anglais de luthiers sauvage, Urban Strawberry lunch, accroche des jantes de voiture sur des tuyaux dans un clocher pour faire entendre un autre son de cloche[46]. Mais ça marche aussi ailleurs. Essayez.

Moteur

Table basse

Le copain de Raymond, terriblement attaché à son moteur V8, l'a transformé en table basse pour ne plus jamais avoir à s'en séparer. Bien astiqué, avec un plateau en verre, c'est une pièce… unique qui a ainsi échappé à une mort tragique.

Plaques d'immatriculation

Découpez-les pour en faire des tableaux magnétiques en les collant sur des magnets ou en les vissant sur une planche, pour décorer les albums photo ou les classeurs.

Pneus

À Kampala en Ouganda, un groupe de petits génies fabrique des chaussures sérieusement branchées avec de vieux pneus. Et en prime, ils ont installé des stands de cordonnerie qui réparent vos chaussures le jour même. Vous y allez, vous leur confiez vos souliers. Pour ne pas vous laisser nu-pieds, ils vous prêtent gracieusement l'un leurs modèles. Et, comme les essayer, c'est les adopter, lorsque vous revenez chercher vos chaussures, vous

46. http://www.recyclethis.co.uk/wp-content/uploads/2008/09/car-wheel-bells.jpg

succombez et vous achetez celles que vous avez aux pieds. Félicitations à ces inventifs stylistes.

Avant d'utiliser les pneus, nettoyez soigneusement l'intérieur et l'extérieur avec du savon biodégradable.

Balançoire

Qui ne se souvient pas avec émotion d'avoir fait un tour de balançoire sur un vieux pneu au clair de lune ?

Bac à sable

Les grands pneus de tracteur font des bacs à sable spectaculaires pour les enfants. Posez le pneu, remplissez-le de sable et lâchez les enfants.

Table de jardin

Peignez trois pneus en bleu ou une autre jolie couleur vive. Empilez les pneus les sur les autres, posez une planche par-dessus et vous avez une table originale.

Plantations

Les pneus sont parfaits pour les plantations. Ils conservent l'humidité, ils sont empilables, réutilisables et leur couleur noir qui absorbe les rayons du soleil garde les racines des plants au chaud. Avec les pneus entiers, à la différence des pneus broyés[47] – les spécialistes[48] de la réutilisation des vieux pneus ne constatent aucun lessivage de composés toxiques.

• Des fleurs

Les pneus sont parfaits pour planter des fleurs, des herbes culinaires ou des légumes. Peignez-les des couleurs, remplissez-les de terre et vous avez des jardinières pour y installer confortablement des fleurs et des herbes culinaires.

47. « Qui pourraient présenter des dangers pour la santé » selon le rapport http://www.health.state.ny.us/environmental/outdoors/synthetic_turf/crumb-rubber_infilled/fact_sheet.htm

48. Harte, John ; Holdren, Cheryl ; Schneider, Richard ; and Shirley, Christine, *Toxics A to Z, A Guide to Everyday Pollution Hazards*, University of California Press, 1991.

- **Des pommes de terre**

Pour cultiver des pommes de terre en hauteur dans les potagers tout petits ou les jardins riquiqui, empilez des pneus préalablement lavés. Donnez quelques coups de binettes et installez un premier pneu. Remplissez-le d'un mélange terre et compost et plantez 3 pommes de terre. Des que les premières feuilles apparaissent, empilez un deuxième pneu sur le premier, ajoutez de la terre en prenant bien soin de laisser une partie des plants sortie de terre. Ajoutez un autre pneu et de la terre par-dessus. Et renouvelez l'opération jusqu'à atteindre une pile de quatre pneus ou cinq pneus. En automne, lorsque les feuilles sont sèches, récoltez vos patates en retirant les pneus. Normalement vous devriez récolter cinq ou six fois plus de pommes de terre que si vous les aviez plantées dans le sol.

- **Du maïs, des haricots et de la salade**

Les Aztèques, les Incas et les Mayas plantaient toujours le maïs avec des haricots et des courges. Un trio gagnant-gagnant où tout le monde trouvait son compte. Le maïs sert de tuteur aux haricots qui, en retour, enrichissent le sol avec l'azote qu'ils captent dans l'air. Et les courges couvrent le sol de leurs larges feuilles pour qu'il garde sa fraîcheur et pour empêcher les mauvaises herbes de pousser.

Vous pouvez utiliser la même méthode pour semer, avec bonheur du maïs avec des haricots et… de la salade à la place des courges trop volumineuses. Tout ce petit monde cohabitera dans la joie et la bonne humeur. Semez quelques graines de maïs dans votre pile de pneus. Semez un haricot qui va s'enrouler avec délice autour de la tige du maïs. Et dans l'espace qui reste, casez votre salade.

- **Des fraises**

Les fraises aussi s'épanouissent dans des pneus savamment empilés en se chevauchant. Essayez cette technique proposée par le jardinier anglais Colin Wilson[49]. Posez trois pneus sur le sol pour former un triangle. Remplissez-les avec un mélange de

49. Cité par Roger Yepsen Ed. : *1,001 Old-Time Gardening Tips*, Rodale Press, 1999.

terre et de compost. Puis empilez trois autres pneus sur les premiers mais en les décalant pour que chaque pneu de la deuxième pile soit à cheval sur deux pneus de la première pile. Remplissez de terre et recommencez avec un troisième triangle de pneus. Plantez les fraises dans les espaces remplis de terre qui dépassent. La récolte devrait être abondante.

- **Forcer la rhubarbe**

Faire pousser la rhubarbe dans le noir pour accélérer la pousse, est une torture qui se pratique depuis le début du XIXe siècle. Le résultat de ces sévices est une rhubarbe d'un rose éblouissant et d'une saveur à tomber. Comme quoi, même la rhubarbe doit souffrir pour être belle. Placez deux ou trois pneus préalablement lavés autour des plants avant qu'ils ne pointent le bout de leurs nez. Couvrez les pneus avec une planche pour créer une petite serre tropicale sombre. De décembre à la fin mars, vous aurez de la rhubarbe précoce, succulente et sucrée.

Mini-serre

Couvrez le pneu avec du plastique transparent pour faire un petite serre. L'épaisseur du pneu est un isolant performant pour créer un environnement chaud où les graines germeront dans la joie et la bonne humeur.

Vermicomposteur

Si vous décidez à faire travailler des vers composteurs – supers héros écologiques de la valorisation de vos déchets culinaires – les spécialistes[50] recommandent de les installer dans des vieux pneus. Empilez cinq ou six pneus préalablement lavés pour en faire un temple du recyclage dans lequel officieront ces vestales vermicomposteuses. Remplissez l'intérieur des pneus avec des vieux journaux déchirés. Puis, tapissez le fond de ce puits improvisé avec une litière bien humide de 10 à 15 cm constituée de 2 parts de journaux déchiquetés, 1 part de terreau, 1 part de sable, et de l'eau. Comptez 2 litres d'eau pour 8 tasses du mélange journaux, terreau et sable. Il vaut mieux utiliser de l'eau minérale ou filtrée.

50. Don Brian Geary, chef jardinier dans l'Etat de New York et cité par Roger Yepsen Ed. : *1,001 Old-Time Gardening Tips*, Rodale Press, 1999.

Ajoutez des épluchures de fruits et légumes – sauf les oignons, les agrumes et les épluchures d'ananas qui leur donnent des brûlures d'estomac – passés au mixeur, du marc de café, des feuilles de thé et des coquilles d'œuf écrasées. Mettez-en aussi au fond de ce petit puit improvisé, avec le reste de la litière des épluchures de fruits et légumes, du marc de café, des feuilles de thé, des coquilles d'œuf écrasées. Maintenant tout est fin prêt pour y installer vos invités. Les pneus sont l'habitacle parfait pour ces petits musclés dénudés, qui les protège du froid en hiver et de la chaleur en été.

Pare-choc de bateau

Pour éviter de rayer la coque de votre bateau pendant les manœuvres pour le garer dans un emplacement de la taille d'un mouchoir à la nouvelle marina, attachez des pneus sur les côtés de votre vaisseau.

Des pots de fleurs

Les pneus recyclés en pots de fleurs par le créateur catalan Curro Claret[51] ou les Américains de Re-tiring[52] sont esthétiques et incassables. Une excellente nouvelle qui évitera les pots cassés.

Maisons passives

Les maisons passives construites avec des pneus, des cannettes et des bouteilles ne sont pas des abris de fortune mais des habitations haut de gamme, ou plutôt des vaisseaux terriens. Ces *Earthships*[53] – conçus par l'éco-architecte américain Michael Reynolds qui se désigne comme le guerrier des ordures[54] – sont réalisés dans le monde entier avec de matériaux de récupération et sont totalement autonomes.

51. http://r3project-english.blogspot.com/2009/03/recycled-car-tire-as-flower-pot.html
52. http://www.tirecrafting.com/advanced.html. Le nom re-tiring est jeu de mots sur la prendre sa retraite retire et réutiliser des pneus – tire en américain – re-tire.
53. http://www.earthship.net/index.php?option=com_content&view=article&id=310&Itemid=73
54.http://www.earthship.net/index.php?option=com_content&view=article&id=360:garbage-warrior-trailor-one&catid=52:videos-movies-tv&Itemid=94

Calandre

• Applique

Entre les doigts de fée de Gilles Eichenbaum alias Garbage, une calandre de Mercedes « rétro éclairée » devient une applique baptisée *Mustafa Kebab*[55]. On en reste bouche bée.

On recycle

La France produit chaque année quelque 400 000 tonnes de pneus usagés générés lors de leur remplacement par des pneus neufs ou lorsque les véhicules en fin de vie se retrouvent chez le déconstructeur. Le garagiste qui vous change les pneus, garde les vieux qu'il doit remettre à des collecteurs agréés. Mais le recyclage est difficile, l'incinération est plus facile et coûte moins cher[56].

• L'huile de vidange

Les courageux qui font leur vidange eux-mêmes savent qu'il ne faut surtout pas jeter ce produit très polluant dans la nature. On vide l'huile dans un jerrican ou dans un bidon vide, bien étanche, qu'on rebouche soigneusement et qu'on apporte à la déchetterie, aux heures d'ouverture comme il se doit. C'est gratuit.

On recycle

Que deviennent nos vieilles voitures en fin de vie? L'Europe exige qu'une voiture soit recyclée à 85 % des véhicules. Pour trouver un recycleur près de chez vous[57].

55. http://www.garbage-vpot.com/nouveautes_389_1.html

56. « Les fabricants de pneus tiennent de grands discours sur leur engagement en faveur de la réutilisation des pneus usagés mais en réalité ils privilégient la voie de l'incinération. Un choix qui ne leur coûte rien en terme de R&D et ne risque pas de favoriser l'émergence d'une filière concurrente », affirme Valérie Shulman, co-fondatrice de l'*Etra* (Etra - European Tyre Recycling Association,www.etra-eu.org). « En effet, le caoutchouc issu des filières du recyclage entre directement en concurrence avec celui qu'ils commercialisent eux-mêmes », dit-elle. « Le choix de la valorisation énergétique par incinération n'est pas un mauvais calcul, mais lorsqu'ils signent des contrats qui les engagent sur cette voie pour une durée de parfois 25 ans, les producteurs de pneumatiques compromettent l'avenir d'une société durable fondée sur l'émergence d'un nouveau secteur économique lié au recyclage.»

57. http://www.recyclermavoiture.fr/vhu/

Conclusion

Bien évidemment, il y a une foultitude d'objets à recycler que nous n'avons pas évoqués ici, mais rappelez-vous, le but de l'opération était de stimuler votre imagination, d'encourager votre créativité et de développer votre cerveau gauche pour vous permettre de trouver des solutions et de nous en faire profiter. Maintenant que vous êtes prêts à tout récupérer, *upcycler* et recycler dans la maison et le jardin, n'hésitez pas à nous en faire part par courrier ou sur le site des éditions du Dauphin[58] en attendant que le blog *Top of the trucs* soit prêt – ce qui ne saurait tarder.

Et pour conclure, la question à 100 000 euros maintenant est de savoir si nous allons recycler Raymond. Après mûre réflexion, la réponse est non. Barack, Brad et George ne sont pas sur le marché et ne risquent pas d'y être avant un bon bout de temps. Nous allons donc garder Raymond et peut-être l'encourager à s'*upcycler* un peu. Et nous, on va faire de même, des fois que Raymond aie la très mauvaise idée de nous recycler !

58. http://www.editionsdudauphin.com/7.aspx

LES ALIMENTS

1re famille de déchets répertoriée sur le plan économique mondial

- Les aliments que l'on peut récupérer
- Les aliments qui servent de déchets
- L'eau

Les aliments que l'on peut récupérer

Christine Terhune Herrick écrivait en 1885 « Une famille française pourrait vivre élégamment avec ce que la ménagère américaine jette à la poubelle[1]. » Les choses ont bien changé depuis.

La chasse au gaspi est ouverte ! Ce qui n'est pas étonnant quand on sait que la moitié de la production alimentaire mondiale finit aux ordures[2] et que dans les pays riches, on jette allègrement entre vingt et quarante pour cent de la nourriture qu'on achète[3]. Seulement 20 % de ce total est composé de matières impropres à la consommation, comme les os ou les épluchures. Tout le reste pourrait être mangé. Les fruits et les légumes frais, le pain et les yaourts caracolent toujours en tête des aliments les plus jetés. Certains avant même l'échéance fatidique de la date limite

1. *Good House Keeping :* The Wastes of the Household : Watching and Saving the `Left-Overs, 1885.

2. International Water Management Institute (Stockholm) : Saving Water : From Field to Fork : Curbing Losses and Wastage in the Food Chain (2008)

3. Chartered Institute of Environmental Health ; U.S. Environmental Protection Agency ; Planet Ark ; U.S. Department of Agriculture ; University of Arizona ; World Food Program ; Waste & Resources Action Program (WRAP) ; Friends of the Earth (UK) ; National Society for Clean Air ; The Ecologist ; Just-food.com ; Food Production Daily ; Endhunger.org, International Water Management Institute (Stockholm).

de vente. Et ça, non seulement ce n'est pas économique[4], mais en plus ce n'est pas écologique ! Au-delà du gâchis que représentent ces aliments jetés – et dont on devrait avoir honte – des trillions de litres d'eau[5] ont été gaspillés pour les produire. À cela s'ajoutent les émissions de CO2[6] générées par la culture, la production, le transport, l'entreposage de ces aliments. Quant à leur décomposition, elle émet des quantités de méthane supérieures à celles du CO2 lorsque – lequel méthane est vingt-trois fois plus nocif que le dioxyde de carbone[7]. Aïe, aïe, aïe, là on se dit qu'on va y réfléchir à deux fois avant de jeter.

Pour éviter de participer à cet horrible gaspillage, testez ces petits trucs, tout ce qu'il y a de scientifique, pour optimiser la conservation des aliments, utiliser les restes et composter ce que vous pouvez.

On sait conserver les aliments

Le mieux c'est de commencer par le commencement en apprenant à acheter mieux, moins et à conserver correctement ! Règle de base : on conserve les fruits et légumes au réfrigérateur. Si vous ne l'avez pas fait et que vous vous apercevez que vos légumes commencent à mollir, il faut intervenir rapidement : lavez-les et mettez-les dans un récipient rempli d'eau au réfrigérateur. Avec ce traitement de choc, ils devraient tenir quelques jours de plus.

La gestion des stocks congelés et réfrigérés ne doit pas être prise à la légère sous peine de se trouver nez à nez avec quelques objets velus non identifiés aux vagues allures de mammouths miniatures prêts à s'échapper. Dans ce cas, bouclez le périmètre, déclarez la zone « sinistrée », videz le congélateur ou le réfrigérateur et désinfectez au vinaigre.

4. Pour la Grande-Bretagne cela représente 10 milliards de livre sterling par an. Et il y a fort à parier que la facture est équivalente pour les autres pays européens.

5. Pour les États-Unis, cela représente 40 trillions de litres d'eau (soit 40 km^3) par an, un volume suffisant pour satisfaire les besoins ménagers de 500 millions de personnes. (Rapport des Stockholm International Water Institute (SIWI), Food and Agriculture Organization of the United Nations (FAO),

6. Chaque tonne de nourriture jetée produit 4,5 tonnes de CO2. Autant qu'une voiture sur cinq, soit 2 % des émissions totales.

7. Environmental Protection Agency (EPA).

Ail

Conservez les gousses d'ail épluchées dans un pot en verre, recouvrez d'huile, fermez et mettez au réfrigérateur. Elles ne se dessécheront pas et, en prime, vous pourrez utiliser l'huile pour cuisiner avec le wok ou dans les vinaigrettes.
Pour les congeler, épluchez-les, émincez-les, enfermez-les dans un sac en plastique que vous mettez au freezer.

Artichauts

Prolonger de quelques jours la vie des artichauts en achetant les spécimens avec la tige la plus longue. Placez vos acquisitions dans un récipient rempli d'eau et mettez le tout au réfrigérateur.

Asperges

Le secret pour les garder en pleine forme, c'est les pieds humides. Pas les vôtres, évidemment, mais ceux des asperges. Passez quelques feuilles de papier absorbant sous l'eau, pressez-les pour retirer l'excédent d'eau, étalez-les sur le plan de travail et posez délicatement les tiges des asperges dessus. Enveloppez-les dans le papier et mettez ce joli paquet dans le bac à légumes du réfrigérateur.

Bananes

L'un des premiers textes mentionnant la banane date de 327 avant Jésus-Christ, lorsqu'Alexandre le Grand a fait sa petite excursion en Inde. Mais les malheureux Américains ont dû attendre la fin du XIXe siècle pour les goûter. Le moment historique a eu lieu pendant l'exposition universelle de Philadelphie en 1876, où elle a été présentée en même temps que le téléphone. Et tenez-vous bien, ces jolis fruits jaunes ont attiré plus de monde que l'invention d'Alexandre Graham Bell.
Si vous n'aimez pas les bananes trop mûres, séparez-les et conservez-les au réfrigérateur : leur peau deviendra noire, mais les bananes resteront bien fermes.

Beurre d'arachide

Les pieds en l'air et la tête en bas, c'est le secret pour conserver une fraîcheur de jeune fille au beurre d'arachide.

Boissons gazeuses

Les bouteilles entamées garderont leurs bulles plus longtemps si, après avoir bien revissé le bouchon, vous les entreposez au réfrigérateur la tête en bas.

Café

Lorsque le café est arrivé en Europe en 1615, il était vendu en pharmacie comme médicament. Près d'un siècle plus tard, aux États-Unis, on peut être sûr que William Penn qui avait payé sa livre de café 4,68 dollars à New York en 1683 – soit 108,11 dollars en 2001 – n'en a pas perdu un seul grain et l'a bu jusqu'à la dernière goutte.
Le café se conserve mieux au réfrigérateur. Et les grands stocks, au congélateur. Il gardera son arôme puissant plus longtemps.

Carottes

Les carottes ne supportent pas la proximité des pommes de terre. La preuve, c'est qu'en leur compagnie, les carottes deviennent affreusement amères.
Coupez les fanes des carottes, mettez-les dans un récipient hermétique au réfrigérateur. Elles garderont tout leur croquant.
Ces petites créatures orange n'ont rien contre la congélation. Lavez-les, coupez-les en rondelles, mettez-les en sachets en expulsant le maximum d'air. Et, hop, au congélateur !
Vos carottes sont molles et tristes ? Ça peut arriver à tout le monde. Redynamisez-les avec un traitement de choc : plongez-les dans un verre ou un autre récipient rempli d'eau que vous mettez au réfrigérateur pour ne pas entendre leurs hurlements. Elles retrouveront leur fermeté en un clin d'œil.

Cassonade

Un sac de plastique dans un récipient hermétique, c'est ce qu'il y a de mieux pour la cassonade.
Elle adore le froid. La preuve ? Si vous l'installez au congélateur, elle restera bien molle.
Si par malheur elle a durci, la situation n'est pas désespérée. Un morceau de pain dans son récipient et en 24 heures chrono, elle retrouvera toute sa mollesse.

Champagne ou vin

Vous n'avez pas de bouchon pour reboucher le champagne ou le vin ? Sortez votre plus joli rouleau de ruban adhésif argenté – c'est plus classe – et bouchez soigneusement votre bouteille. Et demain, vous pourrez le mélanger à votre jus d'orange pour en faire un *Bucks Fizz* servi avec des fraises qui fera chavirer Raymond.

Champignons

En bons écolos, ils adorent se cacher dans les sacs en papier mais ont le plastique en horreur. Moralité : prolongez-leur la vie en les installant dans un coquet sachet en papier kraft dans le bac à légumes du réfrigérateur.

Chou

Le chou se conserve tout l'hiver dans une cave froide ou plusieurs semaines dans le bac à légumes du réfrigérateur.

Citrons et citrons verts

Les citrons resteront frais plus longtemps dans un sac plastique ou dans un récipient rempli d'eau.

Ils se conservent au réfrigérateur pendant un mois dans un bocal de stérilisation. Passez-le à l'eau bouillante. Mettez-y les citrons et recouvrez-les d'eau froide. Fermez le pot hermétiquement avec un couvercle à rondelle de caoutchouc.

Il ne vous faut que quelques gouttes de jus de citron ? Piquez le citron avec un cure-dent ou une allumette et pressez. Replacez le cure-dent ou l'allumette et mettez au réfrigérateur. Ou mettez-le dans un sac de plastique sans le cure-dent et réfrigérez.

Si le citron est entamé, retournez-le sur une soucoupe avec un peu de vinaigre ou de sel fin, et hop au réfrigérateur.

Un citron dont vous avez prélevé le zeste peut se conserver pendant 1 ou 2 semaines. Mettez-le dans un récipient rempli d'eau que vous changez tous les jours.

Si vous n'utilisez qu'un petit morceau de citron ou de citron vert, coupez le reste du fruit en quartiers que vous ferez congeler dans un sac en plastique.

Concombre

Enveloppez chaque concombre dans un morceau de journal et mettez-les dans le bac à légumes du réfrigérateur.
Vous n'avez pas suivi ces précieux conseils et le concombre du dîner pique du nez ? Redonnez-lui toute sa raideur perdue en le plongeant brutalement dans un récipient rempli d'eau que vous mettez au réfrigérateur.

Crêpes

C'est rare qu'il reste des crêpes mais quand ça arrive, il suffit de les séparer avec des morceaux de papier sulfurisé pour les empêcher de coller et de les mettre dans un sac de plastique au congélateur. Lorsque les petits monstres vous en réclameront, il suffira de les passer au grille-pain.

Cookies

Vous avez fait une grosse fournée de cookies au chocolat. Pour qu'ils conservent ce goût de « tout juste sortis du four et à peine refroidis » pendant les deux jours qui suivent, mettez-les dans un récipient hermétique avec une tranche de pain. Laquelle tranche fera aussi des miracles pour redonner du moelleux à des *cookies* durcis.

Cresson

Le cresson restera frais plus longtemps si vous l'achetez en botte et que, dès votre retour à la maison, vous lui mettez la tête – pas les pieds – dans un récipient d'eau froide au réfrigérateur.

Épinards

Un plongeon dans l'eau froide, un passage à l'essoreuse à salade et ils sont bons pour un séjour dans un récipient hermétique au réfrigérateur. Ce traitement brutal est tout aussi efficace pour redonner toute leur vigueur à des épinards ramollos.

Farine

Rangez-la dans un récipient hermétique ou dans un sac plastique pour maintenir un taux d'humidité constant. Et elle durera éternellement ou presque.

La farine de blé entier restera fraîche si vous la congelez dans un sac en plastique.

Fines herbes

Basilic, persil ou autres fines herbes bien lavés supportent bien la congélation dans un bac à glaçons avec un peu d'eau.

Fraises, framboises et autres fruits rouges

Faites-les congeler entiers, bien à plat et sans les serrer, sur une plaque. Saupoudrez-les de sucre en poudre et mettez la plaque au congélateur. Une fois congelés, vous pourrez les mettre dans un sachet ou une boîte pour les ranger facilement. Les fruits resteront intacts et vous pourrez utiliser la quantité voulue sans avoir à décongeler le tout.

Framboises

Les framboises de la veille resteront bien fraîches dans leur petit récipient si vous les recouvrez d'une feuille de papier absorbant avant de les mettre au réfrigérateur.

Fromage

Dites non au fromage moisi en mettant 2 morceaux de sucre ou une pincée de sel ou les deux dans la boîte à fromage.
Et mettez-y aussi 1 brin de thym pour absorber les odeurs trop puissantes.
Après avoir coupé un morceau de fromage, beurrez l'entame pour éviter qu'il ne se dessèche.
Si vous voulez un fromage de toute beauté, frais et sans la moindre trace de moisissure, enveloppez-le délicatement dans un linge imbibé de vinaigre.
Le fromage en vrac restera frais comme un gardon pendant un mois ou plus dans une boîte hermétique en plastique – fermée par un couvercle permettant de chasser l'air à la pression du doigt. N'oubliez pas de mettre une feuille de papier absorbant imbibée de vinaigre dans la boîte et de la changer une fois par semaine.
Pour notre plus grand malheur, le parmesan peut, devenir dur comme de la pierre ou se mettre à transpirer abondamment. *Nobody's perfect!* Évitez-lui cette humiliation en le conservant

confortablement dans son emballage, sans le serrer, et installez-le dans une belle boîte hermétique dans le bac à légumes du réfrigérateur.

Fruits

Prolongez la vie des fruits en les installant confortablement au réfrigérateur. Ils vous en seront reconnaissants.

Gâteau

Lorsque vous ne coupez que quelques morceaux d'un gâteau frais, prenez les tranches à partir du milieu, puis replacez les deux moitiés ensemble. Le gâteau restera frais plus longtemps et vous pourrez jurer que vous n'en n'avez pas mangé beaucoup. Juste un tout petit bout.
Piquez une tranche de pain avec des cure-dents sur la partie entamée du gâteau pour l'empêcher de sécher.
La plupart des gâteaux comme le cake, le quatre-quarts ou le gâteau de Savoie, etc. se congèlent très bien. Coupez-les en tranches, mettez-les dans un sac en plastique et congelez. Idem pour les gâteaux individuels comme les *brownies*.

Glace

Les paillettes à la surface de la glace conservée dans une boîte au congélateur n'ont rien de glamour. Empêchez-les de se former en plaçant du plastique sur la glace. Appuyez fortement qu'il adhère parfaitement avant de remettre le couvercle pour fermer la boîte.

Guimauve

Quoi de plus tristes que de pauvres guimauves desséchées ? Ne les laissez pas racornir inutilement. Stockez-les dans un sac plastique au congélateur. Et lorsque vous serez prise d'irrésistible envie de guimauve, sortez les ciseaux et coupez la quantité. Un vrai bonheur.

Huile

Pour acheter une bonne huile, le secret, ce n'est pas la date de péremption mais la date de production. Plus elle est fraîche, mieux c'est. Les meilleures huiles – les huiles d'olive, de noix, de noisette, de sésame, de colza – vierges bio rancissent assez rapidement à température ambiante. Pour éviter ce problème, conservez-les au réfrigérateur dès que vous les entamez et fermez bien les bouteilles.

Lait

Une petite pincée de sel prolonge la vie du lait.
Le lait demi-écrémé – frais ou longue durée de conservation – se congèle parfaitement. Mettez les restes de lait dans le bac à glaçons puis transférez les glaçons dans un sachet en plastique.

Laitue

La laitue restera verte et vigoureuse dans un sac plastique avec une tranche de pain, dans un sac en papier ou sur du papier journal dans le bac à légumes.
Elle conservera son vert éclatant si vous l'installez confortablement avec du papier journal ou du papier absorbant au fond du bac à légumes dans le réfrigérateur. Le papier absorbe l'excès d'humidité, préservant ainsi la fraîcheur des fruits et des légumes plus longtemps.

Vous pouvez aussi la couper, la laver, l'essorer et l'envelopper dans un torchon mouillé et essoré au réfrigérateur. Ou enlever les feuilles abîmées et l'envelopper entière dans un torchon humide pour la mettre au réfrigérateur.
Si la laitue s'est fanée, usez de violence en lui arrachant le cœur. Plongez-la dans l'eau chaude, puis égouttez-la rapidement. Placez-la dans un sac de plastique et mettez-la au réfrigérateur. Une fois refroidie, la laitue retrouvera ses esprits et sa fraîcheur.

Légumes

Tapissez le fond du bac à légumes du réfrigérateur avec du journal ou du papier absorbant et enveloppez les légumes dans du papier-alu ou du papier journal.

Levure

Pour toujours avoir de la levure de boulanger sous la main, stockez-la au congélateur.

Noix

Conservez les noix, surtout les noix de Brésil au congélateur. Les coquilles s'enlèveront facilement, et les noix ne se casseront pas.

Noix de coco

Rangez toujours la noix de coco dans un récipient hermétique ou dans un sac de plastique fermé pour l'empêcher de sécher.

Œufs

Les œufs seront plus heureux dans leur petit carton douillet au réfrigérateur. Et on les comprend ! Le compartiment à trous de réfrigérateur est nettement moins intime.

Oignon

Les oignons préfèrent être entreposés dans un endroit sombre, à température ambiante, bien ventilé, par exemple dans un panier suspendu ou un cageot surélevé pour permettre à l'air de circuler. Les oignons forts se conservent plus longtemps que les oignons doux.

Ils ne supportent pas la collocation avec les pommes de terre.

Par contre, ils acceptent d'être congelés sans protester. Épluchez-les, émincez-les et enfermez-les dans un sac en plastique pour leur séjour glacé.

Si vous êtes fondu d'oignon cru en salade, faites-les macérer pendant 1 heure dans du jus de citron ou pendant 5 ou 6 jours dans de l'huile d'olive. Il sera plus digeste.

Un reste d'oignon non utilisé se conservera plus longtemps si la partie inférieure est intacte. Utilisez d'abord la partie supérieure.

Et si un vieil oignon a germé, félicitez-le et mettez-le en pot pour qu'il continue sur sa lancée. Les pousses vertes sont parfaites pour remplacer la ciboulette.

Persil

Roulez votre bouquet de persil en une boule très serrée, enveloppez-la dans du papier-alu et congelez. Lorsque vous aurez besoin de persil, enlevez le papier, coupez de fins copeaux de la quantité dont vous avez besoin, remballez votre boule et remettez-la au congélateur.

Poivrons

Pour conserver des poivrons entamés, laissez-leur la tige, les graines et la membrane intacte avant de les filmer.

Pommes

En les mettant au réfrigérateur, vous leur donnez 2 semaines de vie supplémentaire.
Les pommes coupées ne jauniront pas si vous les arrosez de jus de citron ou en les passant dans du Sprite®.
Donnez un bain d'eau salée aux pommes ridées pour les défriper. Cette recette n'est hélas pas valable pour les humains.

Pommes de terre

Évitez l'apparition de germes sur les pommes de terre en les conservant dans le bac à légumes du réfrigérateur avec une pomme.
Ne conservez jamais les pommes de terre à côté des oignons. Elles ne s'en remettraient pas.

Sel

Ajoutez des grains de riz dans le bocal à sel pour qu'ils absorbent l'humidité.

Saucisson

Le saucisson, comme le vin et le fromage, est le fruit d'une maturation surveillée avec amour, il convient donc de bichonner votre saucisson une fois arrivé à la maison.
Le saucisson sec et la saucisse sèche détestent les grandes chaleurs autant que les grands froids. L'idéal est de pouvoir les pendre haut et court à une potence à saucissons dans un endroit sec et frais comme une cave ou une pièce fraîche. La température de conservation idéale se situe entre 10 et 15°. Si vous n'avez ni l'une ni l'autre, enroulez la divine délicatesse dans un torchon en coton ou lin et mettez-la dans le bac à légumes de votre réfrigérateur.
Une fois le saucisson entamé, la seule coupe doit être protégée avec du film étirable pour éviter que le sel ne remonte. Mais ne filmez pas le reste du saucisson. Évitez le papier aluminium qui va créer une oxydation.

Sucre glace

Un peu de farine ajoutée au sucre à glacer le fera durer plus longtemps.

Tomates

Vous avez un stock de tomates que vous n'aurez pas le temps d'utiliser ? Congelez ces pommes d'or entières. Mettez-en plusieurs par sachets. Vous ne pourrez plus les utiliser comme des tomates fraîches mais elles seront parfaites pour les soupes, les sauces et les recettes avec des tomates cuites comme la ratatouille.

On maîtrise l'art de récupérer les ratés

Vous pouvez vous raser la tête et prendre le premier avion en partance pour la Chine comme un misérable coyote à foie jaune ou vous pouvez réveiller la Lara Croft qui sommeille en vous et sauver la situation. Si vous optez pour la deuxième solution, nos petites astuces de rien du tout vous sauveront la mise…

Les asperges sont apathiques

Si vous pliez une asperge, elle se cassera à l'endroit précis où elle commence à être tendre – donc bonne à manger. Mais là c'est l'horreur, vos asperges ne tiennent plus debout. Pour les ressusciter, pas la peine de leur faire un massage cardiaque. Il suffit de les mettre dans un bocal, d'ajouter 5 cm d'eau glacée et de recouvrir le tout d'un sac plastique que vous fixez au bocal avec un élastique. Mettez au réfrigérateur pendant 2 heures avant de les faire cuire.

Si malgré ce traitement de choc, elles restent molles comme de misérables chiffes, tout n'est pas perdu. Faites les cuire, puis mettez-les dans le mixeur avec 50 gr de poudre d'amande, 20 gr de pain rassis, quelques feuilles de basilic et 2 cuillers à soupe d'huile d'olive. Servez ce divin velouté d'asperge chaud ou froid, décoré avec des feuilles de basilic et un petit granité de tomate. Vos invités resteront bouche bée.

Le café n'est pas terrible

Avec une petite pincée de bicarbonate, votre triste jus de chaussette sera moins acide et si en plus vous ajoutez une pincée de cacao amer, il aura un arôme corsé sans la moindre note d'amertume. Au final, vous n'aurez pas un *Blue Mountain* – faut pas rêver – mais vous ne serez pas déshonorée.

Le céleri en branche a un goût amer

Remettez-lui les idées en place en lui coupant le bout des tiges et mettez-le dans un récipient rempli d'eau avec 1 cuiller à café de sucre dans le réfrigérateur. Il se conservera plus longtemps et retrouvera un goût plus agréable.

Le chou rouge a pâli

Et oui ! Personne n'est parfait. Et en plus, ce n'est pas sorcier. Il suffit d'un peu de vinaigre ou de vin rouge dans l'eau de cuisson du chou rouge pour lui éviter de perdre sa belle couleur.

Le concombre est ramollo

Vous n'avez jamais vu un concombre aussi mou, du vrai caoutchouc ! Plongez ce misérable mollasson dans un récipient d'eau glacée, mettez-le au réfrigérateur pendant une heure ou deux. Il sera un peu plus ferme. Épluchez-le et réduisez-le en bouillie pour faire une soupe glacée au concombre. Mettez-le dans un mixeur avec 2 yaourts nature, le jus d'½ citron vert, des feuilles de menthe ou de coriandre, 1 gousse d'ail épluchée, du sel, du poivre et du paprika. Mixez le tout, rectifiez l'assaisonnement et servez glacé. Là, vous frôlez le grand art.

La crème anglaise est trop sucrée

Dans un moment d'égarement, vous avez un peu forcé sur le sucre dans la crème anglaise ou dans un autre dessert cuit. Minimisez les dégâts en ajoutant un peu de sel.

Le curry est trop *hot*

Votre curry est divin, mais seuls des gosiers très aguerris sauront l'apprécier. Pour le commun des mortels aux muqueuses trop sensibles, ajoutez un peu de crème, de lait, de lait de coco, de yaourt, de beurre ou d'huile.

Vous pouvez aussi, si vous avez le temps, refaire la même sauce sans les épices. Retirez la moitié de la sauce trop *hot* et remplacez-la par celle que vous venez de faire.

Le fromage est moisi

En découvrant que le fromage est moisi, notre premier réflexe est de le jeter. Stop ! On fait marche arrière, on prend un couteau et on le trempe dans le vinaigre pour enlever la moisissure qui le défigure. Cette opération exige la plus grande délicatesse. Et pour éviter toute récidive, avant de se couper une petite tranche de tome ou de beaufort, on trempe à chaque fois le couteau dans le vinaigre. L'acide liquide ôtera au fromage toute velléité de récidive.

Les fruits n'ont aucun goût

Ils étaient jeunes, ils étaient beaux et ils sentaient bon, mais les apparences sont parfois trompeuses même chez les fruits. Ces fruits frôlent la perfection esthétique mais ils n'ont aucun goût. C'est très contrariant, mais pas catastrophique si on accepte une transformation. On les lave ou on les épluche et direction le mixeur où ils seront broyés pour leur manque de goût. Ajoutez de la cannelle en poudre, 3 cm de gingembre frais ou du gingembre en poudre, deux clous de girofle si vous aimez, un yaourt si vous voulez, une texture onctueuse ou du lait de coco pour une note exotique, des grains de raisins ou du miel pour sucrer un peu et mixez sans pitié. Goûtez ce somptueux *smoothie*, c'est à se pâmer.

Le jambon est trop salé

Faites-le cuire au four partiellement, enlevez le jus et sacrifiez une petite bouteille de *Ginger ale* que vous versez sur le jambon. Poursuivez la cuisson en toute sérénité. Ouf, le jambon est sauvé.

Les légumes congelés ont un goût… de congelé

Ce qui n'a rien de bien étonnant. Pour effacer ce petit goût qui vous chiffonne et leur donner un goût de légumes frais, passez-les rapidement dans un récipient d'eau bouillante. Égouttez-les et faites-les cuire comme prévu.

Et conservez l'eau pour arroser le jardin – bouillante pour les mauvaises herbes et refroidie pour arroser.

Les légumes verts ont pâli à la cuisson

Ils arboreront avec fierté un vert éclatant si, avant de les faire sauter dans l'huile, vous ajoutez une pincée de curcuma.

Les légumes en conserve ont un goût de conserve

Gommez avec subtilité l'indésirable goût de conserve en passant rapidement les légumes dans une eau vinaigrée ou citronnée.

Les légumes sont raplapla

Un petit bain dans l'eau vinaigrée, il n'y a rien de tel pour redonner un peu de tonus à des légumes raplapla.

Les lentilles sont en bouillie

C'est l'occasion d'épater les papilles de la galerie avec un *dhal* d'enfer. Ajoutez un oignon frit, une pincée de cumin, une pincée de curry, une pincée de piment, du sel, du poivre et ½ tasse de noix de coco à vos lentilles. Et c'est toute la magie de Bollywood dans vos assiettes!

Le miel est solide

Ça arrive dans les meilleures familles. Eh oui, le miel peut se cristalliser. Dieu merci, il existe un moyen d'inverser le terrible processus en plaçant la quantité de miel désirée au micro-ondes pendant 10 à 60 secondes. Il en sortira liquéfié et prêt à être utilisé.

Les noix et les noisettes commencent à rancir

Toute velléité coupable de rancissement chez les noix sera supprimée en les recouvrant d'eau bouillante. Puis en les étalant dans un moule peu profond pour un séjour au four. Attention: vous devez les remuer souvent pour éviter qu'elles ne brûlent.

L'oseille est trop acide

C'est une horreur. Elle est à la fois acide et âcre. Pour la rendre consommable, ajoutez un jaune d'œuf pour faire disparaître l'acidité et un jus de citron contre l'âcreté.

Et si l'envie vous prenait d'en mettre dans une omelette, faites-la fondre dans du beurre avant de l'ajouter aux œufs.

Le persil et l'aneth sont flagada

Pour ranimer du persil et de l'aneth en détresse, plongez-les dans l'eau glacée pendant ¼ heure.

Le plat est trop salé

« S'il y a trop de sel dans la soupe, c'est que la cuisinière est amoureuse ! » dixit le dicton. Amoureuse ou pas, vous avez eu la main un peu lourde, ne vous en faites pas, tout n'est pas perdu ! Sacrifiez une ou deux pommes de terre innocentes, épluchez-les et coupez-les en gros morceaux que vous mettez dans la sauce trop salée pendant 15 minutes. Retirez les morceaux de pomme de terre avant de servir le plat.

Ou/et vous pouvez ajoutez un peu de Sherry, un pot de yaourt ou de la sauce tomate selon la nature du plat à sauver. Vous pouvez aussi augmenter le volume du plat. Si c'est une soupe, rajoutez de l'eau et des légumes.

Le poisson congelé a un goût de congelé

Pour éviter cet inconvénient très humiliant, faites décongeler votre poisson dans du lait. Ce petit tour de passe lui fera retrouver un goût de poisson frais qu'on vient juste d'attraper.

Le punch ou la sangria sont trop alcoolisés

Raymond a eu la main trop lourde avec le punch, la sangria ou ses autres mélanges exotiques. Augmentez les doses des ingrédients non alcoolisés et mettez des rondelles de concombre dans les breuvages. Servez les boissons sans le concombre.

Les raisins secs sont agglutinés

Ils sont tellement compacts qu'un maçon myope les prendrait pour une brique. Pour séparer cette masse agglutinée, il ne reste que le pic à glace – et sa sulfureuse réputation sulfureuse depuis le film de Sharon Stone – sauf si vous connaissez ce truc. Mettez votre agglo dans une casserole, recouvrez-le d'eau et amenez à ébullition. Retirez du feu, laissez refroidir avant de verser dans une passoire. Et là vous pouvez chanter *Alléluia* : tous les raisins sont détachés. Mais attention, il faut les utiliser rapidement.

La sauce est trop aillée

Elle fera fuir les vampires les plus coriaces c'est sûr, et votre entourage aussi. Atténuez sa puissance en ajoutant un bouquet de persil à la sauce et remettez-la à cuire. Retirez le persil avant de servir.

La sauce est trop grasse

Vous avez un peu forcé sur le beurre ou l'huile. Si vous avez le temps, mettez le tout au congélateur pendant un moment. Lorsque la surface commence à durcir, il ne vous restera qu'à enlever cette affreuse pellicule de graisse figée.

Sinon, dans l'urgence, mettez des glaçons dans la sauce ou la soupe. La matière grasse va se coller sur eux. Retirez-les rapidement. Répétez le processus aussi longtemps que nécessaire.

Vous pouvez aussi passer du papier absorbant ou du pain à la surface de la sauce ou de la soupe. Ils absorberont une partie de la graisse. Renouvelez l'opération plusieurs fois.

Pour alléger un plat de viande, ajoutez quelques navets. Ces véritables éponges anti-graisse parfumeront votre création par la même occasion. En fin de cuisson, jetez les navets bien gras pour les remplacer par d'autres cuits à la vapeur.

Le vin est envahi de petits bouts de bouchon

Horreur et malheur, le bouchon s'est désintégré sous la pression du tire-bouchon. Résultat : des petits bouts de bouchon flottent dans la bouteille du Petrus préféré de Raymond. Réconfortez-le et assurez-lui que rien n'est perdu ! Sortez une jolie carafe, un entonnoir et un filtre à café. Mettez le filtre dans l'entonnoir et l'entonnoir sur la carafe. Ainsi purifié, le Petrus, dans toute sa splendeur retrouvée, sera parfaitement chambré pour le dîner. Ouf, on a eu chaud !

La vinaigrette est trop vinaigrée

Alors, là, c'est un jeu d'enfant! On prend la moitié de la vinaigrette et on ajoute de l'huile pour faire une vinaigrette parfaite. Quand à l'autre moitié, on la met au réfrigérateur pour répéter l'opération demain ou après-demain.

On récupère les restes

Dans un vent de panique, en plein coup de feu de midi, avec un restaurant plein de monde, des stocks à zéro et le moral dans les chaussettes, le chef César Cardini a créé sa fameuse salade César. Confronté au choix cornélien de se faire hara-kiri ou d'avoir une idée de génie, il a respiré un grand coup et fait une razzia sur tout ce qui lui restait dans le réfrigérateur: laitue, œufs, parmesan, croûtons, etc. Et, là, comme par magie, dans ses mains de fée, la salade César est née le 4 juillet 1924.

L'art d'utiliser et d'accommoder les restes remonte à la nuit des temps. À cette époque lointaine, la nourriture était un don des dieux, alors pour éviter de courroucer ces gaillards en la gaspillant, nos rusés ancêtres ont fait fonctionner leur cerveau gauche à plein régime et ont fait preuve de créativité. Des paellas au curry en passant par les frichtis et le chop suey – qui si l'on en croit ce qu'écrit Herbert Asbury *The Gangs of New York,* signifie « des restes servis avec du riz » – ils ont accommodé les restes avec un talent fou. Et comme nous ne sommes pas plus bêtes qu'eux, on fait pareil. Du coup, on épate Raymond et on sauve la planète. Mais attention, comme il n'est pas question d'inviter des salmonelles ou autres vilaines bactéries infréquentables à notre table, on gère nos restes avec la rigueur scientifique et sans concession d'un spécialiste de l'hygiène alimentaire.

Agneau

Transformez les restes de gigot – environ 250 g – en *kofta* grecques. Passez la viande au mixeur. Ajoutez 1 œuf, des feuilles de menthe et de coriandre fraîche, du cumin, du sel et du poivre. Mixez furieusement. Puis, avec vos blanches mains mouillées pour l'occasion, faites huit petites boulettes un peu aplaties.

Chauffez un peu d'huile dans votre poêle préférée et faites frire les boulettes – 3 minutes de chaque côté. Égouttez-les sur un papier absorbant et servez avec du *tzatziki* garni de feuilles de menthe et votre plus belle salade de tomates au basilic. Consommez avec délectation en dansant le *sirtaki* sur la musique de Zorba le Grec.

Bananes

• Sorbet

Les bananes sont trop mûres et c'est tant mieux! C'est l'excuse rêvée pour faire un *smoothie* stimulant ou un sorbet pour souffler vos invités! Épluchez les bananes, coupez-les en tranches et mettez-les dans un sac plastique au congélateur. Au moment de servir le dessert, sortez les bananes et passez-les au mixeur avec une cuiller à café de gingembre en poudre, du sucre, un jus de citron vert de préférence et broyez le tout sans pitié. Transférez dans de jolies coupes et servez cet onctueux sorbet avec une ganache – confectionnée avec les ratées du chocolat, par exemple – tout en chantant *Juanita banana*. N'oubliez pas le petit déhanchement de rigueur pour la circonstance.

• Smoothie

Une banane ramollo fait des miracles dans un *smoothie.* Mettez-la avec quelques autres fruits un peu trop mûrs ou des fruits pas assez sucrés dans un mixeur avec un jus d'orange, un morceau de gingembre et une pincée de cannelle. Et vous avez une boisson qui va vous donner une pêche d'enfer.

• Crêpes et gaufres

Vous pouvez aussi faire des crêpes ou des gaufres à la banane. Ça vous donnera, en plus, l'occasion d'utiliser un reste de yaourt. Préparez une pâte à crêpe en mélangeant 1 œuf avec 125 ml de lait – ou d'eau gazeuse –, 125 ml de yaourt, 2 bananes trop mûres écrasées à la fourchette. Mettez 150 g de farine dans un saladier avec une pincée de sel et 2 cuillers à café de levure chimique. Ajoutez la mixture à la banane et 1 cuiller à soupe de sucre. Laissez reposer 10 minutes et faites vos crêpes comme d'habitude.

• Pain

Et pourquoi pas un pain hyperfacile ?
Mixez 8 cuillers à soupe de margarine avec 1 tasse de sucre. Écrasez 3 bananes trop mûres et ajoutez à la mixture. Battez 2 œufs et ajoutez à la mixture. Ajoutez lentement 1 tasse ¼ de farine, 1 cuiller à café de bicarbonate et ½ cuiller à café de sel. Et, si vous en avez envie, 1/3 de tasse de noix ou de noix de pécan. Versez dans un moule à cake. Faites cuire au four à 180° pendant 30 à 45 minutes. La seule chose difficile dans cette recette, c'est d'attendre tout ce temps avant de pouvoir manger ce pain divin.

Vous pouvez aussi ajouter une banane trop mûre à votre curry pour lui donner un petit je-ne-sais-quoi qui restera votre secret.

Bière

Les restes de bière plate, vestiges du dernier match de foot à la télé, donneront un petit je-ne-sais-quoi à vos créations culinaires. Le riz par exemple, prendra un petit goût de noisette si vous remplacez l'eau de cuisson par de la bière brune de préférence, sinon une blonde fera l'affaire.

Vos crêpes seront plus légères si vous remplacez le lait par de la bière ou par un mélange moitié bière moitié eau gazeuse. Cette recette est sans risque pour les enfants. Toute trace d'alcool aura disparu lorsqu'ils les engloutiront.

La bière est un peu acide. Rien de tel pour attendrir la viande. Et, contrairement au vin et au vinaigre, la bière n'altère pas le goût de la viande. La bière blonde peut remplacer le vin blanc et la bière brune, le vin rouge. Préparez des marinades. Faites quelques belles entailles profondes dans la viande, mettez-la dans un récipient et ajoutez la bière et des épices de votre choix. Mettez au réfrigérateur pour la nuit. Et, rappelez à Raymond de ne pas boire la marinade !

Vous pouvez aussi faire cuire les crevettes dans la bière sans bulles. Ajoutez ¼ de tasse d'épices mélangées et 2 cuillers à café de curcuma qui donnera une jolie couleur ensoleillée à vos crevettes. Amenez à ébullition sur feu moyen puis laissez cuire pendant 5 minutes. Rincez 1 kg de crevettes à l'eau froide et égouttez-les. Jetez-les dans la bière et faites cuire 5 minutes. Retirez les pauvres petits crustacés avec une cuiller à trous. Servez immédiatement avec une sauce cocktail ou autre délicatesse de votre choix. Rien ne vous empêche de faire subir le même traitement au homard. Il suffit de prolonger le temps de cuisson. Comptez entre 12 à 15 minutes selon la taille de l'animal.

Servez vos crustacés avec du pain à la bière, un vrai régal pour les papilles. Mélangez 1,5 tasse de farine, 2 cuillers à soupe de sucre, 2 cuillers à soupe de levure chimique, ¼ de tasse de graines de lin moulues, 1 cuiller à café de sel, de basilic séché, de romarin séché et de thym. Ajoutez 1 bouteille ou une canette de bière sans bulles à température ambiante et 1 cuiller à soupe d'huile. Mélangez encore. Mettez la pâte dans un moule à pain 22 x 12 x 7 cm bien huilé. Faites cuire 45 minutes à 190° ou jusqu'à ce que le pain ait une belle couleur dorée. Retirez du four et laissez refroidir 10 minutes, démoulez et mettez sur une grille.

En Allemagne, Angela et ses copines ont une recette infaillible pour retenir Joachim, Ulrich et Wolfgang : les beignets. Mais pas n'importe lesquels. Pour les préparer elles font une petite pâte dont le secret est... *das Bier. Yawohl!* Alors *Desperate Hausfrauen* de tous les pays, prenez-en de la graine. Mélangez 1 bol de farine, sel et poivre et ajoutez la bière petit à petit jusqu'à obtention d'une pâte de la consistance d'une pâte à crêpe. Trempez vos salsifis ou vos tranches de carpes très fines dans la pâte et comme pour n'importe quels beignets, plongez les malheureux dans l'huile bouillante jusqu'à ce que friture s'en suive.

Et si une bouteille de bière a malencontreusement été abandonnée plusieurs jours près d'une source de chaleur, il y a de fortes chances pour que vous ayez répété avec succès l'expérience des premiers fabricants de bière en Chine il y a 7 000 ans ou – et là on a des preuves écrites – en Mésopotamie. Comme eux sans le vouloir, vous avez fait, du vinaigre de bière. Ce liquide est aussi vieux que la bière elle-même. Les humains ont découvert par hasard mais avec ravissement que du jus de fruit ou de céréales oublié dans une jarre produisait un liquide délicieusement enivrant. Puis, ils ont découvert avec horreur cette fois, que ce même breuvage devenait aigre. Il leur a fallu du temps et une grande quantité de calmants de l'époque pour surmonter ce terrible choc avant d'apprendre à apprécier et utiliser l'aigre liquide.

Si c'est de la bonne bière qui a tourné au vinaigre, le proverbe babylonien selon lequel « la bière devenue aigre a trouvé le chemin de la cuisine » est toujours valable. Vous pourrez à l'occasion renouveler l'expérience, mais uniquement avec de la bonne bière, car il est impossible de faire du bon vinaigre avec un alcool médiocre.

Si la bière était médiocre ou si vous n'aimez pas le goût du vinaigre de bière, ne le jetez pas. Utilisez-le pour nettoyer les cuirs lisses.

Biscottes et petits pains suédois

Vos petits pains préférés sont en morceaux. Il ne vous reste plus que vos yeux pour pleurer et le rouleau à pâtisserie pour les réduire en chapelure. C'est une maigre consolation mais vous pourrez vous en servir pour faire paner les escalopes ou les croquettes de poisson des enfants.

Bœuf

Les amateurs de bœuf ne verront aucun inconvénient à manger les restes du rôti dominical avec des cornichons, de la moutarde et des petits oignons. Sinon, direction le mixeur pour les hacher menu et les transformer, avec un reste de purée en hachis Parmentier. Ou, en ajoutant des oignons, du persil et un œuf dans le mixeur, vous pourrez les recycler en beignets guillerets ou en petites boulettes très chouettes dans une sauce tomate pour agrémenter les spaghettis. Et si vous avez envie d'un peu d'exotisme, faites un curry de bœuf épicé ou un chili *muy caliente*.

Brocoli

Ne jetez plus les pieds des brocolis, malheureuse ! Ils sont pleins de bonnes choses. Coupez-les en petits cubes pour la soupe. Ou détaillez-les en fines lanières pour les sautés de légumes au *wok*.

Café

À l'origine, on mangeait le café, on ne le buvait pas. Les tribus d'Afrique de l'Est, broyaient les grains et les mélangeaient à de la graisse animale pour en faire des boulettes. Cette mixture avait la réputation de doper les guerriers avant la bataille. Et Frédéric le Grand faisait faire son café avec du champagne et de la moutarde.

Pour ceux qui aiment le café

Épatez les papilles de vos invités au prochain barbecue avec des steaks au marc de café. Les proportions sont pour 4 steaks. Faites mariner les steaks dans du vin rouge pendant quelques heures. Dans un autre plat mélangez 4 cuillers à soupe de marc de café, 1 cuiller à soupe de sel, 1/4 de cuiller à café de poivre, 1/4 de cuiller à café d'oignon en poudre, 1/4 de cuiller à café d'ail en poudre, 1/4 de cuiller à café de piment de Cayenne. Une fois que les steaks ont mariné, passez-les dans le mélange d'épices et de café et faites cuire au barbecue.

Congelez les restes de café dans des moules à glaçons et utilisez-les ensuite dans du lait ou pour refroidir un café trop chaud.

Céréales

Les restes de corn-flakes peuvent être recyclés en chapelure ou faire le délice des oiseaux en hiver.

Épluchures de citron bio

- Pour que votre chou-fleur conserve son blanc éclatant, ne le faites jamais cuire dans un récipient en aluminium. Mettez-le à tremper ½ heure dans un récipient d'eau glacée et salée et ajoutez une épluchure de citron à l'eau de cuisson.
- Un zeste de citron ou d'orange séché dans la boîte à thé apportera une note russe à votre thé ordinaire.

Cola sans bulles

Si vous l'ajoutez à l'eau de cuisson des haricots, il évitera d'embarrassantes flatulences aux intestins fragiles.

Crème fraîche

Le pot est entamé et vous partez en week-end ? Même pas grave ! Videz les restes dans un bac à glaçons et congelez.

Crêpes

Il vous reste des crêpes ? *No problem !* Mettez un morceau de papier sulfurisé entre chaque crêpe pour les empêcher de coller, mettez-les dans un sac de plastique et, hop, au congélateur. Lorsque Timothé et Barnabé auront un petit creux, il vous suffira de les réchauffer au grille-pain ou sous le gril.

Dinde

La dinde de Noël aurait pu nourrir un régiment affamé ! Pour utiliser les restes, il va falloir faire preuve d'imagination. Commencez par mettre une partie au congélateur pour plus tard. Et utilisez les blancs pour accompagner la salade de soir, farcir les sandwichs du lendemain midi et préparer le curry à la dinde du soir que vous servirez avec du riz. Quant aux petits bouts pas présentables, mélangez-les aux restes de riz pour en faire des beignets le surlendemain. Et après cette cure de dinde, vous serez dégoûtés de ce gros volatile pour toujours !

Épices

Vos épices ne sont plus au top. Pour les redynamiser, leur rendre leur fragrance et leur puissance d'antan, il suffit de les faire chauffer à sec dans une poêle. Mais attention à ne pas les brûler.
Ne jetez pas les enveloppes de cardamome. Mettez-les discrètement dans votre boîte à thé pour ajouter un arôme subtil et raffiné à votre humble thé ordinaire.

Épluchures de pomme

Ajoutez des épluchures de pommes bios séchées au thé ordinaire pour lui donner une petite note parfumée.

Fromage

Combinez tous les petits restes de fromage qui n'intéressent personne, sauf les souris affamées, et râpez-les. Vous pourrez en faire des boulettes de fromage ou vous en servir pour gratiner des spaghettis.

Petite recette pour dépanner

Mettez les miettes dans un bol avec du beurre. Pour 200 g de miettes, comptez 70 g de beurre ramolli. Ajoutez 2 cuillers à soupe de porto, ½ cuiller à café de moutarde, ½ cuiller à café de poivre noir ou vert en grains et mélangez soigneusement. Mettez cette préparation dans de ravissants petits ramequins. Faites fondre 30 g de beurre et versez le beurre liquide sur le dessus du mélange. Décorez avec des grains de poivre et mettez au réfrigérateur. Servez cette merveille avec des toasts chauds. Vous pouvez aussi en mettre dans les sandwichs de Raymond. Prenez du pain complet sur lequel vous tartinez cette mixture, décorez amoureusement avec une couche de roquette et voilà !

Fruits

Les *smoothies*, c'est la folie ! Et une vraie bénédiction pour recycler les fruits un peu trop mûrs ou pas assez sucrés ou sans trop de goût. Mixez-les dans un jus de fruit avec une banane, un yaourt et une pincée de cannelle ou de gingembre. Total nirvana garanti et forme olympique.

Les sorbets, les *crumbles* et les compotes permettent aussi d'écouler avec élégance un stock qui n'est pas top.

Gâteau

En rangeant les placards vous découvrez avec stupeur que Raymond n'a pas fini le cake de sa tante Hortense. Le pauvre est un peu rassis. Pas Raymond, évidemment, mais le cake. Pour sauver le malheureux de la poubelle, faites en un joli dessert. Coupez-le en morceaux que vous trempez sournoisement dans du rhum pour le ressusciter. Concoctez la bonne crème anglaise à la vanille, bien épaisse, style mortier. Alternez les couches de cake avec la crème anglaise et réfrigérez. Au moment de servir, couvrez ce dessert de crème fouettée, décorez-le avec des amandes effilées ou servez-le avec du sirop de fruits. Avec ça, Raymond aura assez d'énergie pour courir un marathon ou couper assez de bois pour tout l'hiver.

Jambon

Les restes de jambon rôti du dimanche feront un malheur le lundi si, comme les *mamas* jamaïcaines, vous les recyclez. Mettez un bonnet rasta, un CD de Bob Marley et au rythme du reggae, préparez ce petit plat qui fait la fierté de Kingston et les délices de Winston. Coupez les restes de jambon en petits morceaux. Faites revenir 2 tranches de bacon ou de lard fumé en petits morceaux avec 1 oignon émincé et 2 gousses d'ail. Ajoutez 1 boîte de haricots rouges, 1 boîte de lait de coco, ½ cuiller à café de piment de Cayenne, ½ cuiller à café de thym, amenez à ébullition, réduisez et faites cuire 1 minute. Servez avec du riz et des restes de légumes de la veille si vous en avez.

Huile

Malgré toutes ses qualités d'huile vierge bio, première pression à froid, quatre étoiles, excellente pour la santé mais moins pour le porte-monnaie, votre dernier achat « impulsion » n'a pas réussi à séduire vos papilles ni celles de Stéphane. Avant de vous débarrasser de ce trésor riche en omégas parfaitement équilibrés, essayez ce petit tour de magie. Ajoutez une pincée de curry et abracadabra, votre huile au goût infâme est métamorphosée en sœur jumelle de votre meilleure huile de noix.

Légumes

Congelez les restes de légumes pour en faire des soupes. Et pour encourager les récalcitrants à manger des légumes, essayez les beignets. Mettez les légumes dans un saladier avec un œuf battu, salez et poivrez. Ajoutez progressivement ½ tasse de farine. Si le mélange est trop liquide, ajoutez en un peu plus. Faites chauffer de l'huile dans une poêle. Prenez des cuillerées de la mixture que vous déposez et aplatissez dans la poêle. Lorsque les beignets sont bien dorés des deux côtés, ils sont cuits. Mettez-les sur du papier absorbant. Servez avec de la salade.

Essayez les *samosas*. Écrasez les restes de pommes de terre ou utilisez les restes de purée. Mettez dans un bol et ajoutez des restes de légumes – petits pois, carottes, haricots coupés en petits morceaux etc. Mélangez bien ajoutez une pincée de curry et de cumin. Salez et poivrez. Coupez des feuilles de brick ou des galettes de riz chinoises en deux. Humidifiez-les et mettez 1 cuiller de mixture au centre. Repliez les côtés pour faire une enveloppe hermétique en vous assurant que les légumes sont bien enfermés. Faites cuire sous le gril ou dans une poêle.

Tentez les *röstis* allemands

Faites précuire tous les légumes racine qui encombrent votre réfrigérateur : pomme de terre, carottes, navets, courgette. Râpez-les grossièrement dans un saladier. Ajoutez 3 oignons frais émincés, de la farine – 100 g pour 1 kg de légumes – 1 œuf légèrement battu, sel et poivre. Faites chauffer de l'huile dans une poêle et préparez des petites galettes que vous aplatissez pendant la cuisson. Comptez 3-4 minutes par côté.

Innovez avec des *quesadillas* mexicaines, *caramba !*

Pour 8 tortillas – que vous trouverez au supermarché au rayon exotique – comptez 500 g de restes de légumes variés, coupé en morceaux et un peu écrasés. Faites chauffer les tortillas à la poêle et tartinez-les généreusement avec les légumes jusqu'aux bords. Salez poivrez et saupoudrez un mélange de fromage bleu et de *mozzarella* – ou du fromage que vous avez sous la main – et recouvrez avec une autre tortilla. Faites cuire sur feu moyen pendant 3 minutes. Retournez pour faire cuire l'autre côté. Gardez au chaud pendant que vous faites cuire les autres tortillas. Mettez sur une planche, coupez en quatre et servez.

Ou, avec tous les autres restes – saucisses, jambon, viande cuite, fromage, etc. – dans le réfrigérateur, faites-en une *tortilla* espagnole. *Ole !*

Miel

Avant de jeter un miel très décevant ou d'en faire cadeau à une infortunée vieille tante qui a perdu une grande partie de ses capacités olfactives et gustatives, mettez quelques feuilles de lavande dans ce misérable miel. Deux semaines plus tard, vous ne le reconnaîtrez pas !

Œufs

Il vous reste des blancs ? Pas de souci, ce sont de parfaits candidats pour la congélation. Mais n'oubliez pas de mettre une étiquette indiquant la quantité congelée. Et lorsque vous en aurez besoin, laissez-les décongeler naturellement. Vous pouvez aussi congeler les jaunes, mais séparément.
Il vous reste des jaunes ? Réjouissez-vous mes sœurs et faites comme ces petites rusées de religieuses espagnoles et portugaises d'autrefois, championnes incontestées de l'utilisation des excédents de jaunes d'œufs en pâtisserie. Et pourquoi ces nonnes n'utilisaient-elles que les jaunes ? Tout simplement parce que les blancs avaient été réquisitionnés pour enduire le gréement des voiliers et clarifier le *Jerez*. Alors, évidemment, pas question de perdre tous ces jaunes qu'on donnait aux couvents. Là, les bonnes sœurs ont demandé à leurs servantes maures, sultanes des sucreries, de les tuyauter sur la confection de spécialités propres à damner un saint. Et comme si cela ne suffisait pas, elles leur ont donné des noms évocateurs comme nourritures célestes, ventres de nonnes, seins d'ange, toison d'ange, estomacs d'ange, nectar de demoiselle, bref, de quoi mettre les sens de votre bien-aimé Raymond en émoi.

Oignon

Prenez un vieil oignon germé et plantez-le dans un pot. Placez-le sur le rebord de la fenêtre ou dehors. Il continuera à pousser allègrement pour vous fournir un substitut de ciboulette.
L'art ancien de la divination avec des oignons ou cromniomancie ne se pratique qu'une fois par an, la veille de Noël par celles qui, comme Nannie, sont sollicitées par plusieurs candidats au mariage qui n'arrivent pas à faire leur choix. Elle a testé, avec succès cette méthode aussi simple qu'économique. Il faut autant d'oignons que d'époux potentiels. S'ils sont nombreux, n'hésitez pas à acheter un grand filet d'oignons. Inscrivez au feutre le nom d'un prétendant sur chaque oignon, mettez-les sur une table et n'y touchez plus jusqu'à ce qu'ils germent. Celui dont le nom est sur l'oignon qui germe en premier aura l'immense bonheur d'être

sélectionné. Quant aux autres, ils n'auront plus que leurs yeux pour pleurer.

Pain

Une légende allemande raconte que le diable en personne ramasse les miettes tombées de la table pour les transformer en charbons ardents qu'il jette à la tête des pécheurs qui rôtissent en enfer. Donc, tous ceux qui avaient le malheur de faire tomber des miettes tremblaient dans leurs chaussettes parce qu'ils savaient qu'ils seraient punis. Et le bon saint Benoît en personne, qui sans doute avait été sévèrement châtié dans son enfance, a stipulé dans ses règles qu'à la fin du repas, les miettes devaient être ramassées soigneusement par un moine et rassemblées dans une corbeille prévue à cet effet. À la fin de la semaine, les moines devaient en faire une petite bouillie pour le repas du samedi soir. Ils pouvaient aussi en faire un pudding pour les pauvres.
On laisse le pudding aux moines et aux pauvres et on fait de la chapelure. Un petit coup de rouleau à pâtisserie sur le pain sec et le tour est joué.
Des tranches plus épaisses trempées dans du lait, passées à l'œuf battu, frites à la poêle et saupoudrées de sucre et de cannelle : c'est la recette du pain perdu de votre enfance. Avec de la confiture de myrtille comme en Suède, c'est encore meilleur.
N'oubliez pas le mendiant pour recycler tous les restes de pain, de gâteau et autres croissants rassis. Trempez-les dans du lait, ajoutez des fruits secs divers et variés et vos épices préférées.

En été, époustouffer vos amis avec la *panzanella*. Cette humble salade, faite avec le pain de la veille, est délicieusement rafraîchissante. Épluchez et épépinez des tomates mais conservez le jus auquel vous ajoutez du poivre, du vinaigre de vin rouge, du sel, du poivre et de l'huile d'olive. Mettez les tranches de pain dans cette vinaigrette. Ajoutez des poivrons rouges et jaunes en lanière, un piment frais épépiné et émincé, des câpres, des olives noires, des feuilles de basilic, des anchois salés si vous aimez et toutes les autres petites gâteries dont vous avez envie. Servez bien frais.

Pâtes

Les restes de pâtes ou de spaghettis sont un vrai bonheur. Avec eux tout est permis ou presque. Ajoutez-les à la soupe, servez les froids en salade ou chauds avec une sauce *carbonara*. Les spaghettis réchauffés à la poêle dans un peu d'huile et accompagnés d'une belle salade composée, c'est rapide et rusé. Quant aux spaghettis sautés avec un peu de gingembre, des bouts d'omelette et des légumes mélangés avec de la sauce au soja, c'est aussi bon que chez le Chinois. Osez les macaronis de la veille mélangés à une sauce béchamel au fromage. Mettez-les dans un plat au four, recouvrez-les de chapelure et de fromage râpé, passez le tout sous le gril et c'est parti mon Kiki.

Poisson

Émincez les restes de poisson, mélangez-les à un reste de purée, salez, poivrez, ajoutez du persil, de la ciboulette ou de la coriandre. Faites de jolis petits beignets, recouvrez-les de chapelure et faites-les revenir à la poêle. Décorez-les avec de la coriandre ciselée et servez-les avec une sauce au piment. Et si vous ne dites à personne que c'est de la récup, vos invités n'y verront que du feu.

Cette recette se décline à l'infini, avec des restes de haddock par exemple, que vous émiettez, mélangez-le avec le reste de purée – ou écrasez le reste de pommes de terre pour en faire de la purée. Ajoutez 4 oignons frais émincés et 50 g de fromage râpé. Salez et poivrez. Faites 4 jolis beignets épais, passez-les dans la farine, puis dans l'œuf battu et dans la chapelure. Faites-les frire à la poêle, 2 minutes de chaque côté puis passez-les au four préchauffé à 180° pendant 5 minutes. Servez avec une salade composée.

Poulet

Les restes de poulet peuvent subir le même traitement que les restes de dinde : servis froids avec une salade ou en sandwichs ou pour farcir des *tortillas*, des *wraps* ou des *pitas*. Tartinez l'intérieur des *pitas* avec de la mayonnaise assaisonnée avec du

jus de citron et une pincée de curry. Mettez les tranches de poulet dans la *pita*, le *wrap* ou la *tortilla*, ajoutez quelques tranches de mangue ou d'avocat, une poignée de cresson ou quelques feuilles de laitue et quelques noix hachées. Fermez les yeux et savourez lentement cette création culinaire digne des grands chefs les plus branchés.
Les beignets sont pratiques pour recycler n'importe quoi. Passez les restes de poulet au mixeur avec les restes de pommes de terre. Ajoutez un œuf battu, un oignon frais, du sel et du poivre et mixez à fond les manettes. Dans une poêle, faites de jolis petits tas aplatis, faites les frire de chaque côté. Les *chicken nuggets* feront pâle figure à côté de vos beignets.

N'oubliez pas les super-petits sautés de légumes variés au *wok*. Faites revenir un ou deux oignons frais émincés, 1 gousse d'ail émincé, un poivron rouge et un poivron jaune, des courgettes, du brocoli et des pousses de soja dans un peu d'huile. Lorsqu'ils sont cuits, ajoutez le poulet, un trait de sauce de soja ou de piment et servez brûlant.

Les kebabs, c'est pas mal non plus pour épater la galerie. Alternez les restes de poulet découpés en cubes avec des cubes d'ananas et des morceaux de poivron rouge. Appliquez un peu d'huile d'olive sur les brochettes avec un pinceau et passez sous le gril.

Petite recette pour ceux qui veulent tenter un risotto

Et pourquoi pas un petit *risotto italiano*? En chantant *o sole mio*, réchauffez le poulet émincé dans une poêle avec du jus de citron. Dans une cocotte, faites chauffer de l'huile d'olive et faites revenir une gousse d'ail écrasée, ajoutez 220 gr de riz rond et faites revenir. Mélangez 1 bouillon cube dans ½ litre d'eau bouillante. Et ajoutez petit à petit ce liquide au riz. Lorsque vous aurez utilisé la moitié du liquide, ajoutez des 250 g de petits pois congelés et 125 g de maïs. Lorsque tout le liquide est absorbé, ajoutez le poulet, du basilic émincé, du sel et du poivre. Et si vous avez du parmesan qui traîne dans le réfrigérateur, vous pouvez en ajouter à ce *risotto* roboratif.

Si vous avez envie de faire la fiesta, préparez des *fajitas mexicanas.* Faites chauffer les *tortillas mexicanas*, puis faites revenir un oignon et un poivron vert émincés dans un peu d'huile. Mettez ce mélange sur les tortillas, ajoutez les restes de poulet, assaisonnez avec du jus de citron vert, une cuiller de crème aigre, de la laitue émincée et une cuiller de salsa. Roulez les *tortillas muchachas* et roulez des yeux en dégustant ces fabuleuses *fajitas*.

Pommes de terre

Les restes de pommes de terre sont un régal en salade, Karl Lagerfeld lui-même en mange souvent pour son repas du soir. Timothé et Barnabé préfèrent les galettes de pommes de terre irlandaises, les *potato farls*. Mettez 2 tasses de pommes de terre cuites écrasées dans un saladier. Faites fondre 2 cuillers à soupe de beurre et ajoutez aux pommes de terre. Salez et poivrez. Ajoutez 1 tasse de farine rapidement en pétrissant légèrement. Divisez en deux et étalez chaque moitié sur une planche farinée pour obtenir un cercle de la taille d'une grande assiette. Divisez en quartiers (*farls* en gaélique) et faites cuire 3 minutes de chaque côté dans une poêle à frire avec un peu d'huile. Vous pouvez aussi faire un seul grand cercle et découper de petites galettes avec un emporte-pièce ou un verre à eau. Et, si vous préférez manger moins gras, faites cuire les *farls* au gril.

Riz

Le riz cuit se congèle très bien.
S'il vous reste une tasse de riz, gardez-la pour la soupe ou pour remplacer la mie de pain dans la farce du poulet. Ne gardez pas le riz plus de 24 heures au réfrigérateur.
Mélangé avec des oignons frais émincés, du persil et un œuf battu, voilà votre riz recyclé en divines croquettes.
En été, les restes de riz font des merveilles dans une salade composée avec quelques olives, des tomates, des feuilles de laitue, des câpres, du thon ou des anchois, des oignons frais, de la ciboulette, du persil et tous les etc. qui vous inspireront ce jour-là.
Des amis débarquent à l'improviste et vous n'avez que des restes ? C'est le moment de frimer avec votre riz frit spécial. Faites revenir 1 gousse d'ail émincée, puis 1 oignon émincé, un

petit piment épépiné et émincé, ajoutez les restes de riz, un œuf brouillé en miettes, les restes de légumes. Si en plus, vous avez des restes de poulet, de jambon et quelques crevettes égarées, c'est encore mieux. Assaisonnez avec de la sauce de soja et servez brûlant.

Saucisses

Des saucisses et des pâtes en rab… un régal. Coupez les saucisses en tranches et faites-les réchauffer à la poêle avec le reste de pâtes. Mélangez bien. Dans un bol mélangez 150 g de mascarpone avec 2 cuillers à soupe de lait et 2 cuillers à café de moutarde. Ajoutez aux pâtes avec du persil. Salez et poivrez et servez brûlant avec une belle salade mélangée. C'est tout simplement renversant.

Sauce et soupe

Versez les restes de sauce et de soupe dans des moules à glaçons et faites-les congeler. Retirez ensuite les cubes et mettez-les dans des sacs de plastique.

Vin

Si comme le chante Mélanie, dans *Leftover Wine*, vous n'aimez pas le goût du vin qui reste, c'est peut-être parce que vous avez oublié de le transférer dans une bouteille plus petite et de le reboucher hermétiquement. Il ne faut pas qu'il y ait trop d'air dans la bouteille.

Donc si vous n'aimez boire les restes, il ne vous reste plus qu'à le congeler dans le bac à glaçons. Une fois que les glaçons sont faits, transférez-les dans un sac en plastique. Une solution hyperpratique pour faire des sauces ou votre prochain *coq au vin*.

Autrefois, pour pouvoir continuer à boire la pire des piquettes qui avait tourné au vinaigre, les plus téméraires ajoutaient du sucre et des épices. Leur recette a été revue et adaptée pour en faire un sirop pour les desserts.

Dans une casserole, sur feu moyen, mélangez 1,5 tasse de vin avec ½ tasse de sucre, 1 gousse de vanille fendue, 2 morceaux complets d'anis étoilé, 1 cuiller à café de poivre rose. Amenez à ébullition, réduisez et laissez frémir 10 minutes ou jusqu'à ce que le liquide réduise de deux tiers. Filtrez, laissez refroidir. Utilisez immédiatement ou mettez en bouteille, fermez hermétiquement et conservez au réfrigérateur. Vous pouvez remplacer les épices par de la cannelle, des clous de girofle, des baies de quatre épices et du poivre si vous voulez un sirop plus épicé.

Et bien entendu, il vous reste la solution la plus classique qui est de recycler le vin en vinaigre. C'est facile et furieusement tendance. Mais attention, il n'y a pas de miracle : on ne fait pas du bon vinaigre avec un vin, un cidre ou une bière médiocres. Très souvent, les gens jettent un vin meilleur que le vinaigre qu'ils achètent. Donc, avant de jeter avec regret les restes de pinot noir dans l'évier ou de vous faire violence pour les finir, réfléchissez ! Avec un peu de temps et beaucoup de patience, ils feront un excellent vinaigre.

Une simple exposition de jus, vin, cidre ou d'un liquide sucré à l'air libre, c'est tout ce qu'il faut pour faire du vinaigre. Si vous décidez de vous lancer, il vaut mieux commencer par une petite quantité de vin, de cidre, de bière ou de ce que vous voulez. La mode est aux vinaigres « variété unique » faits avec du Cabernet, du Merlot, du Bourgogne, du champagne ou du Xérès.

N'essayez pas de faire du vinaigre avec des vins qui contiennent des conservateurs. Les vins très alcoolisés ne sont pas recommandés non plus. Un vin jeune et sec se prêtera plus facilement au processus. Pour démarrer la production l'idéal est un vin entre 7 et 8 °C.

Vous pouvez décider de laisser faire la nature – l'air apporte les bactéries.

Vous pouvez aussi de donner un petit coup de pouce en ajoutant à votre vin un peu de vinaigre artisanal non pasteurisé donc vivant dans la proportion 1/3 de vinaigre et 2/3 de vin ou de cidre sec bouché ou de jus de pomme frais.

Pour commencer, il vous faut un récipient – vinaigrier, pot en terre cuite, verre sombre, etc. – de préférence avec un robinet, mais ce n'est pas indispensable et une ouverture assez large pour que l'air puisse circuler. N'oubliez pas de recouvrir l'ouverture d'un linge pour protéger votre précieux liquide. N'utilisez jamais d'aluminium ou de fer.
Pour en savoir plus, réferez-vous au « *Vinaigres à tout faire* », du même auteur.

Vodka

La vodka lamentable que Vladimir vous a pourtant rapportée de Russie est lamentable. Elle est tout juste bonne à nettoyer les carreaux sauf si vous la transformez avec 5 brins de lavande. Attendez 1 mois avant de la servir à Vladimir qui n'en croira pas ses papilles bluffées.

On récupère pour nettoyer

Tellement habitués à sortir les pschitt-pschitt spécialisés pour nettoyer, on avait complètement oublié les vertus ménagères du café, de la bière ou des peaux de citron.

Banane

• Le cuir

En panne de cirage ? Ne pleurez pas. Prenez une jolie banane, épluchez-la délicatement et mangez-la. Ça vous redonnera le moral – ce n'est pas une plaisanterie, c'est prouvé scientifiquement – et des forces pour cirer vos chaussures. Puis prenez la peau, pliez-la soigneusement et frottez-la avec application sur vos chaussures. Pour les faire briller comme un miroir, prenez un chiffon doux – si vous n'êtes pas chez vous et que vous n'avez pas de chiffon doux sous la main, empruntez le mouchoir ou la manche du pull d'un passant charitable. Et voilà vous avez ciré vos chaussures avec le cirage le plus écolo qui soit.

Ce génial cirage écologique en urgence marche merveilleusement bien sur les chaussures et tous les autres articles en cuir lisse. Nous l'avons fait en direct devant les caméras de télévision, pendant l'excellente émission Bien-être de Charlotte[8]. Si, si, juré craché par terre. Mais ça ne marche pas pour le cuir tressé ou à trou-trou comme Arnaud l'a appris à ses dépens.

Bière

Collectez les restes de bière plate que vous conserverez dans une bouteille au réfrigérateur. Et les voilà recyclés en produit multi-usage économique et écologique pour nettoyer :

• Le bois

Dépoussiérez et nettoyez vos meubles en bois avec un peu de bière plate sur un chiffon doux. Puis faites briller avec un chiffon sec.

Bière, sucre, cire d'abeille

Et pour préparer une encaustique « spécial meubles en chêne », faites bouillir 1 litre de bière avec 1 cuiller à soupe de sucre et 2 cuillers à soupe de cire d'abeille. Laissez refroidir. Encaustiquez vos meubles avec cette mixture. Laissez sécher et lustrez avec un chiffon doux. C'est génial !

• Le cuir

Pour nettoyer les cuirs lisses, faites chauffer du vinaigre de bière – ou bière aigre. Si vous n'en avez pas, prenez de la bière éventée, mettez-la dans un récipient ouvert près d'une source de chaleur pendant quelques jours. Lorsqu'elle est aigre, faites-la chauffer (attention, elle doit être chaude mais surtout pas bouillante). Trempez un chiffon doux dans la bière et faites une beauté à vos cuirs avec cette lotion magique.

8. *Bien-être*, l'excellente émission de Charlotte Savreux sur Direct8.

- **Les métaux**

Le cuivre

Autrefois dans les brasseries, on récupérait les restes de bière pour astiquer les barriques de cuivre. Dans les pubs, ils servaient à astiquer le dessus des tables en cuivre. L'acide qu'elle contient est un décapant. Pour rendre tout leur éclat à vos cuivres ternis, trempez un chiffon dans un reste de bière plate, attendez un peu et frottez avec un chiffon doux.

L'étain

Faites briller l'étain en le frottant énergiquement avec de la bière bien chaude.

L'or

Vos bijoux en or brilleront de mille feux si vous les frottez avec un peu de bière sur un chiffon doux.

- **Les taches de café sur le tapis**

Damned! C'est la giga cata sur votre Karabach! Vous venez de découvrir avec horreur des taches de café séché sur ce tapis du Caucase auquel vous tenez comme à la prunelle de vos yeux et la pupille aussi pendant qu'on y est! Avant de sombrer dans le désespoir, respirez un bon coup et sortez la bouteille avec les restes de bière. Versez un peu du liquide sur la tache et frottez délicatement et répétez l'opération jusqu'à disparition de l'objet de votre désespoir.

- **La lessive**

Rien de tel qu'une dose de bière de récup ajoutée à l'eau de rinçage des vêtements en coton, lin ou soie noir pour qu'ils conservent leur belle couleur. Pour le lavage en machine, remplacez l'adoucissant par la même dose de bière éventée. Pour le lavage à la main, ajoutez la bière à l'eau de rinçage.

Café et marc de café

Les Canadiens, ces petits malins, se chauffent aux bûches de marc de café compacté. Le marc est récupéré dans certaines grandes chaînes d'alimentation par Java-log, l'entreprise canadienne qui distribue ces bûches dans tout le Canada. Ces bûches ne sentent pas le café en brûlant, mais elles brûlent bien, avec de belles flammes qui dansent et crépitent aussi bien que si elles provenaient de bûches en bois. Avec la quantité de café consommée dans le monde, ces bûches sont promises à un bel avenir.

En attendant de pouvoir en trouver, nous, on a nos trucs pour utiliser le marc de ce breuvage « Noir comme le diable, Chaud comme l'enfer, Pur comme un ange, Doux comme l'amour. » Talleyrand dixit.

- **Désodorisant**

On désodorise le réfrigérateur et le congélateur avec un récipient contenant du marc de café.
On élimine les odeurs d'humidité et de moisi dans un placard, la cave ou le grenier avec du marc de café dans un récipient ouvert.

- **Le bois**

Pour faire les poussières, imbibez votre chiffon avec du café froid et passez-le sur les meubles.
Et pour cacher des rayures sur le bois foncé, il suffit de les tamponner avec un coton imbibé de café bien fort. Pour les atténuer, frottez-les avec du marc de café mouillé.

- **Le daim**

Redonnez un coup de jeune à vos chaussures en daim foncé en les frottant avec une éponge imbibée de café noir refroidi.

Cachez les taches sur le daim noir avec un peu de café.

- **L'ivoire**

Patinez l'ivoire en le plongeant dans du marc de café refroidi.

- **Les cendriers**

Du marc de café – très abrasif et acide – et un peu d'eau vous permettront de nettoyer les cendriers les plus encrassés sans trop souffrir.

• La cheminée

Vous avez une cheminée ? Si vous êtes de corvée de nettoyage des cendres, mettez-vous à genoux devant la cheminée. Invoquez Lare et ses potes les Pénates qui protègent votre foyer. Puis, bloquez momentanément votre respiration et déposez délicatement du marc de café mouillé sur les cendres et balayez-les sans douleur en moins de temps qu'il ne faut à Raymond pour dire « ouf ».

• Les marches glissantes

Et lorsqu'en hiver les marches et l'allée sont verglacées, pour éviter de vous casser une jambe ou deux, dégainez le marc de café mouillé. Répandez-le généreusement sur les surfaces glissantes. Il va s'y coller comme la vérole sur le bas clergé breton tandis que vous, heureuse et épanouie, pourrez sortir sans avoir à chausser les crampons.

• La teinture

Pour redonner une jolie couleur écrue à une dentelle ancienne, teindre du tissu, du papier ou les œufs de Pâques, versez du marc de café dans un récipient d'eau chaude et trempez-y ce que vous voulez teindre.

Citron et autres agrumes

• Les récipients en verre ou en cristal

Enlevez les taches d'eau sur les vases de verre ou de cristal, en mettant des peaux d'orange dans l'eau. L'acide citrique qu'elles contiennent nettoie le verre.

• Parfum d'ambiance

Jetez des écorces d'agrumes dans les feux de cheminée, toute la pièce sera parfumée.

• Les fleurs coupées

Le citron que vous avez oublié de consommer n'est plus de la première fraîcheur. Pressez-le et ajoutez 2 cuillers à soupe de jus de citron à l'eau du vase.

- **La poubelle**

Parce que vous êtes une femme raffinée, parfumez votre poubelle avec des épluchures d'orange.

Huile

L'huile nettoie tout, des bijoux aux cuirs en passant par les outils.

- **Les perles**

Le secret des bijoutiers pour nettoyer les perles, c'est l'huile d'olive. Ces petits rusés tamponnent un chiffon doux dans un peu d'huile pour faire un sort à la poussière et autres dépôts qui ternissent les perles. Faites comme eux, frottez-les une à une avec un peu d'huile sur un chiffon doux. Puis faites-les briller avec un chiffon tout aussi doux mais sec.

- **Un peu d'huile et les métaux brillent de mille feux.**

L'acier

Après avoir nettoyé les installations et les appareils en acier – évier, réfrigérateur, hotte, crédence etc. – avec du vinaigre blanc, faites-les étinceler en les frottant avec un peu d'huile d'olive.

L'aluminium

Nettoyez-le avec du jus de citron et faites briller en mélangeant quelques gouttes d'huile et d'alcool à brûler.

Le bronze

Brillantez vos bronzes qui sont propres avec un petit chiffon doux et quelques gouttes d'huile.

Le chrome

Faites rutiler les chromes du juke-box année 1960 – et les autres – en les frottant avec un chiffon doux et quelques gouttes d'huile.

Le cuivre

Un petit coup d'huile d'olive sur le cuivre et cela l'empêchera de se ternir trop rapidement.

La fonte

Huilez vos cocottes en fonte régulièrement pour les empêcher de rouiller. Si le mal est fait, recouvrez les taches de rouille avec de l'huile. Attendez une heure ou deux puis frottez. Recommencez si nécessaire.

Le laiton

Lustrez vos laitons avec un chiffon doux imbibé d'huile d'olive. Ils seront bien brillants et noirciront moins rapidement.

- **Le lino**

Effacez les marques noires faites par le frottement des semelles sur le lino avec un peu d'huile sur un chiffon humide.

Huile d'olive et vinaigre

Pour un parquet digne de celui sur lequel Fred Astaire fait son show dans *Puttin' On the Ritz,* Michèle fabrique elle-même son encaustique écologique, économique, rapide et rusée dont elle nous livre le secret.
Mélangez en quantités égales huile d'olive et vinaigre. Appliquez cette mixture sur votre parquet avec un torchon plié en quatre et fixé sur votre balai. Non seulement votre parquet sera superbe mais avec l'équivalent d'un petit pot de yaourt, vous pourrez faire un sol de 15 m^2 et quelques meubles !

- **Les meubles**

Vous n'avez plus d'encaustique ? Pour dépoussiérer, faire briller et nourrir le bois, frottez-le avec quelques gouttes l'huile d'olive ou d'huile de bain pour bébé sur un chiffon doux.

- **Le cuir**

Canapés et chaussures vous voueront une reconnaissance éternelle si vous les bichonnez avec ces petites recettes.

Huile d'olive ou une autre huile

Si votre canapé vous lance un SOS cuir déshydraté, frottez-le avec de l'huile d'olive.

Huile d'olive, vinaigre

Pour nettoyer et nourrir le cuir, mélangez 1 demi-tasse d'huile d'olive et ¼ de tasse de vinaigre dans une bouteille et secouez vigoureusement avant chaque application. Appliquez cette mixture sur le cuir avec un chiffon. Laissez sécher et frottez avec un chiffon doux.

Huile

Un peu d'huile végétale, sur un chiffon doux et vos chaussures seront étincelantes à vos pieds.

Effacez les rayures sur les chaussures en cuir verni en les frottant avec un l'huile sur un chiffon doux.

- **Fermetures Éclair®**

Elles s'usent vite. Lorsqu'elles accrochent, frottez-les doucement avec un peu d'huile sur un coton-tige.

Pain

- **Tapis**

Le pain rassis sert aussi à nettoyer les tapis – persans ou pas. Pour éliminer la plupart des taches, il suffit de les frotter avec du pain blanc rassis, puis de passer l'aspirateur.

Thé

- **Le réfrigérateur et le congélateur**

Le thé ne désodorise pas que les pieds. Ça marche aussi pour le réfrigérateur et le congélateur. Il suffit d'y mettre un sachet de thé. Il absorbe les odeurs et il est antibactérien.

- **La litière du chat**

Récupérez les feuilles de thé usagées et saupoudrez-en généreusement la litière de Léo qui appréciera ses vertus déodorantes et antibactériennes.

- **Les tapis et la moquette**

Nettoyez un tapis en saupoudrant des feuilles de thé, laissez agir 15 minutes et passez l'aspirateur. Et mettez des feuilles de thé usagées dans le sac de l'aspirateur pour donner une bonne odeur au tapis.

Vodka (si vous n'avez rien d'autre)

Votre vodka à prix cassé ressemble à s'y méprendre à de l'alcool à brûler. Alors utilisez-la pour le remplacer.

- Nettoyez les verres de vos lunettes.
- Prolongez la vie des lames en mettant votre rasoir à tremper dans de la vodka.
- Nettoyez les montants des fenêtres et des portes en aluminium, acier ou en plastique, avec une éponge mouillée trempée dans de la vodka si vous n'avez rien d'autre sous la main ou si elle est imbuvable.
- Astiquez les robinets.
- Effacez les taches d'eau sur l'acier inoxydable.
- Décrassez vos chromes avec un chiffon imbibé de vodka.
- Nettoyez des carreaux très sales.
- Faites disparaître les traces de laque à cheveux sur le miroir ou le carrelage de la salle de bain. Puis faites-les briller avec un chiffon en microfibres ou du papier journal.
- Astiquez votre table en verre ou en plexiglas sans effort.
- Nettoyez le cuir avec un quart de tasse de vodka, un quart de tasse de vinaigre et quelques gouttes d'huile d'olive. Mettez dans un flacon et secouez vigoureusement avant chaque application. Versez sur un chiffon doux et frottez sur le cuir.
- Nettoyez les écrans des téléviseurs et des ordinateurs, les claviers et les téléphones avec de la vodka si vous n'avez rien d'autre sous la main.
- Conservez vos fleurs coupées plus longtemps en ajoutant 1 cuiller à café de vodka à leur eau.

- Traitez les tâches d'herbe sur un tissu peu fragile en les frottant avec de la vodka.

- Enlevez les traces de rouge à lèvres sur un vêtement en mettant du papier absorbant sous la tache et en la frottant avec un coton imbibé de vodka, avant de le passer au lave-linge.

On récupère pour bricoler

On ne joue pas avec la nourriture disait votre arrière-grand-mère, mais on peut bricoler avec. Démonstration :

Bière

Si des canettes de bière traînent dans le garage, ce n'est pas toujours pour ce que vous croyez !

- **Lasure bio à la bière éventée**

La bière est un des plus anciens liants utilisés. Non toxique, bon marché, il est transparent et se dilue à l'eau. Mais son domaine d'application est restreint, car il est sensible à l'eau et ses qualités adhésives et liantes sont assez limitées. La bière est un liant parfait pour faire des lasures très décoratives – on peut leur ajouter toute la gamme des pigments – qui protègent le bois tout en le laissant respirer. Les bières brunes donnent les meilleurs résultats. Dans 33 cl de bière éventée, mélanger 20 g de pigments naturels. En respectant ces proportions, la lasure ne « farinera » pas. Appliquez au pinceau en deux couches en suivant le fil du bois. Comptez trois heures de séchage entre les couches. Éloignez Sweetie le chien et Léo le chat qui risquent d'être attirés par l'odeur de la bière. Cette lasure suffira à protéger un bois d'intérieur sain. Un bois exposé aux intempéries devra être protégé avec de l'huile de lin.

Cette recette à la bière peut être utilisée également comme un glacis, pour créer des effets sur une peinture acrylique. On travaille dans le sens vertical avec un pinceau large, du haut vers le bas, sans chevaucher les passes. Ce glacis est économique – avec 1 litre de glacis à 2 euros environ, vous couvrez environ 15 m^2. Et il sèche en 3 heures ! Un gain de temps d'autre part, le séchage ne prenant pas plus de trois heures. Une fois le glacis achevé, vous pourrez immédiatement repartir de l'autre extrémité de la pièce pour passer le vernis protecteur

• Mouches pour la pêche

La fabrication des mouches pour la pêche est un art qui exige une très bonne dextérité manuelle, une bonne vision et de la patience. Il faut aussi des matériaux naturels comme les poils d'animaux et les plumes. Et surtout, si l'on en croit le livre *Curiosities of Ale and Beer*, publié en 1889, un ingrédient secret dans lequel tremper ces matériaux pour faire une mouche plus serrée et plus attractive pour les poissons. Nous n'avons pas testé, à vous de voir. Mélangez de la bière, de la suie de cheminée, des feuilles de noyer et un peu de poudre d'alun dans une petite casserole. Faites bouillir puis mettez à refroidir. Trempez tous les matériaux naturels dans cette solution avant de les monter.

Coquilles d'œufs et de moules

Lâchez-vous et faites comme Marcel Broodthaers, des créations amusantes faites d'objets incongrus récupérés et joyeusement recyclés en œuvres d'art comme les *289 Coquilles d'Œufs, La Grande Casserole de Moules ou Pool* (1966), des tonnelets emplis d'œufs cassés.

Huile

• Voiture

En hiver, pour éviter de vous battre pour ouvrir une porte de voiture gelée, frottez un peu d'huile sur les joints d'étanchéité.
Pour retirer les décalcomanies et autres objets collants récalcitrants sur le pare-brise ou ailleurs, saturez-les avec de l'huile. Attendez un peu et retirez.

• Colle, étiquettes et autres produits collants

Pour retirer de la colle sur un meuble, appliquez un peu d'huile sur le sinistre et frottez.

Pour retirer du papier collé sur une surface en bois, mouillez le papier avec de l'huile, attendez un moment et décollez le papier en douceur.

Rien de plus collant que les étiquettes de prix sur les appareils. Recouvrez les intruses d'huile. Attendez un moment et grattez.

Attaquez les résidus laissés par les rubans adhésifs avec de l'huile. Attendez un moment et frottez.

- **Gonds**

Un peu d'huile usagée ou périmée sur les gonds, et les portes ne grinceront plus comme dans un château hanté.

- **Rails de la porte du garage**

Lubrifiez-les régulièrement avec vos restes d'huile.

Vodka

Fabriquez un lave-glace antigel en ajoutant 1 goutte de liquide vaisselle dans 1 petit verre de vodka.

On récupère pour bichonner les animaux

Beurre et margarine périmés.

Préparez avec amour des petites boules de graines pour oiseaux du ciel, figées dans de la margarine périmée, du beurre, de la Végétaline® ou du saindoux. Mettez ces boules dans des petits filets à légumes verts uniquement – ceux des courgettes, par exemple, sont parfaits – et suspendez-les aux arbres et aux buissons. Vous pouvez aussi réutiliser des moitiés de noix de coco évidées que vous remplissez du mélange de graines figées.

Vos petits invités à plumes se feront une joie de dévorer les aleurodes et tous les autres insectes néfastes pour vos plantations dès que ces intrus pointeront le bout du nez.

Marc de café

Pour débarrasser Rocky de ses puces et tiques, faites-lui un petit shampooing au marc de café, moins agressif qu'un shampooing spécial chien. Il n'aura pas de pellicules, son poil sera doux et bien brillant et les squatteurs vont décamper ventre à terre

Huile

Un must pour les petits compagnons domestiques poilus.

• Les chats

Pour déloger les acariens qui squattent les oreilles de Léo, versez quelques gouttes d'huile tiède dans ses oreilles et massez délicatement. Nettoyez avec un bout de coton. Répétez l'opération trois jours de suite pour faire disparaître les indésirables.

Et deux cuillers à café d'huile ajoutées mélangées à sa boîte de pâtée éviteront qu'il ne vomisse ses boules de poils.

• Les chevaux

Même rance, l'huile d'olive fait des merveilles pour les sabots des chevaux. Donnez-la club de poney de Timothé et Barnabé pour que Sheyenne et Sioux aient des sabots étincelants.

• Les chiens

Retirez les teignes, le goudron et autres substances collantes des poils de Rocky après une journée passée à la campagne, en recouvrant les parties à traiter avec de l'huile. Faites-lui un shampooing pour chien, rincez immédiatement et faites-lui son petit brushing.

Et, pour ralentir la chute des poils au printemps lorsqu'il perd son pelage d'hiver, ajoutez une cuiller à soupe d'huile périmée (mais pas rance) à sa pâtée. Il ne trouvera rien à redire sur son goût.

On récupère pour jardiner

Pour nos lecteurs qui souhaitent en savoir plus, réferez-vous au « *Dictionnaire à tout faire du jardin* », du même auteur.

Les aliments qui servent de déchets

On recycle en compost

On sait que les Akkadiens pratiquaient le compostage avec enthousiasme en Mésopotamie plus de 1000 ans avant que ce pauvre Moïse ne commence à tourner en rond dans le désert pendant 40 ans. Le Talmud, l'Ancien Testament, des textes anciens chinois et le Bagavad Vita font tous des références à cet engrais plus vieux qu'Hérode. Les Grecs utilisaient la paille des animaux pour composter les champs cultivés. Sans oublier Marcus Porcius Cato (234 – 149 av. J-C), alias Caton, général romain de son état, qui lui accorde une place de choix dans son grand classique De Agri Cultura – un ouvrage révolutionnaire qui a influencé l'agriculture en Europe des siècles après la chute de l'Empire romain. Après lui, les plus grands auteurs le mentionnent : de Francis Bacon à Georges Washington, ils étaient tous des inconditionnels de cet engrais qui vaut de l'or. Parfois même au sens propre du terme, comme en Angleterre, dans le comté du Yorkshire, où les fermiers utilisent du compost fait, entre autres, à partir de vieux billets de banque. Toutes les semaines, entre 7 et 10 tonnes de billets – ce qui représente des milliards de livres sterling par an – sont passées au broyeur. Ce riche compost est ensuite fourni gratuitement aux fermiers et aux jardiniers de la région[9] qui déclarent avec satisfaction *« my compost is rich ! »*

Si vous avez un jardin, compostez vos déchets

Certaines mairies fournissent des composteurs. Renseignez-vous. Sinon, vous pouvez faire un tas en plein air ou choisir de mettre vos déchets dans un grand bac de recyclage. Selon les spécialistes, les bonnes proportions pour commencer sont 20 parts de matériaux riches en carbone – feuilles sèches, papier, carton, paille – et 1 part de matériaux riches en nitrogènes – épluchures de fruits, feuilles de thé, marc de café, rognures de gazon.

• Épluchures, fruits, légumes

De légumes et de fruits – les peaux de bananes sont particulièrement recommandées pour le compost parce qu'elles accélèrent le processus de décomposition et légumes.

• Café

Versez les restes de café sur la pile de compost pour accélérer le processus de décomposition parce que les bactéries sont accros au café. Et pendant que vous y êtes, ajoutez aussi le marc de café – les vers de terre en raffolent. Et si vous utilisez des filtres, vous pouvez les mettre aussi.

• Thé

Versez vos restes de thé sur le compost pour accélérer la décomposition. Les bactéries en sont folles. Vous pouvez aussi ajouter les feuilles.

• Cola sans bulles

Il est excellent pour stimuler les microorganismes qui raffolent du sucre et de l'acide qu'il contient. coquilles d'œuf, feuilles, rognures de gazon, journaux Les vieux journaux – mais uniquement avec des impressions en noir et blanc – sont excellents pour les vers et autres microorganismes qui l'utiliseront pour apporter du nitrogène du potassium et du phosphore.

9. Nutramulch Yorkshire Ltd, à Arthington Quarry. The Telegraph and Argus, 03/01/2007.

- **Journaux, carton**

Les vieux journaux – mais uniquement avec des impressions en noir et blanc – et le carton ondulé sont excellents pour les vers et autres microorganismes qui l'utiliseront pour apporter du nitrogène du potassium et du phosphore.

Pour commencer une pile de compost, creusez 1 trou dans lequel vous mettez du papier journal qui favorise la décomposition avec des feuilles mortes dont le must sont celles de chêne, de platane, de noisetier, d'orme et de marronnier.

Attention : la présence d'abeilles, de fourmis et de guêpes indique que votre compost est trop sec ou trop acide.

Ce qu'on ne met pas sur le tas de compost

Les pelures d'agrume – orange, citron, pamplemousse – les tomates, les viandes, le poisson, les croûtes de fromage.

Bien entendu vous n'avez pas zéro déchets alimentaires, mais vous avez réussi à les réduire de moitié. Et ça, c'est déjà une performance !

Les déchets verts

La fièvre verte aussi appelée folie du jardinage frappe pratiquement tout le monde, sans discrimination. Rassurez-vous, bien que très contagieuse, elle n'est pas dangereuse pour la santé, bien au contraire. Elle nous fait un bien fou. Le seul problème, c'est la gestion des déchets verts. Comment faire pour les réduire et en confier le moins possible à la déchetterie ? Essayez ces quelques trucs :

Si votre tondeuse est équipée d'un bac de récupération de l'herbe coupée, utilisez-la pour ramasser les déchets verts. Lorsque vous taillez la haie, si les coupes sont assez petites, vous pouvez passer votre tondeuse dessus et hop là, fini la corvée de ratissage et de ramassage.

Les fauchures de gazon

Lorsque vous tondez la pelouse, ne jetez pas les fauchures d'herbe. Utilisez-les :

• Aux pieds des plants

Après avoir tondu la pelouse, mettez l'herbe au pied des hortensias et de leurs cousins amateurs de sols acides. L'herbe coupée en se décomposant acidifie le sol. Les têtes de vos hortensias seront plus grosses que les salades.

Et n'oubliez pas les légumes ! Étalez ces rognures de gazon en couches de 5 cm autour des plantations.

• Au pied des arbustes et des arbres

Si vos fauchures de gazon sont longues, mettez-les en fines couches autour des arbustes et des arbres.

• Comme paillis

Les paillis sont très pratiques pour protéger le sol des températures extrêmes.

Mettez les rognures de gazon à sécher. Une fois sèches, elles feront un paillis épatant que vous pouvez mélanger avec d'autres paillis.

> ⚠ Le paillis ne doit pas toucher les troncs d'arbres. Laissez un espace entre l'arbre et le paillis

• Comme camouflage

Pour tuer les mauvaises herbes, recouvrez la partie à traiter avec des cartons. Camouflez ces couvre-sols disgracieux en les recouvrant avec de l'herbe fraîchement tondue. Faites-le de préférence après la dernière tonte de la saison et laissez les cartons en place jusqu'à ce qu'ils se décomposent, tuent les squatteurs et fertilisent le sol.

Engrais liquide de compétition

• Feuilles de chêne

Remplissez un seau de 20 litres au 1/3 avec des feuilles de chêne et remplissez le seau d'eau froide. Mettez au soleil et laissez infuser pendant 1 semaine au moins ou jusqu'à ce que la couleur du liquide obtenu ressemble à du thé.

Vous pouvez accélérer le processus en versant de l'eau bouillante sur les feuilles dans le seau. Laissez refroidir et votre thé est prêt. Arrosez vos plantes qui vont réagir très rapidement.

Déchets de jardin

Tout fondu de jardinage sait que les déchets des uns font le bonheur des autres et plus particulièrement celui des sympathiques petits nettoyeurs que vous voulez encourager à venir s'installer dans votre jardin.

• Sous la haie

Alors là, on adore parce que pour encourager les hérissons et autres petits mammifères à venir s'installer chez vous, il suffit de prendre un air dégagé et de balayer les déchets de jardin – les rognures de gazon, les feuilles mortes, etc. – dans la partie inférieure de la haie. Et pouf, c'est fini. Rien à ramasser, tout est caché sous la haie. Dommage qu'on ne puisse pas en faire autant à la maison.

• Abri pour hérissons

Vous pouvez aussi leur construire un petit abri en bois tapissé de feuilles avec une ouverture de 15 cm à hauteur du sol. Et gâtez-les avec quelques croquettes pour chat et une coupelle d'eau. Ne leur donnez jamais de lait. Lorsqu'ils seront bien installés, ces sympathiques petits *terminators* feront un sort aux limaces, aux escargots, aux vers et aux chenilles.

• Aiguilles de pin

Mettez des aiguilles de pin mélangées à de la paille au pied des fraisiers pour leur donner un goût de fraises des bois.

- **Le sapin de Noël**

Si le sapin a tenu le coup, vous pouvez le replanter dans le jardin. Quoi qu'il en soit, n'oubliez pas de récupérer.

- **Les aiguilles**

Elles peuvent être recyclées en :

Engrais

Pendant l'été, faites un paillis de 10 cm avec les aiguilles du sapin de Noël desséché après les fêtes, au pied des azalées et des camélias pour acidifier le sol.

Répulsif pour gastéropodes en goguette

Récupérez les aiguilles sèches tombées du sapin de Noël et, au printemps, jetez-les au milieu des touffes d'iris. Ces rampants gluants ne passeront pas sur ces piquants.

- **Les branches**

Pour éviter que Rocky ne saccage les jeunes arbres ou autres grandes plantes, recyclez des branches du sapin de Noël désaffecté. Placez-les à la verticale autour du pied de l'arbre.

- **Le sapin**

Le sapin n'a pas résisté aux festivités, ne jetez pas ce pauvre vieux conifère desséché. Plantez-le pour y faire grimper capucines, pois de senteur, cobe et volubilis.

- **Les arbres et les haies**

A la saint Joseph, journée favorable à la taille du jardin si l'on en croit les dictions de jardinage, taillez et récupérez :

Les branches

- **Souples**

Confectionnez une petite barrière de protection rustique autour des plates-bandes ou des parterres avec des branches souples. Pliez-les en demi-cercles et enfoncez-les en terre en prenant soin de les faire se chevaucher.

• Plus épaisses

Utilisez-les pour faire des petites clôtures ou une pergola. Pour la clôture, fixez les branches à l'horizontale, tous les 10 cm sur des piquets métalliques de 1 m 20 de haut plantés à la verticale tous les mètres.
Ou
Plantez des piquets en terre et tressez des branches souples entre les piquets, comme pour faire les paniers en osier.

• Les sarments

Lorsque vous taillez la vigne, gardez précieusement les sarments pour en faire des petits fagots. Ce combustible exceptionnel s'il en fut, vous servira pour allumer la cheminée ou le barbecue. Aux États-Unis, ils se vendent comme des petits pains.

On recycle en compost

On y met : la tonte de gazon, les tailles des haies réduites en morceaux, les fleurs fanées, les mauvaises herbes, la sciure de bois non traité, les écorces, les tiges dures coupées.
On n'y met pas : les résineux, les lauriers, les mauvaises herbes montées en graine et les plantes malades.

• Compost sous le couvre-sol

Pour faire profiter le jardin de cette technique de compostage à la fin de l'automne ou au début de l'hiver, il faut quelques vieux sacs poubelle noirs coupés pour les étaler sur le sol. Empilez des journaux déchiquetés, des feuilles, des fauchures de gazon, des mauvaises herbes et même du compost pas encore prêt en couches de 10 à 15 cm, recouvrez de feuilles de vos sacs poubelle et maintenez avec de gros cailloux. Ce compostage sous la couette enrichi le sol et tue les mauvaises herbes sans merci.

La cendre

N'utilisez que la cendre de bois naturel – pas la cendre de bois peint, teinté ou vernis, ni celle des ordures, de charbon ou de carton.

La cendre était très utilisée autrefois en signe de deuil – de la cendre dans les cheveux – ou de pénitence – dans ce cas on

enfilait en plus un sac, bien avant que ce ne soit la mode post holocauste – ou pour blanchir le linge. Aujourd'hui on l'utilise surtout au jardin.
Récupérez la cendre de la cheminée ou du barbecue et incorporez-la à la terre avant de semer les fruits et les légumes. Évitez d'en donner aux pommes de terre si vous ne voulez pas qu'elles soient complètement défigurées par la gale. Et aux plantes qui aiment les sols acides comme les rhododendrons et les azalées, les myrtilles et les cranberries. Elles ne se sentiraient pas bien du tout.

Les autres plantes, amatrices de cendre, se régaleront si vous leur en administrez une dose au pied des plantes. Elles en profiteront pour faire le plein de potassium, calcium et magnésium.
En prime, la cendre fait fuir les gastéropodes qui détestent traîner leurs guêtres dans ce matériau rugueux et salissant.

- **Concombres et tomates**

Lorsque vous transplantez des plants de concombres et de tomates, mettez une poignée de cendre autour de chacun d'eux. Cette sage précaution fera fuir les vers gris, permettra aux plates de faire le plein de potassium, calcium et magnésium et gardera la terre meuble. Bref, une vraie bénédiction.

- **Arbres fruitiers et vigne**

Mettez de la cendre au pied des arbres fruitiers et de la vigne. Votre bonté sera récompensée.

- **Répulsif**

Faites une ligne de défense anti-gastéropodes avec de la cendre. Saupoudrez-la autour des plantes, ils ne s'y attaqueront. Mais attention, la première pluie venue réduira vos remparts à néant. N'oubliez pas de remettre de la cendre après l'ondée.

- **Tuez la mousse**

Les spécialistes du gazon vous le diront, un beau gazon bien entretenu n'amasse pas mousse… Si vous êtes insensible à son charme, recouvrez-la de cendre. Elle déteste les sols alcalins et secs.

- **Plantes d'intérieur**

Arrosez vos plantes et saupoudrez un peu de cendre pour les dynamiser avec ce dopant épatant.

On ne composte pas la cendre

La suie

- **Engrais**

Au prochain ramonage de votre cheminée, récupérez un peu de suie. Mélangée à l'eau de pluie, c'est un excellent tonique pour tout le jardin.

Ajoutez un peu de suie à la terre des poireaux pour stimuler leur croissance.

Les déchets de maison

Les cheveux

Phil McCrory, un ancien coiffeur de Floride a déposé un brevet pour des tapis d'assainissement contre les marées noires fabriqués avec des cheveux qui ont été utilisés en 2007 lors de la pollution de la baie San Francisco. Et en plus, ces astucieux filtres peuvent être réutilisés de nombreuses fois. On les lave, on les essore et on les renvoie au combat[10].

- **Engrais**

Ce coiffeur a également constaté les bienfaits des cheveux sur ses rosiers, ce qui n'a rien d'étonnant. En se décomposant, ils enrichissent le sol en nitrogène. Enterrez-les autour des racines d'un rosier, et vous verrez la différence.

10. Baptiste Roux Dit Riche, *Cleantech Republic* : « Des tapis de cheveux pour contrer les marées noires et faire pousser les fleurs », 05.05.09.

- **Répulsif**

Les cheveux constituent également d'excellents boucliers contre les mauvaises herbes et les gastéropodes en goguette dans votre jardin.

Les poils de chiens

Lorsque vous faites un petit brushing à Sweetie, récupérez ses poils sur la brosse et dispersez-les dans le jardin. Non seulement ils découragent les petits rongeurs mais en plus, comme les cheveux humains, ils enrichissent le sol en nitrogène lorsqu'ils se décomposent.

- **Pour décourager les lapins**

Après chaque brossage, récupérez les poils de votre fidèle compagnon et conservez-les précieusement pour en garnir une vieille couronne de Noël un peu destroy. Si vous n'en avez pas, fabriquez-en une vite fait avec quelques branches et du lierre pour la truffer de poils. Les rongeurs, par l'odeur effrayés, éviteront de grignoter vos bulbes.

Vous n'avez pas de chien? Kidnappez celui du voisin pendant 10 minutes, juste le temps d'un brushing. Vous pouvez aussi tenter votre chance dans un salon de toilettage pour petits compagnons à quatre pattes et récupérer leurs poils. Sinon, les cheveux humains feront l'affaire. Arnaud, votre coiffeur préféré, se fera une joie de vous donner ceux qu'il a coupés.

- **Pour dégoûter les taupes**

Mettez en une bonne poignée des poils Rocky à l'entrée de la galerie de la taupe déchaînée qui laboure votre jardin. L'odeur canine virile la fera fuir ventre à terre pour saccager les plantations du voisin.

- **Pour déstabiliser les gastéropodes**

Les escargots et les limaces détestent le contact des poils et des cheveux qui martyrisent leurs petits ventres sensibles.

- **On recycle en compost**

On met: les cheveux, les poils, la laine, les ongles et les plumes.

La litière des chats

La quantité annuelle de litière pour chats jetée aux États-Unis – en se basant sur une moyenne de 2 kg par semaine pour 90 millions de félins – représente 9,36 millions de tonnes soit le poids d'Uranus. La seule chose à faire est de jeter la litière à la poubelle. Mais cette litière peut servir une seconde fois, pas pour Léo, évidemment, mais pour éponger les graisses difficiles à faire disparaître, comme les graisses de cuisson. La litière les absorbera et les empêchera de polluer des eaux près de la déchetterie.

Les mégots

Le sculpteur américain Tom Deininger ramasse les mégots dans Rhode Island pour en faire des sculptures qui se vendent à prix d'or. Ce roi de la récup, *upcycle* aussi des vieux jouets cassés en tableaux spectaculaires.

• Répulsif

Si ce matériau, peu ragoutant il faut l'admettre, ne fait pas vibrer la fibre artistique en vous, vous pouvez utiliser les mégots des fumeurs de votre entourage au jardin. Pour éviter que les arbres fruitiers ne soient envahis par les fourmis, préparez une décoction de vieux mégots ou de tabac. Tressez des petites cordelettes avec des restes de laine, trempez-les dans l'infâme infusion et nouez-les avec un joli nœud bien serré autour des troncs d'arbres.

• Sinon, c'est à la poubelle

Sinon c'est la poubelle. Ne les jetez pas dans le caniveau. Ils mettent entre 1 et 12 ans à se décomposer.

Le chewing-gum

Et pour ceux qui essaient d'arrêter de fumer et qui font faire des heures supplémentaires à leurs maxillaires il y a un débouché tout trouvé pour *upcycler* la gomme très mâchée, on fait comme l'artiste italien Maurizio Savini qui réalise d'incroyables sculptures en chewing-gum[11].

11. http://images.google.com/images?hl=en&rls=com.microsoft :en-US&rlz=1I7GGLL_en&q=Maurizio+Savini&um=1&ie=UTF-8&ei=yg5iSof_NouZjAf38cH-Dw&sa=X&oi=image_result_group&ct=title&resnum=4

Si vous décidez de ne pas les utiliser, souvenez-vous : on ne crache pas ses chewing-gums usagés dans le caniveau, ils mettent 5 ans à se dégrader. On ne les colle pas sous la table au café, ni sous le siège au cinéma. On le met à la poubelle.

Les déchets non recyclables

Les couches pour bébés jetables – 1 tonne par bébé –, les mouchoirs en papier, le papier absorbant, les lingettes, les serviettes et tampons périodiques, les préservatifs, la litière des chats, les excréments, les mégots, le chewing-gum. Ils vont tous à la poubelle.

Le fumier

Le crottin de cheval

En déposant Timothé et Barnabé au club de poney, vous pouvez toujours demander, en échange du pain sec et de carottes pour leurs fougueux destriers, un peu de crottin pour vos plantations.

Les crottes de lapin

Ne jetez pas les crottes du lapin nain ou des autres lapins qui sont un engrais des plus honorables.

L'eau

On réduit sa consommation

Par quelques gestes simples

On ne laisse pas couler l'eau pendant qu'on se brosse les dents : trois minutes de brossage = 45 litres d'eau gaspillés si on ne ferme pas le robinet. Idem quand on se savonne les mains.

- On évite de laver la vaisselle sous l'eau qui coule. On remplit l'évier ou une cuvette et on encourage Raymond à enfiler des gants et à se charger de cette corvée.
- On prend une douche plutôt qu'un bain et on la prend avec Raymond plutôt que seule.
- On fait installer une chasse d'eau à deux vitesses ou on fabrique nous-mêmes, comme des grands, un dispositif pour limiter les dégâts. On met dans le réservoir :

- Un pot en verre aussi grand que possible. On le remplit d'eau et on le cale bien. Ce réservoir dans le réservoir va prendre de la place, ce qui diminuera d'autant la quantité d'eau nécessaire pour le remplir à chaque fois que vous tirez la chasse d'eau.
  Ou
  Une brique bien enveloppée dans un sac en plastique.

- On installe des mousseurs hydro-économes ou aérateurs sur les robinets et la douche. Ces petits économiseurs d'eau très malins au nom ronflant sont tout simplement des embouts qui se fixent à l'orifice de sortie du robinet, et qui, en injectant de minuscules bulles d'air dans l'eau de sortie, permettent de réduire le débit d'un robinet standard de 30 à 70 % – entre 4 et 8 litres/minute – sans perte de confort. Et, qui dit économie d'eau sur un robinet, dit aussi économie d'énergie[12]. Un excellent investissement.

- On lave la voiture avec l'eau de pluie ou on évite d'aller à la station de lavage.

- On achète un lave-linge moins gourmand en eau – A+ ou A – lorsqu'il faudra remplacer le nôtre.

  Et on évite de jeter la nourriture parce qu'il a fallu des trillions de litres d'eau pour la produire[13]. Eh oui, les plus gros consommateurs d'eau ne sont pas les ménages mais l'agriculture et l'élevage industriels qui consomment 87 % de l'eau potable utilisée dans le monde[14].

12. Il faut environ 30 kWh pour chauffer 1 mètre cube d'eau à 38 °C, pour chaque mètre cube d'eau chaude économisé, c'est près de 6 € d'économie – 4 € pour l'eau et 2 € pour l'énergie – sur la base prix du kWh électrique de 0,07 € TTC environ.

13. Pour les États-Unis, cela représente 40 trillions de litres d'eau (soit 40 km3) par an, un volume suffisant pour satisfaire les besoins ménagers de 500 millions de personnes. (Rapport des Stockholm International Water Institute (SIWI), Food and Agriculture Organization of the United Nations (FAO),

14. Une étude de David Pimentel [David & Marcia Pimentel : *Fond Energy and Society*, Wiley, 1979.] démontre que pour faire 1 kg de viande de bœuf industriel, il faut 100 000 litres d'eau pour la consommation de l'animal et pour la production de son alimentation, alors qu'il ne faut que 900 litres d'eau pour produire 1 kg de blé. Et cette évaluation ne concerne que l'alimentation de l'animal, elle ne chiffre pas tout ce qui concerne le traitement des carcasses. Ryan et Durning [Ryan, John C. & Alan Thein Durning : *Stuff The Secret Lives of Everyday Things*, Northwest Environment Watch, 1997] décomposent également la quantité d'eau consommée pour produire chacun des ingrédients du *Big Mac* made in Californie – tomate, laitue, oignon, pain etc. – et parviennent à la somme effarante de 2 600 litres d'eau, soit la consommation totale – salle de bain, toilettes, cuisine, etc. comprises – d'une personne pendant 1 mois. Le monde agricole, qui consomme 69 % de l'eau utilisée en France, est l'un des principaux responsables de la pollution des ressources en eaux, pourtant il ne participe au financement des agences de l'eau qu'à hauteur de 1 % !

On récupère l'eau gazeuse

Elle qui a perdu ses bulles fera les délices des :

- **Plantes d'intérieur**

Videz les fonds de bouteille d'eau pétillante dans vos pots une fois par semaine.

- **Plantes d'extérieur**

Faites profiter le jardin de l'eau sans bulles.

On récupère l'eau de cuisson

Au lieu de la jeter dans l'évier d'un geste machinal fort peu écologique et économique, récupérez soigneusement l'eau de cuisson :

- **Eau de cuisson des concombres**
  Le visage

Utilisez l'eau de cuisson non salée des concombres pour vous rincer le visage.

- **Eau de cuisson de l'orge**
  La peau

Pour les malheureux qui après une exposition prolongée aux intempéries se retrouvent avec une vilaine peau toute rêche, notre bonne Hildegarde von Bingen, grande fan du sauna et des ablutions en tout genre, recommande l'eau de cuisson de l'orge. Lotionnez le visage et les mains avec cette eau tiède pour retrouver une peau de bébé, douce, lisse et d'une jolie couleur.

- **Eau de cuisson des petits pois bios**
  La peau

L'eau de cuisson des petits pois soulage la peau irritée. Lotionnez-la délicatement avec cet adoucissant.

- **Eau de cuisson des pommes de terre**

Les cheveux

Pour foncer les cheveux bruns, récupérez l'eau de cuisson des pommes de terre bouillies avec leur peau. Laissez refroidir et versez sur les cheveux en évitant le visage. Laissez sécher sans rincer.

Pour cacher les premiers cheveux gris, récupérez l'eau de cuisson des pommes de terre bouillies avec leur peau. Laissez-la refroidir et versez-la sur les cheveux en évitant le visage. Laissez sécher sans rincer. Il faudra répéter cette opération plusieurs fois pour cacher les cheveux gris.

Les pieds

On dit que les montagnards bavarois soulagent leurs pieds fatigués dans l'eau de cuisson des pommes de terre. Faites bouillir 4 pommes de terre épluchées dans 2 litres d'eau. Retirez les pommes de terre, laissez l'eau refroidir un peu avant d'y tremper vos pauvres petons meurtris pendant ¼ heure. Et si le cœur vous en dit, mangez les pommes de terre, mais sachez que ce repas n'aura aucun effet sur vos pieds.

L'argenterie

Si vous n'avez pas utilisé toute l'eau de cuisson des pommes de terre pour votre bain de pieds, prenez ce qui reste pour refaire une beauté à l'argenterie encrassée.

Les taches de boue

Les taches de boue récalcitrantes sur les vêtements n'auront plus la force de résister si vous les mettez à tremper dans l'eau de cuisson des pommes de terre.

Le carrelage du patio

La prochaine fois que vous ferez cuire des pommes de terre en grande quantité, pour faire de la purée par exemple, récupérez l'eau de cuisson pour nettoyer le carrelage du patio très encrassé. Versez-la très chaude sur cette horreur et frottez énergiquement avec une brosse de chiendent. Laissez agir 10 minutes, histoire de laisser le temps à l'amidon des pommes de terre d'absorber toutes les vilaines graisses et les salissures. Donnez un petit coup de serpillière rapide pour éponger l'eau. Rincez abondamment à l'eau claire. Laissez sécher et admirez le résultat.

Désherbant

Attaquez les plantes *non grata* du jardin en les ébouillantant avec l'eau de cuisson des pommes de terre. Cette méthode d'extermination barbare est très efficace et parfaitement écologique. Comme quoi la cruauté peut être bio.

- **Eau de cuisson du riz**

Les cheveux

Pour faire briller leurs cheveux, les femmes chinoises les rincent avec l'eau de cuisson du riz et les enduisent avec quelques gouttes d'huile de sésame pour les faire briller.

Et pour donner du ressort aux cheveux mous, elles utilisent l'eau de trempage du riz. Mettez un quart de tasse de riz cru à tremper dans 1 tasse d'eau pendant la nuit. Le lendemain, mettez l'eau de trempage dans le vaporisateur et vaporisez sur vos cheveux humides avant de passer le sèche-cheveux

- **Eau de cuisson des œufs**

Engrais

L'eau de cuisson des œufs, riche en calcium, est un vrai tonique pour la plupart des plantes et plus particulièrement les violettes africaines.

- **L'eau de cuisson des pâtes et des pommes de terre**

Désherbant

Conservez soigneusement l'eau de cuisson des pommes de terre ou des pâtes. Ce sont des désherbants puissants

- **Eau de cuisson des champignons**

Le cuivre

Donnez une merveilleuse patine à vos cuivres en les plongeant quelques minutes dans de l'eau de cuisson des champignons.

- **L'eau de cuisson des épinards, de l'oseille ou des pommes de terre épluchées**

L'argenterie

Conservez l'eau de cuisson des épinards, de l'oseille ou des pommes de terre épluchées pour nettoyer l'argenterie pendant les longues soirées d'hiver.

Les éponges

Lavez vos éponges avec l'eau de cuisson de l'oseille.

- **L'eau de lavage des légumes et des fruits**

Récupérez-la pour arroser le jardin.

- **L'eau de cuisson des légumes**

Ne jetez plus l'eau de cuisson des légumes dans l'évier. Conservez-la précieusement pour arroser vos plantes qui vont se régaler. C'est un bon engrais.

Fécule de maïs

Votre maïzena est périmée, mais pas pour le ménage.

- **Osier et rotin**

Vous pouvez aussi confectionner une pâte avec de la fécule de maïs et de l'eau. Mettez-en sur un chiffon et frottez. Laissez agir quelques minutes puis rincez à l'eau claire.

L'eau de lavage

Récupérez l'eau de lavage des fruits et des légumes pour arroser le jardin.

L'eau de l'aquarium

Au lieu de vider dans l'évier l'eau de l'aquarium de Bartholomé le poisson, faites en profiter vos plantations.

L'eau de la piscine gonflable des enfants

Idem lorsque c'est le moment de changer l'eau de la piscine des enfants.

L'eau de pluie

Récupérez-la dans une grande poubelle, un tonneau ou un grand bac de recyclage pour arroser le jardin. C'est l'un des meilleurs toniques pour les plantes.

Et, pour un effet décuplé, au prochain ramonage de votre cheminée, récupérez un peu de suie pour la mélanger à l'eau de pluie. C'est un excellent dopant.

On arrose moins

À moins d'être Einstein ou de posséder un logiciel qui vous fasse les calculs, il vaut peut-être mieux y aller au feeling et utiliser quelques petits trucs bien simples.

Timing

Arrosage du soir, désespoir parce que cela favorise les maladies des feuilles. Moralité, l'arrosage tôt le matin est plus malin. Idem pour le gazon, ça empêchera l'eau de s'évaporer trop rapidement. Sauf s'il fait très chaud, auquel cas, il vaut mieux arroser le soir.

Si la météo a prévu du gel pendant la nuit, vaporisez les plantes tard dans la soirée avec de l'eau froide. La chaleur générée pendant l'évaporation de l'eau limitera les dégâts provoqués par le gel.

Régime sec

Mis à part les jeunes pousses qui ont besoin d'être arrosées peu et souvent, mettez vos plantations au régime. Il vaut mieux les habituer à des arrosages copieux mais espacés, comme 2 fois par semaine, qu'à de faibles arrosages quotidiens.

Boîtes de conserve

Récupérez des grandes boîtes de conserve ou d'autres boîtes en métal, comme celles pour les farines pour bébé et percez des trous dans le fond et tout autour. Mettez-les dans le sol à côté de vos plants et remplissez-les d'eau.

Tuyau

Pour bien cibler votre arrosage, coupez un bout de vieux tuyau et enfoncez-le près des racines – pour les plants de tomates ou les jeunes arbres par exemple – et arrosez directement dans le tuyau pour distribuer directement l'eau aux racines.

Paillis

Pour éviter les arrosages pendant votre absence, une semaine avant votre départ, arrosez et recouvrez les plantations d'une couche protectrice de paillis faîte d'écorces broyées, de paillettes de lin, de compost ou de sacs maintenus au sol par des cailloux pour maintenir l'humidité et pour empêcher la pousse des mauvaises herbes.

Papier-alu

Si vous devez vous absenter quelques jours, les plantes dans les pots et les jardinières en terre cuite ne souffriront pas du manque d'eau si vous enveloppez les pots avec du papier-alu. Ils conserveront l'humidité plus longtemps.

Herbe plus haute

Tondez moins pour arroser moins.
Une herbe un peu plus haute réduit la consommation d'eau, améliore la tolérance aux parasites de la pelouse et permet à l'herbe du gazon de bien se répandre et de devenir plus dense, ce qui étouffera les mauvaises herbes.
La hauteur de l'herbe est déterminée par l'espèce de l'herbe. Coupez-la à la limite de la hauteur supérieure recommandée par le vendeur, entre 5 et 8 cm.
Pendant les mois chauds, rehaussez la lame de 2 cm pour conserver un peu plus d'humidité dans le sol.

Mousse et couvre-sols

Le gazon, c'est magnifique mais c'est une aberration écologique. Pour en finir entièrement ou partiellement avec les corvées de tonte, d'arrosage et de désherbage, il existe des solutions de substitution furieusement branchées telles que tapis végétaux formés par les plantes couvre-sol – comme la camomille noble[15], les thyms couvrants[16], laineux[17] et précoces[18] ainsi que le trèfle blanc[19] – et/ou la mousse.

Dans un article du *New York Times*[20], un professeur d'horticulture à la retraite et devenu adepte des sols moussus sous Kennedy, affirme qu'il n'a plus jamais arrosé son gazon depuis cette époque. Même si les très respectables dames vieilles de 450 millions d'années que sont les mousses aiment l'humidité, elles n'exigent que 1 % ou moins de l'eau nécessaire à un gazon. Et même lorsque la mousse a l'air morte, un peu d'eau la ressuscite et lui rend sa belle couleur émeraude. Elle ne demande aucun engrais. Tout ce qu'il lui faut, c'est de l'ombre, de l'humidité et ce que la plupart des jardiniers considèrent comme un sol de qualité médiocre.

15. *Chamaemelum nobile*
16. *Thymus sp.*
17. *Thymus pseudolanuginosus.*
18. *Thymus praecox.*
19. *Trifolium repens L.*
20. Janice Dunn : Moss Makes a Lush, No-Care Lawn, *New York Times* 01/05/2008.

ANNEXES

Le plastique en résumé

Pour en savoir plus sur le recyclage du plastique : http://www.biomens.eu/media/misc_media/20_recyclage-plastique.pdf

N° de recyclage	Abréviation	Nom du polymère	Utilisation
	PETE ou PET	Polyéthylène téréphtalate	Bouteilles d'eau minérale et de boissons gazeuses, emballages, pour l'industrie alimentaire, vêtements. Par exemple : recyclable pour produire des bouteilles de soda, des plateaux de traiteur et de boulangerie, de la bourre pour anoraks, coussins et sacs de couchage, des tapis, des films plastiques, des bandes d'emballage, des pinceaux, etc.
	HDPE ou PEHD	Polyéthylène haute densité	Bouteilles de lait, d'huile et produits d'entretien, seaux, bouchons, jouets, articles ménagers, caisses à claire-voie. Par exemple : recyclable pour produire des bouteilles, sacs à provisions, poubelles, tuyaux agricoles, sous-tasses, barrières, équipement de terrains de jeu, bûches plastiques, etc.

	PVC ou V	Polychlorure de vinyle	Bouteilles de lait, d'huile, de détergent. Certains emballages comme les emballages blister, alimentaires, barquettes alimentaires, cartes de crédit, produits médicaux (y compris poches pour plasma sanguin), blisters, revêtements. Par exemple : recyclable pour produire des tuyaux, des grillages et des bouteilles non-alimentaires.
	LDPE ou PEBD	Polyéthylène basse densité	Certains films, sacs plastiques, sacs pour le pain, sacs poubelle, anneaux pour les canettes de bière ou de soda, Feuilles d'emballage, films pour l'agriculture et l'horticulture, films extensibles, jouets, revêtements, tuyaux d'irrigation, sacs pour fruits et légumes, sacs à ordures ménagères, sacs publicitaires. Par exemple : recyclable pour fabriquer des sacs publicitaires, films plastiques pour l'agriculture, pour la construction, palettes, tuyaux.

	PP	Polypropylène	Pots à yaourt, boîtes de margarine, pailles à boire, récipients isothermes, plats pour micro-ondes, emballages médicaux certains emballages alimentaires, certains films, flacons, pots de fleurs et tapis. Par exemple : recyclable en pièces de voiture, tapis et fibres géotextiles et industrielles.
	PS	Polystyrène	Pots de yaourts, gobelets isothermes, chips d'emballage, ustensiles jetables, emballages à usage unique pour viande et charcuterie, glaces, et légumes, gobelets à café, tasses et assiettes, cassettes vidéo et audio, trains miniatures, appareils électriques. Par exemple : recyclable dans une grande variété de produits incluant accessoires de bureau, cintres, jouets, cassettes vidéo et boîtiers, meubles, matériel électrique et électronique et panneaux isolants.
	OTHER	Autres plastiques, incluant le polycarbonate, l'acrylique et le nylon	Certaines bouteilles et les biberons contenant du bisphénol (BPA), plastique multicouche. Non recyclables

Adresses utiles

Pour donner ce dont vous ne voulez plus sur Internet

FREECYCLE

Le réseau mondial Freecycle est un réseau de troc contre la consommation de masse constitué d'une multitude de groupes à travers le globe. Les membres offrent et récupèrent des objets gratuitement dans la ville où ils habitent et aux alentours. Pour plus de détails sur l'organisation et pour savoir s'il existe un groupe près de chez vous, consultez :

http://fr.freecycle.org/accueil

CONSORECUP

Spécialisé dans le don d'objets de toutes sortes, même les choses les plus incroyables, ce site est LA solution pour se débarrasser de biens dont on ne se sert plus (ou pas). Un service écologique qui rend service à autrui tout en débarrassant.

http://www.consoglobe.com/bp113-2847_donnez-recevez-malin-consorecup.html

Pour donner, échanger, partager

DIGITROC

Le service d'échange de consoGlobe.com permet l'échange et le don, et fournit de nombreuses informations permettant de consommer mieux, moins, autrement. « Troquer, échanger c'est malin, économique et pratique. Envoyez, recevez gratuitement ! »

http://www.digitroc.com/echange.php

RECUPE

Le site RECUPE est un site de dons, de récupération, de brocante gratuite où chacun peut proposer et donner sur internet, plutôt que jeter ce dont il veut se débarrasser :

www.recupe.net

SEL

Les Systèmes d'Échanges Locaux (SEL) permettent à leurs adhérents de s'échanger des matériels (broyeur de végétaux, ponceuse, vélo, remorque) ou des services (soutien scolaire, baby-sitting, tonte de la pelouse). Ils permettent de faire des économies parfois, de moins polluer, puisqu'il s'agit d'éviter le système de consommation actuel !
Pour consulter le SEL le plus proche de chez vous :
http://www.selidaire.org/spip/rubrique.php3?id_rubrique=211

Pour vendre

Pensez aux Foires à tout, aux Petites annonces dans les journaux gratuits.
Et sur internet, les plus connus :

EBAY

http://www.ebay.fr/

PRICEMINISTER

http://www.priceminister.com/

LE BON COIN

http://www.leboncoin.fr/

Les annonces sont gratuites. Voici ce que dit le site : « La bonne affaire est au coin de la rue ! Pour passer ou chercher des annonces, cliquez sur la région de votre choix et trouvez la bonne affaire. »

Pour acheter du papier recyclé et des fournitures de bureau

Producteurs et distributeurs en France
Cette liste a été établie par Greenpeace[1] sur la base des informations délivrées par les entreprises ou associations citées. Sa mise à jour date d'avril 2007.

1. http://www.greenpeace.org/raw/content/france/presse/dossiers-documents/liste-non-exhaustive-etablie.pdf

GREENPEACE
Campagne Forêts du Groupe Local de Paris
22 rue des Rasselins
75020 Paris

À noter également que la liste ci-dessous ne traite que des papiers de reprographie et d'impression. Plusieurs des organismes cités proposent cependant d'autres types de produits en papier recyclé (enveloppes, pochettes, blocs…). N'hésitez donc pas à les contacter pour avoir plus de précisions.

Les labels du papier recyclé

L'ANGE BLEU (allemand)
garantit un papier 100 % recyclé (dont au moins 65 % de fibres recyclées post-consommation) et une production propre.
www.blauer-engel.de

LE LOGO APUR (français)
garantit le taux de fibres de récupération post-consommation (60 %, 80 % ou 100 %).
www.apur-papiersrecycles.com

Distributeurs nationaux au détail de papier recyclé

ENSEIGNES BIOCOOP
273 points de vente (voir site)
www.biocoop.fr

PAPIER RECYCLÉ : AIR COPY, E-NATURE, PAPIER RUSTIQUE
Les magasins Monoprix diffusent des produits en papier recyclé sous la marque « Monoprix vert ». Il s'agit aujourd'hui de produits de correspondance (enveloppes, papier à lettres). En période de prérentrée, il est possible de trouver quelques fournitures scolaires : cahiers (petit et grand format) et quelques blocs.

Distributeurs locaux de papier recyclé & FSC

Classement par département. L'aire géographique de distribution n'est cependant pas nécessairement limitée au département. Contactez les distributeurs pour vérifier s'ils sont susceptibles de vous fournir hors de leur secteur initial.

13 - ALTERNATIVE ECOCONCEPT

107/109 Bd Boisson
13004 Marseille
Tél. : 08 70 50 99 98 / Fax : 04 91 92 74 90
www.alternative-eco.com
Papier recyclé et fournitures de bureau écologiques et économiques.
Papier recyclé, Cyclus Office, Cyclus Offset, Cyclus Print, Evercopy Plus, Evolve Office, Evolve Business Papier FSC : Navigator Ecological.

17 - UN BUREAU SUR LA TERRE

65 route de la Douane
17690 Angoulins
Tél. : 02 41 54 59 89 / 33 (0)6 85 97 41 06
contact@unbureausurlaterre.com
www.unbureausurlaterre.com
Catalogue des produits sur le site internet
Papier recyclé : VGreen, Evolve Office, Evolve Business.

20 - AMPART CARLI

7, Avenue Bévérini
20000 AJACCIO
Tél. : 04 95 10 61 08 / Fax. 04 95 10 61 09
www.ampartcarli.com

Z.I. Baléone
20167 MEZZAVIA
Tél. : 04 95 10 80 93 / Fax : 04 95 10 75 36
www.ampartcarli.com
Papier recyclé : Xeros, Evercopy.

20 - DUCLOT BUREAUTIQUE

Centre Commercial Montesoro
Avenue Sampiero Corso,
20600 Bastia
Tél. : 04 95 30 57 67 / Fax : 04 95 30 82 42
Papier recyclé : Evercopy, Evercopyplus.

30 - LES P'TITS PAPIERS RECYCLÉS

120 chemin Jean Cavalier
30720 Ribaute les Tavernes
Tél. : 04 66 92 09 38
www.monsite.wanadoo.fr/petit-papier-recycle
Papier recyclé : Techno-Green, Evolve Business, Evolve Office, Evercolor.

30 - L'AIRE DU PAPIER

Fabrique artisanale de papier recyclé localisé à Nîmes
Boutique et Atelier
29, rue Nationale
30000 Nîmes
Tél. : 33 (0)4 66 21 82 47
airedupapier@wanadoo.fr
www.papier-recycle.com
Sur les marchés et les foires du Gard et environ.
Plus de 200 références depuis les papiers allemands jusqu'au papier artisanal fait à la main, en passant par les papiers 100 % recyclés « industriels ».
infospapiers@free.fr

31 - ADOM DIFFUSION

ZI Montaudan
6 impasse Didier Daurat
31400 Toulouse
Tél. : 05 61 34 00 74 / Fax : 05 61 54 69 39
adom-diffusion@wanadoo.fr
www.adom-diffusion.com
Fournitures de papeterie à base de papiers recyclés : cahiers, blocs, classeurs, enveloppes... mais aussi des produits d'hygiè ne, des emballages (sacs en papier).

Papier recyclé : Blanc Pastel, Blanc Copie. Rève, Evolve, Offset, Cyclus Offset, Couleurs Vives, Naturals.

35 - LA FEUILLE D'ERABLE

1 Rue de la Roberdière
35000 Rennes
Tél. : 02 99 54 74 24 / Fax : 02 99 54 74 20
www.feuille-erable.org
Papier recyclé : Evercolor, Evercopy +, Evolve.

38 - MAISON DE L'ECOLOGIE

38960 Saint Aupré
Tél. : 04 76 06 09 99 / Fax : 04 76 55 35 38
www.maison-ecolo.com
Papier recyclé : Ever Copie, Arc en ciel mini ramette.

38 - ALP'PAPIER RECYCLÉ

8 Boulevard Edouard Rey
38000 Grenoble
Tél. : 04 76 17 00 68 / Fax : 04 76 43 17 53
alpepapier@wanadoo.fr
www.papirralp.fr
Présentation des produits (vente par correspondance). Sur le site internet vous trouverez également les adresses des points de vente où trouver les produits fabriqués par l'équipe Papirralp.
Papier recyclé : Cyclus, Cyclus Offset, Mini Ramette Arc-en-ciel, Papier Couleur Bengali, Evercopyplus.

44 - ECOBURO

53 boulevard Victor Hugo
44200 Nantes
Tél. : 0810 40 09 62 ou 0810 40 09 66
commercial@ecoburo.fr
www.ecoburo.fr
Fournitures de bureau avec une gamme de papier recyclé, ainsi que bien d'autres produits recyclés à base de matières renouvelables.
Vente par correspondance sur toute la France
Papier recyclé : Evolve.

49 - UN BUREAU SUR LA TERRE
2 rue Henri Jarry
49130 Les Ponts de Cé
Tél. : 02 41 54 59 89 / Fax : 02 41 54 59 88
www.unbureausurlaterre.com
Papier recyclé : VGreen, Evolve Office, Evolve Business, Evercolor.

59 - NORD PAPIER (MALMEYNADE)
25 Rue Luyot
Z.I. B, B.P. 455
59474 Seclin CEDEX
Tél. : 03 20 62 55 88 / Fax : 03 20 62 55 99
Papier recyclé : Cyclus.

63 - EURO TIERIX
117 ter Faubourg la Bade
BP 175
63204 Riom
Tél. : 04 73 38 59 70 / Fax : 04 73 63 03 36
Papier recyclé : Evercolor, Evercopy, Evercopyplus.

67 - CAN'ART
40 rue Zurich
67000 Strasbourg Tél. : 03 88 35 37 18
Papier recyclé : Cyclus.

67 - ABACA COPY
14, rue Paul Janet
67000 - Strasbourg – Krutenau
Tél. 03 88 36 98 00 / Fax. 03 88 36 98 01
Papier recyclé : Evolve.

69 - MAISON DE L'ÉCOLOGIE
4 rue Bodin
69001 LYON
Tél. : 04 78 27 29 82 / Fax : 04 78 28 57 78
www.maison-ecologie.org
Papier recyclé : Evercopy, Copibel Castor, Evercolor, VGreen.

69 - PAPIERVERT

3 petite rue de Monplaisir
69008 Lyon.
Tél. : 0826.620 329
www.papiervert.fr
Papier recyclé : Ramettes A4, A3.

72 - L'ARBRE AUX PAPIERS

BP 23239
72003 Le Mans CEDEX 1
Tél. : 02 43 85 31 20 / Fax : 02 43 85 27 41
www.l-arbre-aux-papiers.com
Papier recyclé : Air Copy, E-Nature.

72 - EURAL

Arjowiggings Le Bourray
72470 Saint-Mars-La-Brière
Tél. : 02 43 82 91 00 / Fax : 02 43 82 91 02
www.recycle-eural.com

75 - JACK'S GAMES

142 bd Berthier
75017 Paris
Tél. : 01 47 64 15 96 / 01 47 63 10 43 répondeur, laisser un message on vous rappelle.
Fax : 01 48 88 06 37
Métro : Porte de Champerret
Développe une activité orientée vers la commercialisation de consommables en produits recyclés : ramettes A4 et A3, enveloppes… On y trouve des cartouches d'encre reconditionnées, mais également des « gadgets » recyclés (crayons en gobelets recyclés, des bacs de collecte porte-crayons…) ou encore des pulls fabriqués à partir de bouteilles plastiques, des tee-shirts en coton bio…
Papier recyclé : Evercopy, Evercopy plus, Evercolor, Evolve.

75 - AR ECOFOURNISSEUR

6 rue Saint-Mathieu
75018 Paris
Tél. : 01 55 79 78 21 / Fax : 01 55 79 74 85
info@ecofournisseur.com
Association basée à Paris ayant pour objet la promotion d'éco-produits. Dans ce cadre l'association propose du papier recyclé. Papier recyclé : Evolve.

75 - NATURE ET PAPIER

Marché Bio
Bd des Batignolles
PARIS 17e
3e samedi du mois
Renseignements : tél entre 18h et 20h au : 06 09 16 69 11 ou natureetpapier@netcourrier.com
Papier recyclé : Evolve Business, Papier recyclé pour bureau, Papier création.

79 - NATURE ET PAPIERS

Catalogue des produits sur le site internet. Vente en ligne.
1 rue Jeanne d'Arc
79320 Moncoutant
Tél. : 33 (0)5 49 65 53 56 / 33 (0)6 85 97 41 06
Fax : 33 (0)5 49 65 52 48
nature-et-papier@orange.fr
www.nature-et-papiers.com

84 - MAKI

1498 Route de Pertuis
84460 Cheval Blanc
Tél : 04 90 71 55 43 / Fax : 04 90 71 52 05
info@papiermaki.com
www.papier.recycle.maki.free.fr
De très jolis cahiers, carnets, blocs... avec des feuilles de toutes les couleurs. Mais aussi des fournitures de bureau. Maki diffuse le papier recyclé Vgreen et VGreen Office.

92 - MALMENAYDE
15 avenue Galilée
92350 Le Plessis Robinson
Tél : 01 41 07 70 70
www.malmenayde.fr
Papier recyclé : Cyclus. Office.

91 - BRUNEAU
JM Bruneau
19 avenue de la Baltique / ZA de Courtaboeuf 1
91948 LES ULIS Cedex
Tél : 0 825 06 99 99 / Fax : 0 825 06 34 34
www.jm-bruneau.fr
Papier recyclé : Reprospeed Green, Evercopy plus, Evolve.
Papier FSC : Navigator Ecological.

92 - LES NOUVEAUX ROBINSONS
16, rue des Graviers
92200 Neuilly sur SEINE
Tél : 01.47.47.92.80
127, avenue Jean-Baptiste Clément
92100 Boulogne Billancourt
Tél : 01.41.10.94.10
www.nouveauxrobinson.com

93 - LES NOUVEAUX ROBINSONS
66-72, rue Marceau
Bâtiment B
93100 Montreuil-sous-Bois
Tél : 01.41.72.71.73 / Fax : 01.41.72.71.78
47 rue Raspail
93100 Montreuil
Tél : 01 49 88 25 10 / Fax : 01 49 88 25 18
www.nouveauxrobinson.com
Dans le magasin dédié aux écoproduits de Montreuil, un nouveau rayon propose un large choix de cahiers, blocs, enveloppes... et ramettes en papier recyclé.
Papier recyclé : Alp' papier, L'arbre aux papiers, Evercopy, Landré, La Couronne.

94 - ALFAX
82 rue Raspail
94700 Maisons-Alfort
Tél : 01 43 78 24 43 / 01 43 78 90 42
Papier recyclé : Evolve.

Pour donner des livres

LES ASSOCIATIONS CARITATIVES

EMMAÜS
http://www.emmaus-france.org
Pour trouver le point de dépôt de votre département allez sur http://www.emmaus-france.org/contacts/index.php

SECOURS CATHOLIQUE
106, rue du bac - 75007 PARIS - tél : 01 45 49 73 00
http://www.secours-catholique.asso.fr
Recueille essentiellement des romans, livres d'histoire et biographies.

LES ORPHELINS APPRENTIS D'AUTEUIL
40, rue de la fontaine - 75016 PARIS - tél : 01 44 14 75 75
http://www.oaa.asso.fr
Recueille des ouvrages dans un très grand nombre de domaines.

SECOURS POPULAIRE
Union nationale, 9-11, rue Froissart - 75140 PARIS Cedex 03 - tél : 01 44 78 21 00 (Christine GERNIGOU)
http://www.secourspopulaire.asso.fr
Ce centre fournit la liste des permanences régionales ou départementales susceptibles de recueillir des livres.

RECYCLIVRE
Recyclivre est une jeune entreprise, créée fin 2008 et lauréate du 8ème Concours Européen de l'Entreprise Innovante 2008. Son objectif est de mettre en place un cercle vertueux entre les personnes ou institutions souhaitant se séparer de leurs livres d'occasion et, les personnes en ayant besoin. Recyclivre

apporte une réponse à cette problématique en s'inscrivant dans une démarche rationnelle, transparente et entrepreneuriale. Recyclivre vient récupérer les livres dont vous souhaitez vous séparer, les met en vente sur Internet et reverse 10% de son chiffre d'affaires à des associations agissant en faveur de l'éducation. Pour l'année 2008-2009, Recyclivre a décidé de reverser l'intégralité de cette somme à Aide et Action, 1ère association de parrainage en France, agit depuis 28 ans pour promouvoir une éducation de qualité pour tous.

FREECYCLE

http://fr.freecycle.org/accueil/

Le réseau mondial Freecycle est constitué d'une multitude de groupes à travers le globe. Il s'agit d'un mouvement de personnes qui offrent (et récupèrent) des objets gratuitement dans la ville où ils habitent (et aux alentours).

Les groupes Freecycle mettent en relation des personnes qui souhaitent se débarrasser d'objets qui les encombrent avec des personnes qui en ont besoin. Notre but est de libérer les espaces naturels d'objets abandonnés bien qu'encore utiles. En utilisant ce que nous avons déjà sur cette planète, nous réduisons le consumérisme à outrance, la production de masse, et en réduisons l'impact nocif sur la planète. Un autre avantage à utiliser Freecycle est qu'il nous incite à nous défaire d'acquisitions compulsives dont nous n'avons plus usage et encourage chacun à adopter une attitude communautaire.

CROIX ROUGE

www.croix-rouge.fr

Adresses pour la collecte des bouchons en liège

http://www.tirebouchon.org/Contact.htm

OPÉRATION TIRE-BOUCHON

N'hésitez pas à nous contacter pour mettre en place localement un système de récolte ou simplement pour participer à cette opération.

Quand le liège peut se transformer en argent c'est la nature qui s'exprime pour aider !!!

STRUCTURES	ADRESSES	CONTACTS	TEL / MAIL	ZONES D'ACTION
AGGLOLUX - ALIECOR - AU LIEGEUR	USINES 40 (LANDES)	M. LASSALLE	operationtirebouchon@wanadoo.fr	RECYCLAGE FRANCE
APEI BRESSE LOUHANNAISE AMI 71	Mairie 71500 LOUHANS-CHATEAURENAUD 172, Rue de la Chanaye 71000 MACON	M. SIMONET M. MAGNY	03-85-72-82-71 operationtirebouchons@laposte.net 03-85-34-34-59 ami71@free.fr	71
AIDERA ESSONNE	2 bis, Rue de l'Eglise 91700 STE GENEVIEVE DES BOIS	M. LE CLEZIO	01 69 88 83 07 06 07 83 50 35 bouchon.91@wanadoo.fr	REGION PARISIENNE
C3V Collectif d'action des 3 vallées	13, Rue des Bordes 89710 SENAN	M. GROSSET	claude.grosset@epnak.org	89
VENDEE CANCER SOLIDARITE	101, Rue d'Ardennes 85200 FONTENAY LE COMTE	Mme JAUNET	02 51 69 30 41 OU 06 30 17 01 34	85
CLUB SOLIDARITE	Collège François Mitterand 82200 MOISSAC	M. de TAMMAECKER	05 63 04 40 31 christiandetammaecker@voila.fr	82 - 12
VERT LA TERRE	36, Rue Jean Jaurès 81500 LABASTIDE ST GEORGES	M. PLAISANT	06 85 58 63 12 fxplaisant@hotmail.com	81 - 31
R.G.A.	24, Rue de Cornehotte 80570 DARGNIES	M. VILLIET	03 22 60 81 63 www.rga-bouchon.org	80
ID-ENVIRONNEMENT	1, Av Pasteur Martin Luther King 78230 LE PECQ	M. ODDOS	06 13 29 41 21 batoddos@yahoo.fr www.rga-bouchon.org	78
F.S.A.R.	30, Rue Paul Ligneul 72032 LE MANS CEDEX 9	M. LANGLAIS	02 43 77 15 80	72

ASSOCIATION UN BOUCHON - UN SOURIRE	8, Rue Pierre Sémard 69800 ST PRIEST	M. BERTHAUD Mme TRAVIER	04-78-20-95-35	69
BOUCHONS BONHEUR 67	4, Rue Louis Pasteur 67870 BISCHOFFSHEIM	M. BIDAULT	09 75 71 32 91 bidault.bernard2@wanadoo.fr	67
LION'S CLUB BIARRITZ ILBARRITZ	BP 10095 64200 BIARRITZ	M. BERGER Mme VILLEDIEU	05 59 56 29 69 OU 05 59 26 37 59	64
ASSOCIATION ECO-CITOYEN	41, Avenue du Puy de Dôme 63100 CLERMONT-FERRAND	M. PRIME	04-73-31-07-86 jeanlaure.prime@orange.fr voir lieux de collectes sur : www.collectedebouchonsenliege.blogspot.com	63
FLEUR DE BOUCHONS 56	Relais Pays d'Auray 168, Avenue de Gaulle 56400 AURAY	M. GUILLOT	06 82 41 27 21 fleurdebouchons56@gmail.com	56
LES BOUCHONS D'AMOUR 52	17 rue de Bellefontaine 52190 OCCEY	Mme ANDRE	03 25 88 81 76 laurent.goutry@keenan.fr voir lieux de collectes sur : http://bouchonsdamour52.ifrance.com	52
TRIAGES	43, Rue Victor Hugo 50400 GRANVILLE	Mme HEUZE	02 33 50 58 14 syllabe@aol.com triages.centerblog.net	50
CPN 47	Au Bourg 47400 LAGRUERE	M. RICHON	05-53-89-53-69 06-78-89-98-01	47
C.R.I. 46	Pouzols 46600 CUZANCE	Mme GALLON	05.65.41-40-65 catherinegallon@mac.com	46
LES ANGES GARDIENS	30, Place Montmartre 40700 HAGETMAU	M. LACERENZA M. GATINEAU	05 58 79 46 53 contacts@lesangesgardiens.info http://lesangesgardiens.info voir lieux de collectes sur : http://www.chaladour.net/liege.htm	40

STRUCTURES	ADRESSES	CONTACTS	TEL / MAIL	ZONES D'ACTION
LES BOUCHONS D'AMOUR 38	Salle Mi La Sol - Place de la Ferme Quartier de Malissol 38200 VIENNE	Mme BELLUCO	04-74-85-62-46 OU 06-74-28-56-56 f.belluco@wanadoo.fr http://bouchoncdamour38.monsite.wanadoo.fr	38
TRENTE SEPT CHEZ ALTER MUNDI	3 Rue du Maréchal Foch 37000 TOURS	Mme SOUPLET	02 47 50 71 36 pauline@biolinet.fr	37
LE BOUCHON DE LIEGE DU COEUR 36	6, Allée des Genets 36330 LE POINCONNET	M. AUDAT	02 54 35 47 51 bernard.audat@wanadoo.fr	36
AGIR CANCER GIRONDE	3, Place de Pontac 33140 VILLENAVE D'ORNON	Mme MEILLAN	05-56-87-00-06 ou 06 33 57 15 25 http://www.agircancergironde.com	33
ASSOCIATION RETRAITE ET LOISIRS	32230 GAZAX ET BACCARISSE	M. SORDES	06 13 13 25 42 fsordes@yahoo.fr	32
GAMINS DANS LA MAIN	« La Cigale » 30170 ST HIPPOLYTE DU FORT	M. DHERY	04 66 77 94 89 guillaume.dhery@wanadoo.fr	30-34
		M. BLOC'H	02 98 88 04 61	29
MJC GRIGNAN	Rue de l'hôpital 26230 GRIGNAN	Mme MARTEL	04 75 46 94 88 mjc.grignan@free.fr http://www.mjcgrignan.com	26
ADAPEI DE LA COTE D'OR	6, Rue de la Résistance 21000 DIJON	M. PILLIEN	06 18 30 91 90 adapeico@wanadoo.fr http://www.adapei21.com	21
LION'S CLUB	52, av. Général de Gaulle 17500 JONZAC	M. RENOLLEAU	05 46 48 20 28 ou 06 76 29 73 86	17
LES AMIS DE RICOU	Chez M. Stéphan COUTEL Quartier Vaumartin 13650 MEYRARGUES	M. COUTEL	04 42 57 53 58	13
ASBL POUR PRISCILLA	1332 GENVAL BELGIQUE	M. BRUENS Mme JACQUET	00-32-498-48-54-63 pourpriscilla@hotmail.com	BELGIQUE

Adresses utiles pour le vermicompostage

Mode d'emploi, renseignements et aide

ASSOCIATION ART BIO
Tél : 06 12 05 82 39
artbio@tripandtrip.com

ASSOCIATION CARDERE
55, rue Louis Ricard
76000 ROUEN
Tél. : 02.35.07.44.54 / Fax : 02.35.70.77.05
www.cardere.org
Contact : Chloé Destruel
chloe.destruel@free.fr

ASSOCIATIONS DE NATURE CENTRE
Contactez-les pour connaître l'association la plus proche de chez vous.

NATURE 18
2 Rue Jean Moulin
18000 BOURGES
Tél : 02 48 70 76 26
Contact : Richard POULET
nature18@libertysurf.fr
Leur petit livret pour les débutants du lombricompostage
http://www.naturecentre.org/IMG/pdf/Livret_Lombricompostage.pdf
Jacques Campion
Le site de Jacques Campion : http://jako.e-monsite.com/
Ses réponses aux questions les plus fréquentes
http://s1.e-monsite.com/2008/12/11/74194997lombricompstage-fq-pdf.pdf
Patrick Lavelle du laboratoire d'écologie des sols tropicaux de l'IRD
Pour écouter son interview dans l'émission Terre à Terre, magazine de l'environnement diffusé sur France Culture et animé par Ruth Stegassy.
http://terreaterre.ww7.be/dechets-le-lombricompost.htm

SOCIÉTÉ VERS LA TERRE

6, rue des Orfèvres / ZA Les Aires
34120 PEZENAS
Tél : 04 67 31 75 23
info@verslaterre.fr
www.verslaterre.fr

Producteurs de vers

SOCIÉTÉ VERS LA TERRE

6, rue des Orfèvres
ZA Les Aires
34120 PEZENAS
Tél : 04 67 31 75 23
info@verslaterre.fr
www.verslaterre.fr

VINCENT DESBOIS

L'Audiguier, lot
42, rue de l'Aire
13790 PEYNIER
vincent-desbois@wanadoo.fr

Les vêtements, chaussures, linge de maison, couvertures, couettes et autres textiles

TROC ET ECHANGE DE VETEMENTS DANS LES PETITES ANNONCES GRATUITES

http://www.1000-annonces.com/troc-echange-vetement-92d28c.html

EMMAUS FRANCE

Fondé par l'abbé Pierre, Emmaüs développe des réponses originales pour lutter contre l'exclusion : de l'accueil d'urgence ou en communauté, aux logements durables jusqu'à l'insertion par l'activité économique.
47 av. de la résistance, 93 100 Montreuil
Tél. 01 41 58 25 00
www.emmaus-France.org

LE RELAIS

Le « Relais » est membre d'Emmaüs France. Ce réseau d'entreprises à but socio-économique lutte contre l'exclusion par la création d'emplois durables pour des personnes en grande difficulté, au moyen de la collecte, du tri et de la valorisation des textiles : vêtements, linge de maison, rideaux, couvertures et couettes. Ceux qui sont en bon état sont vendus dans les boutiques et les plus ripoux sont recyclés en isolant écologique, le « métisse ».

Pour trouver les lieux de collecte près de chez vous :
Chemin des Dames,
62 700 Bruay la Buissière,
Tél : 03 21 01 77 77 et pour Paris : 01 41 71 04 39
http://www.lerelais.org/

LE SECOURS CATHOLIQUE

Pour connaître l'adresse du Secours Catholique dans votre département :
http://www.secours-catholique.org/contact.htm

TISSONS LA SOLIDARITE

Fondé par le Secours Catholique
Pour les contacter
106 rue du Bac,
75 007 Paris.
Tél : 01 45 49 73 00
www.tissonslasolidarite.org

LE SECOURS POPULAIRE

Pour connaître l'adresse du Secours Populaire dans votre département :
http://www.secourspopulaire.fr/federations.0.html?&no_cache=1

L'ARMEE DU SALUT

Pour connaître l'adresse de l'Armée du salut dans votre département :
http://www.armeedusalut.fr/home.html

Ou à des entreprises de recyclage classiques spécialisées dans le recyclage des textiles comme :

RECYCLAID

Leur activité est purement économique mais elles promeuvent en général la création d'emplois et le développement durable notamment du point de vue écologique. Pour trouver les lieux de collecte près de chez vous :
Tél : 0870.405.192
http://www.recyclaid.org/fr/recyclaid.php

Meubles, vaisselle, électroménager

Donnez vos meubles à :

EMMAÜS DÉFI

80 boulevard Jourdan,
75014 Paris
www.emmaus-defi.org
Donnez aussi du matériel de bricolage et de loisirs créatifs – peintures, pigments, perles. Achetez leurs créations dans leur boutique et aidez-les en devenant bénévole.

EMMAÜS FRANCE

www.emmaus-france.org
contact@emmaus-france.org
Emmaüs accepte : les vêtements, éléments de literie, linge de maison, livres, jouets, CD/DVD, instruments de musique, vaisselle, équipements électriques et électroniques (électroménager, audio, vidéo, informatique, téléphone mobile), sommiers, matelas, meubles en bon état ou nécessitant quelques réparations.
Emmaüs vient chercher vos dons encombrants, les objets lourds ou en très grande quantité.
Apportez vos autres dons directement dans la communauté la plus proche de chez vous. Emmaüs dispose de 250 associations dont 115 communautés sur toute la France.
Pour trouver les adresses Emmaüs proches de chez vous :
http://www.emmaus-france.org/contacts/index.php

LE SECOURS POPULAIRE FRANÇAIS

www.secourspopulaire.fr

info@secourspopulaire.fr

Le secours populaire accepte : Les vêtements, éléments de literie, linge de maison en très bon état, livres, CD, jouets, instruments de musique, vaisselle en bon état, petit électroménager, équipements audio et vidéo en bon état de marche, les petits meubles et le gros électroménager en parfait état. Les dons dépendent des besoins de chaque structure.

Le secours populaire ne collecte pas.

Pour trouver les adresses de la structure la plus proche de chez vous :

http://www.secourspopulaire.fr/federations.0.html

L'ARMÉE DU SALUT

www.armeedusalut.fr

www.armeedusalut.fr/contact

L'Armée du Salut accepte : les vêtements, éléments de literie, linge de maison en très bon état, livres, CDs, jouets, instruments de musique, vaisselle, petit électroménager, équipements audio et vidéo, gros électroménager en bon état de marche.

Les dons acceptés dépendent des besoins de chaque établissement.

Pour trouver les adresses de la structure la plus proche de chez vous :

http://www.armeedusalut.fr/rechetab2.html

LA SOLIDARITE INTERNATIONALE

La plupart des associations de solidarité internationale financent leurs actions par des ventes ou des braderies d'objets. La plupart accepteront donc vos dons. Pour les découvrir ou en savoir plus sur leur activité, contactez le CRIDEV à Rennes.

http://www.ritimo.org/C/Cridev_35.html

Rapporter les médicaments

Récupération des médicaments périmés ou non utilisés
http://pharmadata.starconet.com/Prints/pdf/Conseils_Collecte.pdf

Pour les D3E

GREENPEACE DONNE LES INFORMATIONS SUIVANTES SUR SON SITE

http://www.greenpeace.org/france/vigitox/informations/qu-est-ce-qu-on-peut-faire-des
Le distributeur doit obligatoirement reprendre l'ancien gratuitement s'il a été acheté après le 13 août 2005. Si les appareils ont été mis sur le marché avant cette date, vous devrez payer l'éco-participation sur l'achat du nouveau produit. Déposez votre ancien appareil à l'accueil, au service après-vente ou dans tout endroit signalé par le symbole « point de collecte ». Si votre nouvel appareil vous est livré à domicile, vous pouvez demander au livreur de vous reprendre l'appareil usagé.

DONNEZ À DES ASSOCIATIONS CARITATIVES :

Si votre appareil usagé peut encore servir, il est préférable de le donner à une association ou une entreprise d'économie solidaire, celle-ci pourra remettre en état votre appareil et le revendre à un prix réduit à des collectivités, des associations ou même des particuliers n'ayant pas les moyens de s'équiper avec du matériel neuf. Votre équipement peut aussi constituer une source utile de pièces détachées s'il ne fonctionne plus. D'autres organismes sont ainsi spécialisés dans la récupération. Ces associations ou ces entreprises solidaires ont aussi une action sur l'aspect social, puisqu'elles font souvent de la réinsertion avec des personnes en difficulté.
On donne à :

- Emmaüs www.emmaus-france.org,
- Envie www.envie.org,
- Les Ateliers Sans Frontières www.ateliersansfrontieres.org
- Ateliers du Bocage www.ateliers-du-bocage.com

Les téléphones portables

On donne à :

EMMAÜS

http://www.ateliers-du-bocage.com/article7.html

Emmaüs, a développé une filière de réparation et de recyclage – Les Ateliers du bocage. Pour donner votre téléphone, déposez-le avec sa batterie et son chargeur, dans les bornes de collecte que l'association a placées dans les FNAC.

DIFFÉRENTS SITES PROPOSENT DES SOLUTIONS

http://www.mobile-recyclage.com/

MOTOROLA ET TÉLÉTHON

http://www.telethon-motorola.com/

Gardez votre mobile dans le tiroir jusqu'au prochain Téléthon. Chaque mobile revendu dans le cadre de cette opération contribuera au financement de l'association.

NOKIA

Selon une enquête internationale menée par Nokia et publiée en juillet 2007, seulement 3% des utilisateurs de téléphones mobiles font recycler leur appareil, tandis que 16% des vieux appareils sont revendus dans les pays émergents et 44% simplement conservés.

Nokia lance une campagne autour du recyclage de ses appareils. En France, elle est organisée avec le WWF et aidera à financer des projets de sauvegarde de la Loire et de ses milieux naturels particuliers. Le principe de cette campagne est d'inciter à confier les portables usagés à une boutique plutôt que de les jeter.

http://www.graphmobile.com/news-2975.htm

Des enveloppes préaffranchies sont disponibles dans 1.200 points de vente pour les retours des téléphones mobiles et de leurs chargeurs.

Les piles, les néons et les lampes usagées

LES ATELIERS DU BOCAGE
http://www.ateliers-du-bocage.com/article9.html
Et
Pour toutes les informations sur les ampoules à économie d'énergie
http://www.malampe.org/?q=la_collecte_selective

Le matériel informatique usagé

LES ATELIERS DU BOCAGE
http://www.ateliers-du-bocage.com/article8.html

Les cartouches d'impression

On les recharge' :

CARTRIDGE WORLD
http://www.cartridgeworld.fr/

On les donne

LES ATELIERS DU BOCAGE
http://www.ateliers-du-bocage.com/article6.html
Ils reprennent les cartouches d'imprimante, fax, photocopieur, cassettes ruban, etc.

Le gros électroménager

ON DONNE AUX ASSOCIATIONS CARITATIVES
Emmaüs France : www.emmaus-france.org
Les Ateliers du Bocage : www.ateliers-du-bocage.com
Envie : www.envie.org
Les Ateliers sans frontières : www.ateliersansfrontieres.org

POUR EN SAVOIR PLUS SUR LES DÉCHETS

Sur les déchets en général

www.cniid.org ; www.rac-f.org
http://www.alsacenature.org/
www.ademe.fr

Sur les gestes écologiques

Planète Attitude : les gestes écologiques au quotidien, WWF, Ed. du Seuil, avril 2004.

Les écocitoyens, guide édité par la FRAPNA et Saint Etienne Métropole, www.ekwo.org

Sur l'éco-conception

Thierry Kazazian : *Il y aura l'âge des choses légères*, Ed. Victoire, 2003.

Sur la consommation responsable

www.actionconsommation.org
21 ter, rue Voltaire
75011 Paris.

Sur la toxicité des déchets

www.greenpeace.fr
Rubrique Campagnes puis Toxiques
www.mdrgf.org

Sur les campagnes « Halte aux sacs plastiques dans les îles ! » et « Du jetable au durable » www.lefestivalduvent.com/new/selecter/environ.html
Ou

LES AMIS DU VENT
Tél : 01 53 20 93 06
www.wwf.fr/dujetable-audurable-2004/index.php
Ou

WWF
Tél : 01 55 25 84 67

Sur le recyclage

www.cercle-recyclage.asso.fr
Ou

LE CERCLE NATIONAL DU RECYCLAGE
Tél : 03 20 85 85 22.

Sur les consultations citoyennes pour les projets d'incinérateurs

La Revue Durable, Dossier n°9, février-mars 2004.

Sur la localisation des incinérateurs

www.france-incineration.org
Si vous habitez à côté d'un incinérateur, envoyez vos informations à Greenpeace (contact@france-incineration.org ou 22 rue des Rasselins - 75020 Paris) et au CNIID (01 55 18 28 60) qui recensent continuellement les incinérateurs en fonctionnement, en projet et arrêtés.

Sur la réforme REACH :

www.vigitox.fr
Ou www.chemicalreaction.org
Rapport de l'instance d'évaluation de la politique du service public des déchets ménagers et assimilés, Commissariat général du plan, décembre 2003

Sur les déchets hospitaliers

www.cniid.org
Campagne : D'abord ne pas nuire ou 01 55 18 28 66

Index

A

Abat-jour *114, 179*
Abri pour hérissons *287*
Accessoires *42, 178*
Acier *274*
Agneau *252*
Agogo *82*
Agrumes *273*
Aiguilles *288*
Aiguilles à tricoter *103*
Aiguilles de pin *287*
Ail *237*
Aliments *38, 40, 236*
Aluminium *274*
Ampoules *188, 217*
Anches de clarinette *107*
Ancre *60*
Aneth *250*
Animal à fourrure *27*
Animaux *43, 129, 280*
Anneaux en plastique *63*
Antigel *223*
Antirouille *159*
Après-shampooing *158*
Aquarium *56*
Arbre à bouteilles *101*
Arbres *96, 202, 288*
Arbres fruitiers *290*
Argenterie *94, 152, 298, 300*
Armoire *146*
Arroseur *197*
Arrosoir *76, 197*
Artichauts *237*
Asperges *246*
Asperges *237*
Aspirateur *212*
Associations *178*
Aubergines *96*
Avocats *40, 68*

B

Bac *75*
Bac à fleur *198*
Bac à glaçons *65, 214*
Bac à légumes *214*
Bac à sable *227*
Bac de plantation anti-rongeur *214*
Bacs à plants *63*
Bacs de rangement *175*
Bagages *121*
Bagues de canettes *88*
Baguettes de tambour *104*
Baignoire *121, 177*
Balançoire *227*
Balle antistatique *187*
Balle antistress *186*
Balle de massage *185, 186*
Balles de golf *23*
Balles de ping-pong *23, 185*
Balles de tennis *96, 185*
Bambou *172*
Banane *237, 253, 269*

Bandage 73
Bandages pour cheval 129
Bandes de cassettes audio et vidéo 206, 211
Bandes velcro 152
Barbecue 103, 225
Barquettes en aluminium 93
Barquettes en plastique 63
Barreaux de la rampe d'escalier 222
Bas et collants 120
Bassin du jardin 122
Bassines en zinc 171
Bateau 60
Bâton de pluie 30
Beauté 123
Bestioles 128
Betterave 156
Beurre d'arachide 237
Beurre et margarine 280
Bibelots 127, 178
Bibliothèque 110
Bidets 177
Bière 254, 270, 278
Bijoux 152, 166
Bijoux fantaisie 23
Bikini 134
Billes 127
Biscottes 256
Biscuits 80
Blouse 124
Bobos 123, 128
Bocaux 105
Bœuf 256
Bois 270, 272
Boissons gazeuses 238
Boîtes à chaussures 22, 26
Boîtes à la cuisine 80
Boîtes à œufs 65
Boîtes de céréales 25
Boîtes de conserve 301
Boîtes de lessive 25
Boîtes d'emballage de céréales 23
Boîtes d'emballage de lessive 23
Boîtes de rangement en plastique 63
Boîtes en acier 79
Boîtes en carton 25, 28, 29, 31
Bongos 82
Bornes de collecte 217
Bottes 24, 72
Bouchon de bouillotte 181
Bouchon en plastique 61, 74
Bouchons de liège 102
Bouchons en aluminium 92
Boucles d'oreilles 23
Boucliers 61
Boue 156
Bouée 60
Bougeoirs 55, 90, 179
Bougie 44, 155
Bouilloire 215
Bouillotte 55, 122, 181
Boule disco 211
Boulgour 105
Bourriches 113
Bouteilles 100
Bouteilles en plastique 54
Boutons 23, 106, 140
Bouturage 58
Branches 288
Briques 222
Briques alimentaires 27, 33
Brocoli 256
Bronze 152, 274
Brosse à dents 151

Brosses *152*
Brouette *198*
Buée *157*
Bulbes *31, 63*
Bureau *110*

C

Cabane *112, 115, 222*
Cabane à crapaud *198*
Cabas *91*
Câbles *213*
Cache-pots *111*
Cactées et plantes grasses *31*
Cadeaux *24, 44*
Cadran solaire *199*
Cadre *178, 220*
Café *156, 238, 247, 257, 271, 284*
Cage des oiseaux *43, 179*
Cagettes *113, 115*
Cailloux et rocs *24*
Caisse *91*
Caisse à jouets *110*
Caisse de rangement *110*
Caisses à magazines *111*
Caisses de déménagement *70*
Caisses en bois *109*
Calandre *231*
Cals *162*
Camouflage *286*
Camping *101*
Canettes *85*
Cannes à pêche *191*
Capsules de bière *90*
Carillon de jardin *167*
Carottes *238*
Carreaux *42*
Carrelage *42, 121, 298*
Carrosserie *121*
Carte de circuit imprimé *207*
Carte mère *207*
Cartes postales *25*
Carton *25, 33, 285*
Carton à œufs *23, 31*
Cartons de jus de fruits *32*
Cartouches d'encre *208*
Cartouches d'impression *332*
Casier à bouteilles vides *198*
Casseroles *162*
Cassonade *238*
Catadioptres *211*
Cave *114*
CD *210*
Céleri *247*
Cendre *289, 291*
Cendriers *272*
Céréales *257*
Chaînes de vélo *160*
Chaises *174*
Chaises en métal *187*
Chambres à air *189*
Champagne *239*
Champignons *239*
Chapeau *42*
Chapeau anti-mouches *104*
Chats *150, 281*
Chauffage solaire *87*
Chaussettes *125*
Chaussures *22, 42, 69, 71, 90, 121, 126, 127, 143, 145, 148, 152, 155, 326*
Cheminée *273*
Chemises *124*
Chevaux *160, 281*
Cheveux *67, 156, 161, 291, 298, 299*

Chewing-gum *293*
Chiens *150, 281*
Chiffon *119 138*
Chiliennes *147*
Chou *239, 247*
Chrome *95, 274*
Cintres *182, 202*
Cire *38*
Cire d'abeille *270*
Citron *239, 273*
Claviers *208*
Clés *179*
Climatisation pour petits et grands poilus *27, 55*
Cloches *226*
Cloches pour les plants *106*
Cloison *221*
Clôture *190, 221*
Clous et vis *80, 106*
Clubs de golf *160*
Cocktail antimites *135*
Cocottes *162*
Cola *90, 257, 284*
Colis *25, 70*
Colle *155, 223, 279*
Collerettes de carton englué *33*
Combinaison de plongée *72, 191*
Commode *175*
Compost *116, , 139, 283, 292*
Compresses *128, 129*
Concombre *40, 240, 247, 290*
Congélateur *276*
Cookies *240*
Coquilles d'œufs et de moules *279*
Cor *57*
Cordes de guitare *184*
Cotte de maille *89*
Couche drainante *61, 97, 171*
Couettes *149, 186, 326*
Coupe-vent *72*
Courbatures *162*
Courrier *22*
Coussin *122, 125, 130, 134, 137, 141, 147*
Couteaux *24, 201*
Couture *106, 122, 149*
Couvercle *74, 166, 187*
Couverts *24, 166*
Couvertures *149, 326*
Couvre-sols *302*
Cravates *129*
Crayons *43*
Créatures marines *56*
Crémaillère dans la cuisine *220*
Crème anglaise *247*
Crème fraîche *258*
Crêpes *240, 253, 258*
Cresson *240*
Crocheter *74*
Crotte *69, 294*
Crottin de cheval *294*
Croûte *95*
Cuillers à mesurer *168*
Cuir *269, 270, 275*
Cuivre *271, 274, 299*
Curry *247*
Cutter *201*

D

Daim *272*
Dalles en vinyle *95*
Débardeurs *131*

Décharge *78*
Déchets électroniques *204*
Déchets verts *285*
Déchetterie *223*
Décorations de Noël *24*
Déguisement *169*
Démaquillant *159*
Déménagement *127*
Dentifrice *154*
Désherbant *299*
Désodorisant *41, 42, 157, 272*
Desserte *116*
Dessous de star *142*
Dessus de table *112*
Dévidoir *225*
Didgeridoo *30, 212*
Dinde *258*
Diorama *26, 114*
Disque dur *208*
Distributeur de ficelle *56, 80*
Documents *24, 37*
Don aux associations *150*
Doublure de tiroir *146*
Douche *70*
Doudounes *186*
Draps *146*
Draps de bain *148*
DVD *210*

E

Eau aux toilettes *105*
Eau de cuisson *297, 298, 299, 300*
Eau de piscine *300*
Eau d'aquarium *300*
Eau de lavage *300*
Eau de pluie *172, 301*
Eau des pots et jardinières *97*
Eau du bain *123*
Eau gazeuse *297*
Échardes *123*
Échasses *80*
Échelle *198*
Écope *60*
E-déchets *204*
Égouttoirs *168*
Élastique *123, 189*
Électricité statique *95*
Électroménager *328*
Éléments de cuisine *178*
E-mails *36*
Emballages carton des œufs de Pâques *24*
Emballages en polystyrène *65*
Emmaüs *205*
Encombrants *178*
Encre *154, 155*
Engrais *287, 288, 291, 299*
Entonnoir *56, 169*
Entorse *123*
Enveloppes *25, 37*
Épées des chevaliers *61*
Épices *106, 258*
Épinards *240*
Épines *123*
Épingles de sûreté *23, 106*
Épluchures *257, 258, 284*
Éponges *300*
Escabeau *198*
Essence *69*
Essoreuse à linge *70*
Essoreuse à salade *71*
Étagère *50, 175, 214*
Étain *271*
Étiquettes *23, 279*
Étoiles *87*

Étui à bouteille 56
Étui à tampons 130
Évier 121, 177

F

Farine 240
Fauchures de gazon 286
Fax 208
Fécule de maïs 300
Fenêtres 220, 221
Fermetures Éclair® 276
Feu 29, 43, 103
Feuilles de chêne 287
Ficelles 180
Fil dentaire 71
Filet à provision 132
Fils 213
Fils électriques 207
Fines herbes 241
Fleurs 227
Fleurs coupées 273
Flûte de pan 200
Fond de teint 156
Fonte 275
Foulure 123
Four à micro-ondes 41
Four sauvage 28
Fraises 77, 228, 241
Framboises 241
Frisbee 191
Friteuse 168
Fromage 241, 248, 258
Fruits et légumes 114, 149, 242, 248, 259, 284
Fruits rouges 241
Fumier 294

G

Gaine pour les chaînes 190
Gants 132
Gants de toilette 148
Garde-page 26
Gastéropodes 292
Gâteau 242, 259
Gaufres 253
Gazon 84
Gilet 130, 137
Glace 242
Gobelet à dents 64
Gobelet en carton 32
Gobelets de secours 105
Gobelets en plastique 64
Gonds 158, 159, 280
Goudron 155
Gouttières 170
Graines 107, 153
Graisse 38, 155, 157, 158
Gravats 223
Grille-pain 215
Gros électroménager 212, 332
Guéridon 111
Guimauve 242
Guiro 57
Guitare 26

H

Haie 287, 288
Haltères 59, 87
Haricots 228
Herbe plus haute 302
Hoquet 38
Housse de bouillotte 137
Housse de couette 146

Housse de planche à repasser *146*
Housse de voilage *150*
Hublot *213*
Huile *122, 168 242, 260, 274, 279, 281*
Huile de vidange *223, 231*
Huile d'olive *275, 276*

I

Imprimantes *208*
Insectes *188*
Inserts *41*
Instruments de musique *30, 57, 64, 82, 166, 184, 199*
IPhones *211*
IPods *211*
Ivoire *272*

J

Jambon *248, 260*
Jante *190, 225*
Jardinières *139, 175*
Jeans *133*
Jetons *127*
Jeu de quilles *57*
Joints de tuyaux *159*
Jouet pour chat *129*
Jouet pour chien *129*
Jouets *29, 122, 127, 183*
Journaux *40, 48, 122, 285*
Jupe *131, 140, 141*
Jupe tahitienne *72*

K

Kazoo *30*

L

Lagerphone *91*
Lainages *135, 138*
Lait *243*
Lait démaquillant *154*
Laiton *275*
Lait pour bébé *154*
Lait solaire *154*
Laitue *243*
Lame du ciseau à bois *188*
Lampe bidon *59*
Lampes usagées *332*
Lapins *292*
Lasure bio *278*
Lavabo *121, 177*
Lave-linge *152, 213*
Lecteurs de DVD *206*
Lecteurs MP3 *211*
Légumes *243, 249, 260, 284*
Légumes congelés *248*
Légumes en conserve *249*
Lentilles *249*
Lessive *162, 271*
Lessiveuses *171*
Levure *243*
Linge *119, 186*
Linge de maison *146, 326*
Lino *275*
Lit *175*
Litière *43, 69, 81, 276, 293*
Livres *50*
Lombricompost *33*
Lubrifiant *159*

Luminaire *76, 166*
Lunettes de sécurité *157*
Lunettes de ski *157*

M

Magazines *23, 48, 49 122*
Magnet *208*
Magnétoscopes *206*
Mains *67, 154, 158, 160*
Maïs *228*
Maisons passives *230*
Mallettes *91*
Manche démontable *212*
Manches de pelle *199*
Manteau *137, 140*
Maracas *57*
Marc de café *271, 280*
Marches glissantes *273*
Marionnettes *128*
Marque-plante *168*
Masques anti-poussière *142*
Masques capillaires *67*
Mastic *170*
Matériel informatique *332*
Mauvaises herbes *167*
Médicaments *330*
Mégots *293*
Melons *85*
Ménage *40, 121, 126, 187*
Métaux *79, 152, 222, 271*
Meubles *29, 103, 126, 157, 187, 275, 328*
Meubles de jardin *116*
Meubles de salle de bain *177*
Miel *249, 261*
Migraine *38*
Mini banjo *83*
Mini-cadres *91*
Mini-serre *60, 221, 229*
Miroir *42, 157*
Moniteurs d'ordinateur et de téléviseurs *205*
Montants de fenêtre *44*
Moquette *276*
Mosaïque *100, 170*
Moteur *226*
Mouches pour la pêche *279*
Moule à semis *214*
Moules à flan *169*
Moules pour les pains de graines pour les oiseaux *27*
Mousse *156, 290, 302*
Mousseurs hydroéconomes *68*
Mur *100, 127*
Muscles noués ou tendus *124*
Musique *74, 168, 172*

N

Nappes *146, 148, 149*
Néons *332*
Nichoir *115*
Noisettes *249*
Noix *244, 249*
Noix de coco *244*
Nounours *137*

O

Objets fragiles *24, 44*
Œufs *244, 262*
Oignon *244, 262*
Oiseaux *211*

Onglets de guitare *107, 184*
Or *271*
Ordinateurs *207*
Organismes caritatifs *138*
Oseille *249, 300*
Osier *300*
Outils *61, 104, 127, 196, 199*
Outils de jardin *96*

P

Packs de glace *56*
Paillage *97*
Paillis *77, 286, 302*
Pain *254, 263, 276*
Pains suédois *256*
Palette *76, 115*
Palette de peintre *65*
Panier de friteuse *168*
Paniers suspendus *139*
Papier *46*
Papier *36, 37, 39*
Papier-alu *94, 302*
Papier d'emballage *37, 123*
Papier mâché *45*
Papier recyclé *36*
Parachute *74*
Parapluie *180*
Parapluie de golf *180*
Parasol *180*
Pare-brise *74, 121, 157*
Pare-choc de bateau *230*
Parfum d'ambiance *273*
Passoires *169*
Patchwork *134*
Patères *166*
Pâtes *264*
Peau *297*
Pêches *68*
Peignes *152*
Peinture *59, 64, 75, 93, 95, 107, 122, 155, 160, 167, 170, 223*
Peinture à l'éponge *75*
Peinture au latex *158*
Pelle à crottes *59*
Perles *23, 106, 274*
Persil *244, 250*
Petit bois *115*
Petit électroménager *215*
Petits pots *106*
Pharmacie *163*
Photophores *81, 108*
Photos *22*
Pièces de monnaie *105, 127*
Pieds des arbustes et des arbres *286*
Pieds *67, 70, 298*
Pieds des plants *286*
Pieds de table *222*
Pièges *88, 188*
Piles *216, 332*
Pinceaux *25, 56, 59, 75, 80, 107, 195*
Pions *61, 127*
Pique-niques *167*
Piscine *122*
Piscine pour les oiseaux *172*
Placard *146*
Planche à laver *171*
Plantations *32, 112, 167, 227*
Plantations suspendues *198*
Plantes *162*
Plantes d'extérieur *297*
Plantes d'intérieur *291, 297*
Plantes en pots *77*
Plants et bulbes *84, 88*

Plaques d'immatriculation *226*
Plastique *307*
Plastique à bulles *77*
Plateau de guéridon *220*
Plateau pour servir le thé *113*
Plateaux à œufs *25*
Plateaux à semis *93*
Plâtre *122, 222*
Plomberie *75*
Pneus *226*
Pochettes *134, 191*
Pochettes pour pot-pourri *142*
Pochon de massage anticellulite *123*
Poêle *169, 177*
Poignées *166*
Poignées de vélo *190*
Poils de chiens *292*
Poires en bouteilles *101*
Poisson *90, 250, 264*
Poivrons *96, 245*
Polaires *139*
Pommes *245*
Pommes de terre *172, 228, 245, 266, 300*
Ponçage *188*
Poncho de pluie *71*
Porte-bol *113*
Porte-clés flottant *104*
Porte-manteau *144, 181*
Portes *220*
Portes de placard de cuisine *112*
Pot de fleur *197*
Pots *105, 139*
Pots à confiture *105*
Pots à miel *105*
Pots à semis *65*
Pots de fleur *88, 196, 199, 230*
Pots de fleurs en plastique *65*
Pots de yaourt *32, 64*
Pots en verre *128*
Poubelles *69, 172, 274*
Poufs *122*
Poulet *264*
Poussières *126*
Produit de beauté et de soin *159, 161*
Produits collants *279*
Protège genoux *181*
Protège lame *201*
Pubs *36*
Pull *136, 137, 138*
Punch *250*

Q

Quesadillas mexicaines *261*
Queues de billard *192*
Quinoa *105*

R

Radiateurs *96*
Radio *215*
Rafraîchisseur de boisson *27*
Rails de la porte du garage *280*
Raisin *39, 58, 250*
Rallonge *212*
Rampe d'escalier *77*
Randonnée *70*
Rangement *111*
Râteau *199*
Râteau sans manche *199*
Récipient à peinture *28*
Récipient en plastique *41*

Récipients en verre ou en cristal *273*
Récupérateur d'eau *197*
Réflecteurs *81*
Réfrigérateur *214, 276*
Regonflage *187*
Rembourrage *73, 122*
Répulsif *139, 288, 290, 292, 293*
Réservoir de la chasse d'eau *177*
Restes *214*
Restes de tissus *24*
Rhubarbe *229*
Rideau anti-mouches *61*
Rideau de douche *160*
Rideaux *149*
Risotto *265*
Riz *105, 266*
Robe *74, 134, 140*
Robe de mariée *141*
Robinetterie *121, 153*
Rollers *160*
Röstis allemands *261*
Rotin *300*
Roues des skateboards *160*
Rouille *196*
Rouleau de papier hygiénique *81*
Rouleaux *75*

S

Sac à dos *71*
Sac à poussière *128*
Sac en toile *89*
Sacoche d'ordinateur *89, 191*
Sacs *147*
Sacs en cuir *42*
Sacs en papier *37*
Sacs plastiques *66*
Salade *228*
Sandales *68*
Sangria *250*
Sapin *288*
Sauce et soupe *251, 267*
Saucisses *267*
Saucisson *245*
Savon *92*
Scanners *208*
Scie *201*
Sculptures *167, 199, 213*
Seau à glace *71*
Seaux *172*
Sèche-cheveux *216*
Sel *245*
Selle de votre vélo *73*
Semences *107*
Semis *32, 33, 58, 63*
Semoule *105*
Serre-livres *144*
Serviettes éponge *148*
Sève *155*
Sex toys *216*
Shampooing *158, 161*
Short *134*
Skis *190*
Smoothie *253*
Sodas divers et variés *90*
Sofa *116*
Sol *103*
Solvants *223*
Sommier à lattes *115*
Sorbet *253*
Sous-tasses ébréchées *170*
Sous-verre *208*
Soutiens-gorge *142*

Spatules *170*
Sport *160*
Sucre *270*
Sucre glace *246*
Suie *291*
Surdo *58*

T

Table *176*
Tableau *115*
Tableau d'affichage *103*
Table basse *116, 213, 226*
Table de jardin *227*
Table de nuit *110, 213*
Tablier *76*
Taches *95, 271, 298*
Taies d'oreiller *147, 148*
Tambour *83, 213*
Tambourin *93*
Tambours de pan *31*
Tam-tam *83*
Tapette à souris *200*
Tapis *276*
Tapis à souris *209*
Taupes *102, 292*
Teinture *273*
Téléphone *73*
Téléphones portables *204, 331*
Téléviseurs *206*
Tête de lit *176*
Thé *156, 276, 284*
Thermos *41*
Tipi *200*
Tiroirs *22, 110, 175*
Tiroirs sur roulettes *159*
Toile d'artiste *148*
Toile de parasol *147*
Toiles d'araignée *187*
Tomates *40, 96, 246, 290*
Torchons *147*
Touilleur de compost *190*
Tricot *74*
Trous *44, 133*
Tubes en carton *24, 29*
Tuteur *104, 168, 180, 199, 200*
Tuyau *213, 222, 302*
Tuyau d'arrosage *197, 201*
Tuyau pour les plantations *213*

V

Vaisselle *158, 170, 328*
Valise *41*
Vase *39, 73, 86*
Vélo *126, 189*
Vermicomposteur *229, 325*
Vernis *223*
Verres *127*
Verres à bougie *107*
Verrues *162*
Vestes *140, 141*
Vêtements *95, 326*
Vigne *290*
Vin *239, 251, 267*
Vinaigre *275, 276*
Vinaigrette *252*
Visage *297*
Vitrail *221*
Vitres embués *157*
Vodka *269, 277, 280*
Voilages *149*
Voile paillage *150*
Voiture *43, 126, 279*
Volets *222*

X

Xylophone *100*

Y

Yeux *104*

Dans la même collection

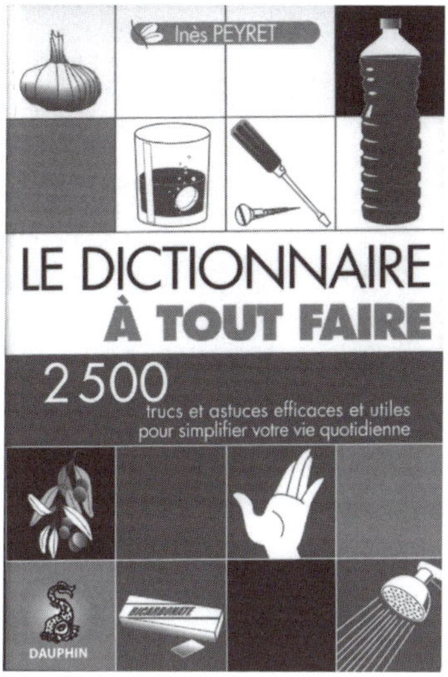

EAN : 978-2-7163-1332-2
Prix : 18 euros
5e Edition

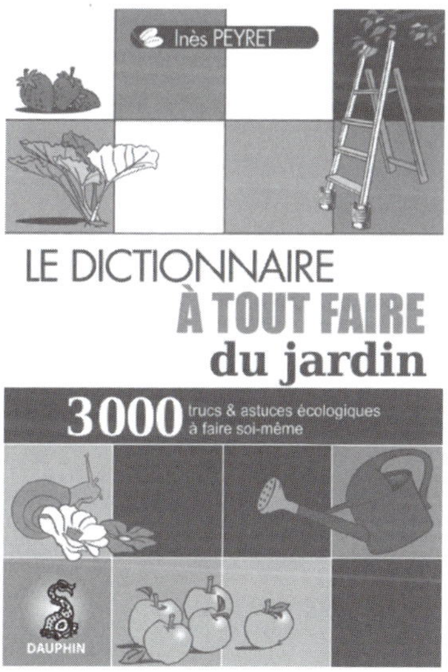

EAN : 978-2-7163-1395-7
Prix : 18 euros
2e Edition

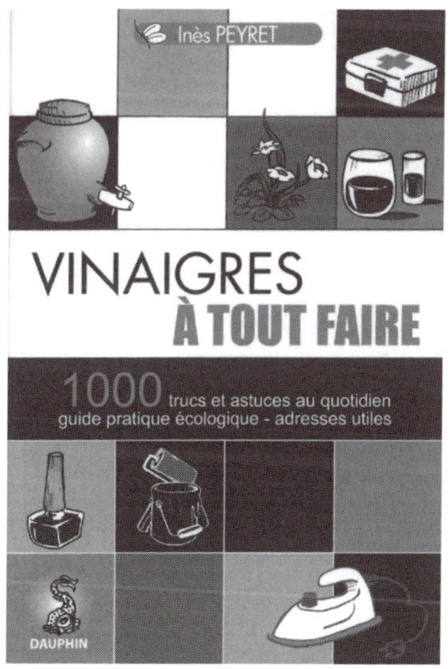

EAN : 978-2-7163-1375-9
Prix : 16 euros
3e Edition

Mémo personnel

Mémo personnel

Dépôt légal : avril 2010
IMPRIMÉ EN FRANCE

Achevé d'imprimer le 14 avril 2010
sur les presses de l'imprimerie « La Source d'Or »
63039 Clermont-Ferrand
Imprimeur n° 14741

Dans le cadre de sa politique de développement durable,
La Source d'Or a été référencée IMPRIM'VERT®
par son organisme consulaire de tutelle.
Cet ouvrage est imprimé - pour l'intérieur -
sur papier offset « Amber Graphic » 90 g
provenant de la gestion durable des forêts,
des papeteries Arctic Paper, dont les usines ont obtenu
les certifications environnementales ISO 14001 et E.M.A.S.